Revues de l'OCDE sur la création locale d'emplois



# Paris, ville de talents

OCDE

DES POLITIQUES MEILLEURES
POUR UNE VIE MEILLEURE

Cet ouvrage est publié sous la responsabilité du Secrétaire général de l'OCDE. Les opinions et les arguments exprimés ici ne reflètent pas nécessairement les vues officielles des pays Membres de l'OCDE.

L'analyse et les opinions exprimées dans ce rapport ne reflètent pas nécessairement celles de JPMorganChase ou de l'une de ses filiales.

Ce document, ainsi que les données et cartes qu'il peut comprendre, sont sans préjudice du statut de tout territoire, de la souveraineté s'exerçant sur ce dernier, du tracé des frontières et limites internationales, et du nom de tout territoire, ville ou région.

**Merci de citer cet ouvrage comme suit :**
OCDE (2025), *Paris, ville de talents*, Revues de l'OCDE sur la création locale d'emplois, Éditions OCDE, Paris, https://doi.org/10.1787/9780abe4-fr.

ISBN 978-92-64-65812-7 (imprimé)
ISBN 978-92-64-48332-3 (PDF)
ISBN 978-92-64-88472-4 (HTML)

Revues de l'OCDE sur la création locale d'emplois
ISSN 2519-4763 (imprimé)
ISSN 2519-4771 (en ligne)

**Crédits photo :** Couverture © Emilie Chaix/Ville de Paris.

Les corrigenda des publications de l'OCDE sont disponibles sur : https://www.oecd.org/fr/publications/support/corrigenda.html.

# Avant-propos

Les transformations induites par la transition écologique et l'essor des nouvelles technologies, y compris l'intelligence artificielle, modifient les compétences requises par les entreprises, créant de nouvelles opportunités et de nouveaux défis. Les régions et les villes où les travailleurs disposent des compétences adéquates sont mieux armées pour s'adapter aux évolutions du marché du travail et créer des emplois durables et de qualité. Il est donc essentiel d'offrir aux adultes des opportunités de formation leur permettant d'acquérir et de développer des compétences nécessaires pour suivre le rythme de ces changements et mieux s'insérer sur le marché du travail. Comme d'autres villes et régions de l'OCDE, Paris a fait de la formation et de l'inclusion des priorités majeures.

L'essor économique et social de Paris et de sa région est un pilier du rayonnement de l'économie française et de ses talents à l'échelle mondiale. Paris bénéficie d'une population relativement jeune et qualifiée, d'un taux de chômage inférieur à la moyenne nationale ainsi qu'à celui de nombreuses capitales européennes, et d'un tissu économique dynamique porté par des entreprises innovantes et à forte valeur ajoutée.

Depuis 2014, la municipalité parisienne a engagé des politiques ambitieuses pour mobiliser de nombreux leviers face aux défis de la double transition écologique et numérique. Ses actions complètent les nombreuses actions menées sur son territoire par l'État, la Région Île-de-France et les partenaires sociaux. Paris s'est imposée comme un acteur majeur des politiques de l'emploi. Elle pilote ainsi des programmes de formation innovants et des dispositifs d'accompagnement structurants.

L'année 2024, marquée par l'organisation des Jeux Olympiques et Paralympiques de Paris, a démontré la capacité de la Ville à accueillir un évènement sportif de grande envergure tout en en assurant son « héritage » : elle a facilité l'insertion professionnelle des personnes éloignées de l'emploi, offert des opportunités aux PME et renforcé la coopération avec les communes limitrophes et les acteurs de l'économie sociale et solidaire (ESS).

Cette action publique en faveur de l'emploi a porté ses fruits. Cependant des défis subsistent : certaines populations restent exclues du marché du travail, et des tensions subsistent dans de nombreux métiers. Les mesures mises en place pourraient aujourd'hui poursuivre leur action tout en élargissant les dispositifs de reconversion, favoriser une concertation plus étroite entre les acteurs et mieux mobiliser les employeurs sur les questions de formation.

Cette Revue a pour objectif de présenter à la Ville, ainsi qu'aux opérateurs et partenaires des politiques de l'emploi, des mesures concrètes visant à rendre son marché du travail plus inclusif et productif. S'appuyant sur une analyse des atouts et des défis de Paris et de sa région ainsi que sur les enseignements tirés d'autres pays de l'OCDE, elle propose des recommandations sur la manière de : i) poursuivre l'action publique parisienne en faveur de l'emploi et de la formation afin de réduire les inégalités ii) simplifier la gouvernance territoriale des politiques de l'emploi et iii) mobiliser davantage les employeurs sur les questions de formation.

Ce rapport s'inscrit dans le cadre d'une coopération entre le Centre de l'OCDE pour l'entrepreneuriat, les PME, les villes et les régions et son Programme pour l'emploi et le développement économique local et JPMorganChase sur la pérennisation des systèmes de compétences dans les villes et les régions. Ensemble, ces organisations ont développé un programme ambitieux pour soutenir les décideurs politiques et les acteurs locaux dans la conception, l'administration et la mise en œuvre des politiques de formation pour les adultes. Pour plus d'informations, consultez le site OECD: https://www.oecd.org/en/about/programmes/leed-programme.html

Afaf Gabelotaud,

Adjointe à la Maire de Paris en charge des entreprises, de l'emploi et du développement économique

Lamia Kamal-Chaoui,

Directrice du Centre de l'OCDE pour l'Entrepreneuriat, les PME, les Régions et les Villes,

Kyril Courboin,

Senior Country Officer de JPMorganChase France

# Remerciements

Ce rapport a été préparé par le Centre de l'OCDE pour l'entrepreneuriat, les PME, les régions et les villes (CFE) dirigé par Lamia Kamal-Chaoui, Directrice. Ce travail a été réalisé dans le cadre du Programme de l'OCDE pour l'emploi et le développement économique local (LEED) avec le soutien de JPMorganChase.

Ce rapport a été rédigé par Lucas Leblanc, analyste de politiques publiques, Division de l'emploi local, des compétences et de l'innovation sociale (LESI) de l'OCDE (chapitres 1, 4 et 5) et Michela Meghnagi, économiste, LESI (chapitres 1, 2 et 3), Lukas Kleine-Rueschkamp (chapitres 1 et 2), chef d'unité au sein de la Division LESI qui a également supervisé l'ensemble du rapport. Nadim Ahmad (directeur adjoint, CFE) et Alexander Lembcke (chef adjoint de la division Analyse économique, données et statistiques) ont contribué de manière significative à l'élaboration du chapitre 2 en apportant des conseils avisés. Eric Gonnard, Antonela Miho, Laurenz Baertsch, Patricia Penalosa, et Agustin Basauri (tous de l'OCDE) ont apporté des contributions précieuses. Lisa Toulorge a rédigé des sections du rapport (chapitre 2, 3, 4 et 5) et Aissatou Mbaye a contribué à l'organisation des entretiens avec les parties prenantes. Karen Maguire, cheffe de division LESI, a fourni une orientation générale et des commentaires. L'édition a été assurée par Chloé Gatignol. Jack Waters (OCDE) a préparé le rapport pour la publication.

Des remerciements particuliers sont adressés à Afaf Gabelotaud, Adjointe à la maire de Paris en charge des entreprises, de l'emploi et du développement économique, à Dominique Frentz, Directeur de l'Attractivité et de l'emploi à la Ville de Paris, qui ont soutenu la réalisation du projet. Des remerciements particuliers sont également adressés à Lucas Trotouin, Chef de cabinet d'Afaf Gabelotaud et Emmanuel Pheulpin, Chef du Bureau de la Formation pour l'Emploi, Direction de l'Attractivité et de l'Emploi, Ville de Paris, avec son équipe composée entre autres par Ondine Demblocque, Pascal Mongin et Marion Melain, qui ont facilité le bon déroulement du projet, les échanges avec les parties prenantes et ont apporté leurs commentaires sur le rapport. L'OCDE remercie également Pierre Deltrieux, Directeur de cabinet d'Afaf Gabelotaud ainsi que Lola Bergès, Sous-directrice de l'emploi et du développement économique durable au sein de la Direction de l'Attractivité et de l'Emploi, qui ont soutenu le projet. Des remerciements sont adressés à tous les collègues de l'OCDE qui ont fourni des conseils, des orientations et des contributions importantes : Amal Chevreau, Lucia Cusmano, Jonathan Potter, Ekaterina Travkina, Camille Viros.

Le Secrétariat de l'OCDE exprime sa gratitude aux parties prenantes de Paris qui ont été consultées tout au long du projet. L'OCDE souhaite remercier les représentants de différentes organisations qui ont participé à des réunions d'information au cours de 2024 ainsi qu'à un atelier de restitution en décembre 2024. Il s'agit notamment de la Direction de l'Attractivité et de l'Emploi de la Ville de Paris, y compris le Bureau de la formation pour l'emploi, le Bureau de l'emploi, le Bureau des partenariats entreprises et le Service de la transition écologique et solidaire, la Région Île-de-France, la Mairie du 13ème arrondissement, France Travail, le Mouvement des entreprises de France (Medef), la Confédération française démocratique du Travail (CFDT), l'Association La Pile, la Chambre des métiers et de l'artisanat (CMA) de Paris, la Chambre de commerce et d'industrie (CCI) de Paris, la Mission locale de Paris, l'Opérateur de Compétences (OPCO) Atlas, Numeum, Carton Plein, Diversidays, Konexio et Simplon. Des employeurs, telles que Google, IBM, IKEA, Schneider Electric et Vinci Construction ont été également consultés. Les échanges avec l'Atelier parisien d'urbanisme (Apur) ont permis d'identifier les données et les études d'intérêt pour la Revue.

Le Secrétariat de l'OCDE tient à remercier Alexandra Ingvarsson, Vanessa Engel, Bérénice van Cutsem et Hanka Boldemann de JPMorganChase pour leur contribution tout au long du développement du rapport.

L'OCDE souhaite également remercier Lucia Scopelliti, Directrice pour la formation et l'emploi à la Ville de Milan, qui a partagé des bonnes pratiques lors du séminaire de validation du qui a eu lieu en décembre 2024.

# Table des matières

## GRAPHIQUES

## TABLEAUX



## ENCADRÉS

# Acronymes et abréviations

| | |
|---|---|
| **AFC** | Action de Formation Conventionnée |
| **AFPA** | Agence nationale pour la Formation Professionnelle des Adultes |
| **AI** | Association Intermédiaire |
| **AMS** | Service Public de l'Emploi Autrichien |
| **APUR** | Atelier Parisien d'Urbanisme |
| **BEP** | Brevet d'Études Professionnelles |
| **BTP** | Bâtiment et Travaux Publics |
| **CAE** | Coopératives d'Activité et d'Emploi |
| **CAIE** | Centre Européen d'Excellence en Intelligence Artificielle |
| **CAP** | Certificat d'Aptitude Professionnelle |
| **CAPEB** | Confédération de l'artisanat et des petites entreprises du bâtiment |
| **CCI** | Chambre de Commerce et d'Industrie |
| **CDD** | Contrat à Durée Déterminée |
| **CDI** | Contrat à Durée Indéterminée |
| **CDPE** | Comité Départemental Pour l'Emploi |
| **CEM** | Conseil Emploi Métropole (Montréal) |
| **CFE** | Confédération Française de l'Encadrement |
| **CFDT** | Confédération Française Démocratique du Travail |
| **CIP** | Conseiller d'Insertion et de Probation |
| **CLPE** | Comités Locaux pour l'Emploi |
| **CMA** | Chambre des Métiers et de l'Artisanat |
| **CMM** | Communauté Métropolitaine de Montréal |
| **CNAM** | Conservatoire National des Arts et Métiers |
| **CPF** | Compte Personnel de Formation |
| **CPME** | Confédération des Petites et Moyennes Entreprises |
| **CPRDFOP** | Contrat de Plan Régional de Développement de la Formation et de l'Orientation Professionnelles |
| **CREFOP** | Comité Régional de l'Emploi, de la Formation et de l'Orientation Professionnelles |
| **CRPE** | Comité Régional Pour l'Emploi |
| **CTPE** | Comités Territoriaux Pour l'Emploi |
| **C4IR** | Quatrième Révolution Industrielle |
| **DPH** | Dispositif Premières Heures |

| | |
|---|---|
| **DRAFPIC** | Délégation Régionale Académique de la Formation Professionnelle, Initiale et Continue |
| **DRIETTS** | Direction Régionale et Interdépartementale de l'Économie, de l'Emploi, du Travail et des Solidarités |
| **EBE** | Entreprises à But d'Emploi |
| **EFP** | Enseignement et Formation Professionnelle |
| **EIF-FEL** | Réseau Évaluation, Information, Formation – Français en Liens |
| **EIP** | *Employer Integration Board* |
| **EPCI** | Établissement Public de Coopération Intercommunale |
| **EPEC** | Ensemble Paris Emploi Compétences |
| **EPI** | Espace Parisien pour l'Insertion |
| **EPT** | Établissements Publics Territoriaux |
| **ESCO** | European Skills, Competences and Occupations |
| **ESS** | Économie sociale et solidaire |
| **ESUS** | Entreprise Solidaire d'Utilité Sociale |
| **E2C** | École de la Deuxième Chance |
| **FSE** | Fonds Social Européen |
| **FUA** | Aire Urbaine Fonctionnelle |
| **GMGCA** | *Greater Manchester Combined Authority* |
| **GRETA** | Groupements d'Établissements Publics Locaux d'Enseignements |
| **GRSN** | Gippsland Regional Skills Network |
| **IA** | Intelligence Artificielle |
| **IAE** | Insertion par l'Activité Économique |
| **IGAS** | Inspection Générale des Affaires Sociales |
| **IGESR** | Inspection Générale de l'Éducation, du Sport et de la Recherche |
| **INSEE** | Institut National de la Statistique et des Études Économiques |
| **ISCO** | International Standard Classification of Occupations |
| **JOP** | Jeux Olympiques et Paralympiques |
| **LFS** | L'enquête sur les forces de travail (Labour Force Survey) |
| **La Pile** | Accélérateur Parisien d'Innovation Locale pour l'Emploi |
| **MaiiC** | *Manufacturing and Industrial Innovation Council* |
| **MGP** | Métropole du Grand Paris |
| **NACE** | Nomenclature Statistique des Activités Économiques dans la Communauté Européenne |
| **NAICS** | Système de classification des industries de l'Amérique du Nord (*North American Industry Classification System*) |
| **NEET** | Ni en Emploi, ni Scolarisés, ni en Formation (Not in Education, Employment, or Training) |
| **NUTS** | Nomenclature des Unités Territoriales Statistiques |
| **NYACH** | *New York Alliance for Careers in Healthcare* |
| **OIM** | Opérations d'aménagement d'Intérêt Métropolitain |
| **ONG** | Organisation Non Gouvernementale |
| **OPCO** | Opérateur de Compétences |
| **PAMT** | Politiques Actives du Marché du Travail |

| | |
|---|---|
| **PEAD** | Paris Emplois à Domicile |
| **PIAAC** | Programme pour l'Évaluation Internationale des Compétences des Adultes |
| **PIB** | Produit Intérieur Brut |
| **PLIE** | Plan Local pour l'Insertion et l'Emploi |
| **PLVP** | Parcours Linguistiques à Visée Professionnelle |
| **PME** | Petites et Moyennes Entreprises |
| **PRF** | Programme Régional de Formation |
| **PRFE** | Programme Régional de Formation pour l'Emploi |
| **PRFT** | Programme Régional de Formation Transversale |
| **PRIC** | Pactes Régionaux d'Investissement dans les Compétences |
| **PEE** | Parcours d'Entrée vers l'Emploi |
| **PPE** | Points Parisiens pour l'Emploi |
| **PPIE** | Plan Parisien d'Insertion par l'Emploi |
| **PME** | Petite et Moyenne Entreprise |
| **PPP** | Partenariat Public-Privé |
| **QJ** | Quartier Jeunes |
| **QPV** | Quartier Prioritaire de la Ville |
| **R&D** | Recherche et Développement |
| **RNCP** | Répertoire National des Certifications Professionnelles |
| **RSA** | Revenu de Solidarité Active |
| **RSE** | Responsabilité Sociale et Environnementale des Entreprises |
| **SGP** | Société du Grand Paris |
| **SIAE** | Structure d'Insertion par l'Activité Économique |
| **SPE** | Service Public de l'Emploi |
| **STEM** | Sciences, technologies, ingénierie et mathématiques |
| **STIM** | Sciences, technologies, ingénierie et mathématiques |
| **RNCP** | Répertoire National des Certifications Professionnelles |
| **TIC** | Technologies de l'Information et de la Communication |
| **TL** | Niveau Territorial (*Territorial Level*) |
| **TTP** | (New York) *Tech Talent Pipeline* |
| **TZCLD** | Territoires Zéro Chômeur de Longue Durée |
| **UE** | Union Européenne |
| **VAIA** | *Flemish AI Academy* |
| **WEF** | World Economic Forum |
| **ZAC** | Zones d'Aménagement Concerté |

# Résumé


## L'empreinte économique de Paris dépasse largement ses frontières administratives...

**Si la Ville de Paris compte un peu plus de 2,1 millions d'habitants, sa zone d'influence s'étend bien au-delà, avec une zone urbaine fonctionnelle (ZUF) de plus de 13 millions de personnes**. Chaque jour, plusieurs millions de personnes se déplacent au sein de cette zone urbaine fonctionnelle (appelé zone métropolitaine) pour exercer leur activité professionnelle. Parmi elles, plus d'un million vont travailler à Paris, le cœur de ce marché du travail intégré qui s'étend au-delà des frontières administratives de la Ville. Paris est aussi un territoire moteur de l'économie française, grâce a sa contribution proche d'un tiers au PIB national. . Le bon fonctionnement du marché du travail parisien dépend fortement de l'offre de logement et de transport public de la Région Île-de-France dans son ensemble, qui jouent un rôle essentiel pour loger, transporter et soutenir les travailleurs et leurs familles.

## ... faisant de Paris et sa zone métropolitaine les moteurs de l'économie française

**Grâce aux effets d'agglomération et à son attractivité, Paris et sa zone métropolitaine sont des pôles d'innovation et de talents**. La productivité est entre parmi les plus élevées de toutes les zones métropolitaines de l'OCDE et 31 % supérieure à la moyenne nationale. La région Île-de-France, qui correspond étroitement à l'étendue du marché du travail parisien, emploie près de la moitié des actifs français dans les services de l'information et de la communication, et un tiers dans les activités scientifiques, techniques, administratives et de soutien. Ces secteurs sont alimentés par une main-d'œuvre qualifiée et dynamique. Dans Paris intra-muros, 52 % des actifs occupés sont titulaires d'un diplôme de niveau Bac+5 ou plus — soit 1,7 fois plus qu'en Île-de-France (30 %) et trois fois plus qu'au niveau national (17 %).

## Mais le potentiel d'inclusion sur le marché du travail reste à renforcer...

**Malgré des performances économiques solides, certains publics restent en difficulté sur le marché de l'emploi**. Ainsi, 16 % des jeunes de 15 à 24 ans et 11 % des migrants originaires de pays hors UE en Île-de-France sont au chômage, des taux proches de la moyenne européenne mais bien supérieurs au taux régional (7,0 %). Le manque d'informations sur le marché du travail, une maîtrise insuffisante du français et les discriminations à l'embauche sont des freins récurrents pour les migrants, qui représentent un quart de la population régionale. Par ailleurs, près d'un demandeur d'emploi sur cinq (17 %) est âgé de 55 ans ou plus.

**Les chômeurs de longue durée et les inactifs représentent une ressource encore peu mobilisée.** En Île-de-France, 43 % des demandeurs d'emploi sont inscrits depuis plus de 12 mois, un niveau proche de la moyenne nationale (42 %). Le taux d'inactivité (24 %) y est également comparable au reste du pays.

Parmi les inactifs souhaitant travailler, les responsabilités familiales et l'absence perçue d'opportunités adaptées freinent la recherche d'emploi.

## .... ainsi que la performance du marché du travail

**Les compétences vertes et numériques sont particulièrement recherchées.** La Ville de Paris et la région sont bien positionnées pour accompagner la transition écologique : 30 % des emplois y intègrent des tâches « vertes », un taux supérieur à ceux de Londres (27 %) et Berlin (23 %), avec en outre une meilleure parité femmes-hommes. Par ailleurs, près de la moitié des offres d'emploi en Île-de-France exigent des compétences numériques de base, et un tiers nécessitent des compétences avancées. Toutefois, des tensions apparaissent sur ces segments, freinant l'innovation et la croissance : au troisième trimestre 2024, près de 49 000 postes de développeurs informatiques étaient à pourvoir, pour seulement 5 000 demandeurs d'emploi qualifiés.

**À Paris intra-muros, les demandeurs d'emploi sont plus diplômés que dans le reste de la région et du pays.** En 2024, près de 60 % d'entre eux avaient au moins deux années d'études post-bac — soit 16 points de plus que la moyenne régionale, et près du double de la moyenne nationale. De plus, seuls 25 % sont faiblement qualifiés, contre 37 % en Île-de-France.

## La Ville de Paris développe ses propres programmes afin d'insérer et de former les publics éloignés de l'emploi, en lien avec les employeurs...

**La Ville met en œuvre des programmes ciblant les personnes les plus éloignées de l'emploi :** six parcours de formation de la Ville permettent chaque année à plus de 3 000 Parisiens d'acquérir de nouvelles compétences. Le soutient de la Ville à des structures d'insertion par l'activité économique (IAE) aident 7 000 personnes vulnérables à se réinsérer professionnellement. À l'occasion des Jeux Olympiques et Paralympiques de 2024, la Ville a cartographié les besoins en compétences pour orienter et former les demandeurs d'emploi vers les métiers créés. Le dispositif « Dynamiques Emploi 2025 » propose des accompagnements à la reconversion professionnelle. Ces actions, couplées à un dialogue renforcé avec les employeurs, permettent de réduire l'écart entre les compétences disponibles et celles recherchées dans les secteurs en croissance (ex. numérique, santé, BTP).

**La Ville a signé vingt Pactes Parisiens pour l'Emploi avec de grands employeurs pour favoriser l'insertion des publics vulnérables.** Ces pactes, centrés sur les pratiques de recrutement, posent les bases d'une collaboration plus poussée avec les entreprises, y compris les PME, autour des enjeux de formation. En effet, seulement 16 % des adultes en âge de travailler en Île-de-France participent à des formations, un taux inférieur à celui observé dans les régions de Vienne (22 %), Copenhague (35 %) ou Stockholm (41 %). Outre le CPF, la Ville pourrait renforcer le lien avec les entreprises pour anticiper les besoins, stimuler la formation continue et sensibiliser les entreprises aux compétences dont disposent les Parisiens.

## ... en coordination avec de nombreux autres acteurs au service du marché du travail francilien

**La gouvernance du marché du travail à Paris et en Île-de-France nécessite une coordination étroite pour plus de cohérence et d'efficacité**. L'État est compétent en matière de politique de l'emploi. France Travail met en œuvre la politique de l'emploi, avec l'appui de services déconcentrés tels que la DRIETTS, qui financent et régulent la formation. La Région définit la stratégie de formation professionnelle, finance les organismes et travaille avec les opérateurs de compétences (OPCO) et les entreprises, qui investissent aussi dans le développement des compétences. Mais le grand nombre d'acteurs crée un écosystème complexe : on compte 10 000 organismes de formation à Paris, et 25 000 en Île-de-France. Les Comités Territoriaux pour l'Emploi (CTPE), issus de la réforme pour le plein emploi, constituent une opportunité pour structurer la coordination entre la Ville, la Région, l'État et les partenaires sociaux.

## La Ville de Paris, aux côtés de la Région Île-de-France, des opérateurs de l'État et des partenaires sociaux, pourrait envisager les recommandations suivantes :

**Cibler les publics exclus et soutenir les reconversions professionnelles :**

- **Accompagner les reconversions professionnelles pour les demandeurs d'emploi qualifiés, notamment vers les métiers du numérique** : Les dispositifs d'accompagnement, tels que *Dynamiques Emploi 2025*, pourraient élargir leurs dispositifs de reconversion professionnelle. En plus des publics actuellement visés, ce type de programme pourrait s'ouvrir aux personnes qualifiées mais exclues du marché de l'emploi, afin de faciliter leur insertion dans les nombreux emplois disponibles dans le numérique. *ParisCode* pourrait être étendu pour intégrer davantage de parcours de formation vers les métiers plus qualifiés du numérique, notamment en partenariat avec des établissements d'enseignement supérieur. Les politiques numériques de Barcelone (Espagne) pourraient servir d'inspiration.
- **Poursuivre les politiques vis-à-vis des publics vulnérables et peu qualifiés, notamment via l'insertion par l'activité économique et l'économie sociale et solidaire :** L'action de la Ville en faveur des groupes vulnérables est cohérente avec son mandat et répond directement aux besoins des personnes les plus exclues du marché du travail. Paris pourrait renforcer son soutien aux *coopératives d'activités et d'emploi* (CAE) dans le cadre de sa stratégie d'entrepreneuriat social. Une filière de formation dédiée pourrait également être développée pour les personnes qui intègrent l'expérimentation *Territoires zéro chômeur de longue durée* (TZCLD). Par ailleurs, les dispositifs d'insertion par l'activité économique (IAE), en raison de leurs bons taux de retour à l'emploi, pourraient être renforcés.
- **Renforcer l'évaluation des programmes et la collecte régulière de données granulaires sur le marché du travail :** L'ensemble des acteurs de la formation, au-delà de la Ville, pourraient s'engager dans une évaluation plus systématique des dispositifs et dans la collecte de données afin de faire évoluer leurs programmes en fonction d'analyses empiriques. Boston (États-Unis) et Utrecht (Pays-Bas) offrent des exemples. Les données publiées par l'Apur pourraient être enrichies par une collecte plus fréquente de données granulaires, complétée par des données sur les offres d'emploi de France Travail.

**Réformer la gouvernance et prendre en compte le marché du travail régional dans les politiques publiques :**

- **Simplifier l'écosystème de formation via une coordination renforcée au niveau régional par le nouveau Comité régional pour l'emploi (CRPE) :** La Ville de Paris, la Région Île-de-France et les partenaires sociaux pourraient coconstruire, avec l'État, des feuilles de route sectorielles. Le CRPE pourrait devenir un lieu de répartition claire des rôles entre acteurs, limitant les doublons de formation et comblant les besoins non couverts. Par exemple, les acteurs de la formation, dont France Travail et la Ville, pourraient élaborer une stratégie commune pour la formation numérique.
- **Développer des partenariats sectoriels autour des nouvelles opportunités de mobilité liées au Grand Paris Express :** La mise en service du nouveau réseau de transports (200 km, 68 nouvelles gares) offrira des leviers majeurs pour améliorer l'adéquation sur le marché du travail. Tous les acteurs — Ville, Région, France Travail, collectivités — pourront ainsi mieux faire correspondre l'offre et la demande. Les programmes d'emploi et de formation (forums, « job datings », ateliers), y compris ceux de la Ville et de France Travail, pourront davantage cibler les secteurs clés à l'échelle régionale.

- **Anticiper les besoins en compétences générés par les investissements publics dans la transition écologique et la rénovation urbaine :** La construction du Grand Paris Express devrait créer à lui seul environ 18 000 emplois. Paris pourrait s'associer à ses collectivités voisines pour cartographier les besoins en main-d'œuvre liés aux grands chantiers (rénovation énergétique, aménagement des quartiers de gare, gestion l'environnement) et proposer des formations ciblées, à l'image des initiatives menées à Sydney ou à Paris à l'occasion des Jeux olympiques de 2024.

**Renforcer l'implication des employeurs pour aligner compétences et besoins du marché :**

- **Renforcer la coopération avec les employeurs pour suivre les besoins en compétences et ajuster les formations** : La Ville pourrait créer un groupe de travail "Compétences et emploi" réunissant les signataires des Pactes parisiens pour l'emploi. Ce groupe permettrait de faire remonter en temps réel les besoins en compétences et les postes vacants, et d'ajuster l'offre de formation en conséquence. Des exemples à suivre incluent Londres et Montréal.
- **Collaborer avec les employeurs pour lever les freins à l'emploi des publics vulnérables, notamment en améliorant l'attractivité des postes** : La Ville et France Travail pourraient promouvoir des pratiques innovantes de recrutement, comme l'embauche basée sur les compétences pour les personnes migrantes aux diplômes non reconnus ou les horaires aménagés pour les parents. Le réseau *Paris Ensemble pour l'Emploi et les Compétences (EPEC)* pourrait continuer et amplifier son appui aux employeurs qui mettent en œuvre des marchés publics ou privés afin d'améliorer les conditions de travail, notamment dans la sous-traitance.
- **Accroître la collaboration avec les PME, notamment dans les secteurs en tension** : Actuellement centrés sur les grandes entreprises, les Pactes parisiens pour l'emploi pourraient être étendus à des partenaires représentant les PME, nombreuses dans des secteurs en pénurie de main-d'œuvre (construction, commerce). La Ville pourrait les accompagner dans des démarches de recrutement innovantes (jeunes, seniors) et dans la formation de leurs salariés, et faciliter leur accès à ses dispositifs (forums, formations, accompagnement).

# 1 Avis et recommandations

Paris et sa zone métropolitaine ainsi que sa région se caractérisent par un marché du travail dynamique et qualifié, marqué par une baisse notable du chômage ces dernières années. Néanmoins, des enjeux tels que l'inadéquation des compétences aux besoins des employeurs et l'inclusion de certains groupes éloignés de l'emploi persistent. L'action publique de la Ville répond à ces défis en soutenant une plus grande équité sur le marché du travail. L'action publique de la Ville répond à ces défis en soutenant une plus grande équité sur le marché du travail. Ce premier chapitre propose des recommandations à l'attention de la Ville de Paris et des acteurs de l'emploi et de la formation professionnelle en Île-de-France, structurées en trois axes prioritaires : cibler en priorité les publics éloignés de l'emploi et soutenir les reconversions professionnelles ; réformer la gouvernance des politiques de l'emploi et de formation professionnelle et prendre en compte le marché du travail métropolitain dans les politiques publiques ; et renforcer l'implication des employeurs pour aligner compétences et besoins du marché.

## L'influence économique de Paris dépasse largement ses frontières administratives

**Paris n'est pas seulement la capitale et la plus grande ville de France, c'est aussi une ville mondiale.** La Ville de Paris accueille plus de 2,1 millions d'habitants, contribue à 10 % du PIB national et attire de nombreux investissements, touristes et talents. La Ville attire chaque jour plus d'un million de personnes résidant hors de Paris, et 300 000 de Parisiens se déplacent quotidiennement en dehors des limites de la Ville. Paris s'intègre donc au sein d'une zone économique plus large et fortement interconnectée : la zone métropolitaine de Paris. En termes de population, la zone métropolitaine de Paris s'aligne étroitement sur la région Île-de-France, qui représente 93 % de sa population.

Graphique 1.1. La Ville de Paris : moteur économique de la région et de la zone métropolitaine

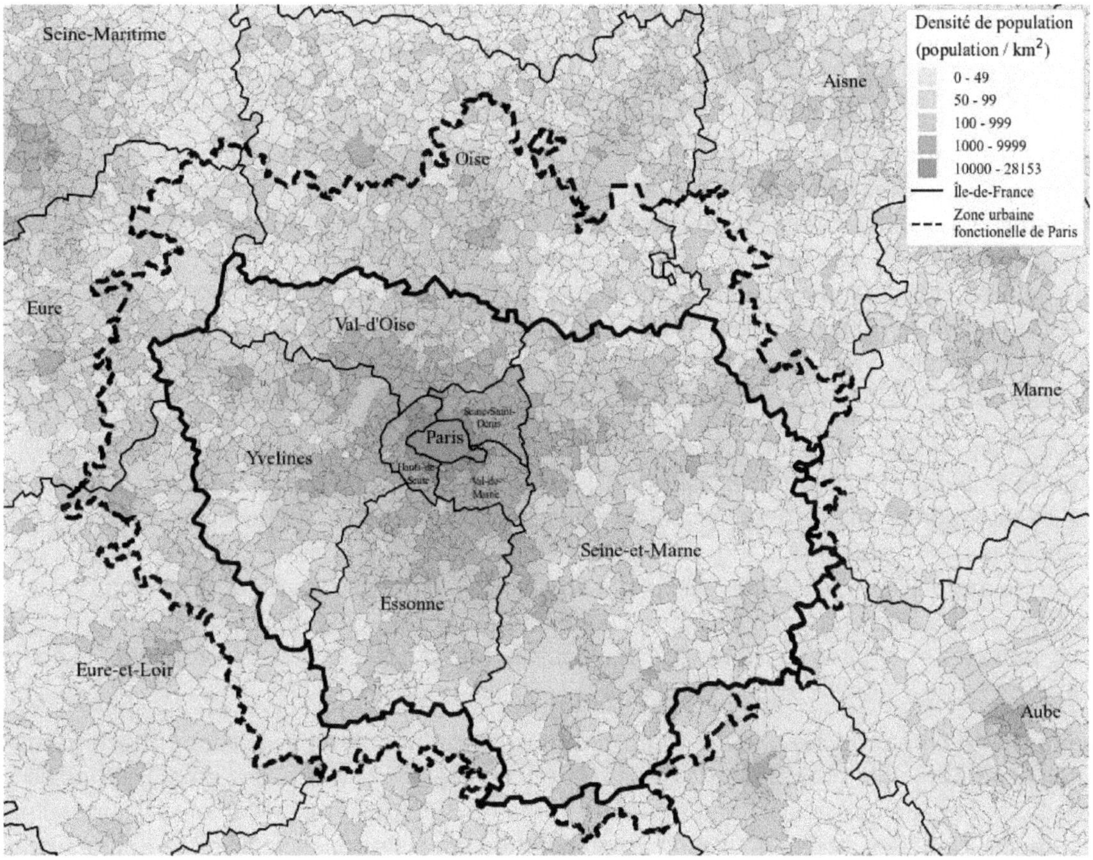


Source : OCDE.

**La zone métropolitaine de Paris est la plus grande d'Europe et l'une des dix plus grandes de l'OCDE.** Avec 13 millions d'habitants, elle abrite un cinquième de la population (19%) et un tiers du PIB (31 %), ce qui en fait non seulement la plus grande économie métropolitaine d'Europe, mais aussi la cinquième de l'OCDE, derrière New York, Tokyo, Séoul et Los Angeles. Paris concentre plus d'activités économiques nationales que la plupart des autres grandes zones métropolitaines de l'OCDE, comme Londres (28%), Madrid (20%), Milan (14%) ou Berlin (6%).

**En tant que pôle d'innovation mondial, Paris et sa zone métropolitaine sont des territoires moteurs de la productivité.** La productivité du travail figure parmi les 10 plus élevées de toutes les zones métropolitaines de l'OCDE et 31 % au-dessus de la moyenne nationale. Cette performance s'explique par une forte spécialisation du territoire dans les secteurs à haute valeur ajoutée et une main-d'œuvre très qualifiée, qui sont le reflet d'une certaine attractivité vis-à-vis des investissements et des entreprises, d'un écosystème d'innovation et d'entrepreneuriat dynamique, et de la présence des universités de rayonnement international, et plus généralement de sa capacité à tirer profit des économies d'agglomération,

**Dans ce contexte de forte intégration du marché du travail, une analyse régionale et métropolitaine de la dynamique de l'emploi permet de mieux cerner l'ampleur du marché du travail parisien et les opportunités qu'il offre.** La prise en compte de la géographie fonctionnelle du marché du travail dans développement de politiques de l'emploi permet de mieux appréhender l'intégralité du potentiel offert par un territoire. Cela implique de considérer les lieux de résidence des actifs par rapport aux bassins d'emploi et aux zones de création de nouveaux postes dans la décision politique en matière d'emploi. L'offre de transport et de logement à Paris ainsi en Île-de-France est donc essentielle au bon fonctionnement du marché du travail parisien.

## Paris et l'Île-de-France : des territoires moteurs de l'économie française

**L'attractivité économique du territoire repose sur un marché du travail francilien qualifié, avec un taux d'emploi croissant et des secteurs à haute valeur ajoutée.** Le taux d'emploi en Île-de-France, en hausse depuis plusieurs années, a atteint près de 70 % en 2023, un chiffre légèrement supérieur à la moyenne nationale française (68,5%) ainsi qu'à celle de l'OCDE. Bien que ce taux d'emploi se situe en dessous de 5 à 7 points de pourcentage par rapport aux régions métropolitaines d'Europe du Nord (par exemple Copenhague, Stockholm ou Oslo), l'Île-de-France (+ 2.4 points de pourcentage) a connu une augmentation du taux d'emploi plus importante que de nombreuses autres régions de l'OCDE et la moyenne de l'OCDE (1,7 points) entre 2018 et 2023.

**Paris et la Région Île-de-France disposent d'une population active fortement qualifiée**. Plus de la moitié de la population active (15-64 ans) en Île-de-France bénéficie d'une éducation supérieure (un diplôme ou plus après l'examen du Baccalauréat) contre 45% et 40% respectivement dans les régions dans lesquelles se situent Madrid et Berlin. Dans Paris intra-muros, les actifs occupés sont particulièrement qualifiés : 52 % d'entre eux disposent d'un diplôme de niveau Bac+5 ou plus. Près de 60% demandeurs d'emploi à Paris justifient d'un niveau Bac+2 ou plus (32% en moyenne en France) et 29% sont cadres. Ces chiffres sont à l'image du bassin d'emploi parisien comme premier pôle économique du pays.

**Le niveau de qualification élevé de la main-d'œuvre va de pair avec une concentration importante de secteurs à haute valeur ajoutée.** La Région regroupe près de la moitié des emplois français dans les services de l'information et de la communication et près de 40% des emploi dans les activités financières et d'assurance. Ces deux secteurs, ainsi que les activités spécialisées, scientifiques et techniques et les activités de services administratifs et de soutien sont porteurs de l'économie francilienne. Les secteurs de l'industrie manufacturière et de la construction ne représentent que 5% chacun de l'emploi francilien. Cependant des différences existent au sein de la région. Par exemple, en 2023, l'industrie manufacturière représentait plus de 8 % des nouvelles offres d'emploi publiées en ligne en Île-de-France (hors Paris) contre un peu plus de 6 % à Paris.

## Le marché du travail francilien est dynamique et qualifié, mais des défis persistent

### *Certains publics demeurent plus éloignés de l'emploi ...*

**Malgré un niveau de qualification élevé et un taux de chômage en baisse à Paris, le taux de chômage en Île-de-France demeure important.** Dans les limites administratives de la Ville de Paris, le taux de chômage a reculé de près de 3 points de pourcentage ces entre 2014 et 2024 pour atteindre 5,7% en 2024, un taux bien inférieur à celui des départements limitrophes tels que la Seine-Saint-Denis (10,2%), le Val-de-Marne (7,2 %) ou encore les Hauts-de-Seine (6,1 %). À l'inverse, le taux de chômage en Île-de-France (7,0%) dépasse la moyenne nationale (7,1%) et celui des régions dans lesquelles se situent Londres ou Milan par exemple. Cependant, le taux de chômage dans Paris intramuros se caractérise par une durée prolongée : 48% des demandeurs d'emploi parisiens sont au chômage depuis au moins douze mois (2024), un taux qui est 6 points de pourcentage au-dessus de la moyenne française (42%, 2024).

**L'accès au marché du travail francilien est plus difficile pour les jeunes, les personnes peu qualifiées et les migrants non-européens**. En 2023, 16 % des jeunes et 11% des personnes avec un niveau d'éducation inférieur au deuxième cycle de l'enseignement secondaire étaient au chômage en Île-de-France (14,5 % et 12 % respectivement au niveau européen). Pour les personnes moins qualifiées et les migrants, les barrières linguistiques, le manque de compétences numériques fondamentales ou des parcours professionnels atypiques peuvent limiter leur accès à l'emploi. En 2023, 11 % des résidents nés en dehors de l'UE étaient au chômage en l'Île-de-France, et seulement 7,4 % et 6,4 % dans les régions dans lesquelles se situent Berlin et de Milan respectivement.

**Comme dans d'autres villes de l'OCDE, le coût de la vie élevé et les difficultés pour se loger risquent aussi de creuser les inégalités et de compromettre la performance du marché du travail**. À Paris, l'accès au logement abordable est un défi majeur : au premier trimestre de 2025, le prix moyen du mètre carré est EUR 9 530 (Chambre des notaires de Paris, 2025[1]). Dans la zone métropolitaine, le prix moyen du mètre carré est plus faible (EUR 6 120), mais demeure nettement plus élevé que dans des autres zones métropolitaines dans l'UE et l'OCDE, ce qui limite fortement l'attractivité de la région (OCDE, 2025[2]). Par exemple, le prix moyen au mètre carré est 34 % plus élevé qu'à Berlin et Stockholm et 56 % plus élevé qu'à Madrid. Cette hausse du coût du logement est un frein à la mobilité résidentielle et professionnelle, en particulier pour les ménages les plus modestes, mais aussi pour les classes moyennes qui peinent à se loger à proximité des zones d'emploi. De plus, si l'offre de logements sociaux a progressé ces 20 dernières années, atteignant 23,1 % des résidences principales en 2024, elle reste insuffisante face à la demande croissante ; le nombre de ménages demandeurs de logements sociaux a plus que doublé ces 10 dernières années. Ce déséquilibre entre l'offre et la demande de logements entrave l'efficacité du marché du travail, soulignant l'importance d'une offre suffisante de logements abordables et sociaux à proximité des pôles d'emploi, ainsi que d'un réseau de transports en commun reliant zones d'habitat et pôles d'activité, notamment pour les ménages contraints de s'éloigner des zones d'emploi faute de pouvoir s'y loger.

### *... et le déséquilibre entre offre et demande entrave l'efficacité du marché du travail*

**L'adéquation entre offre et demande d'emploi est un véritable enjeu, malgré un nombre d'offres d'emploi important.** La demande d'emploi est très forte à Paris et en Île-de-France : au deuxième trimestre de 2024, cinq candidats à Paris et plus de six en Île-de-France répondent en moyenne pour chaque offre publiée par France Travail[1]. La concurrence est particulièrement accrue pour les demandeurs d'emploi qualifiés (Bac +2 et supérieur) à Paris (voir Graphique 1.2), et dans les métiers moins qualifiés dans le reste de l'Île-de-France (niveau inférieur au Bac). En 2023, la France a connu néanmoins un nombre historiquement élevé de postes non pourvus (OCDE, 2024[3]), reflet d'un déséquilibre entre profil des candidats et besoins des employeurs, générant à la fois des difficultés de recrutement et un chômage prolongé. Cela peut refléter le problème général selon lequel de nombreux travailleurs en France souffrent d'un manque de compétences essentielles pour leur activité professionnelle : 32 % d'entre eux estiment avoir besoin de renforcer leurs compétences informatiques ou logicielles, et 23 % identifient des besoins en gestion de projet et en compétences organisationnelles (OCDE, 2024[4]).

### Graphique 1.2. Il y a plus de demandeurs d'emploi parisiens qualifiés que d'offres d'emploi qualifiés dans la Ville de Paris

Caractéristiques des demandeurs d'emploi et des offres d'emploi publiés par France Travail, Ville de Paris, T2 2024

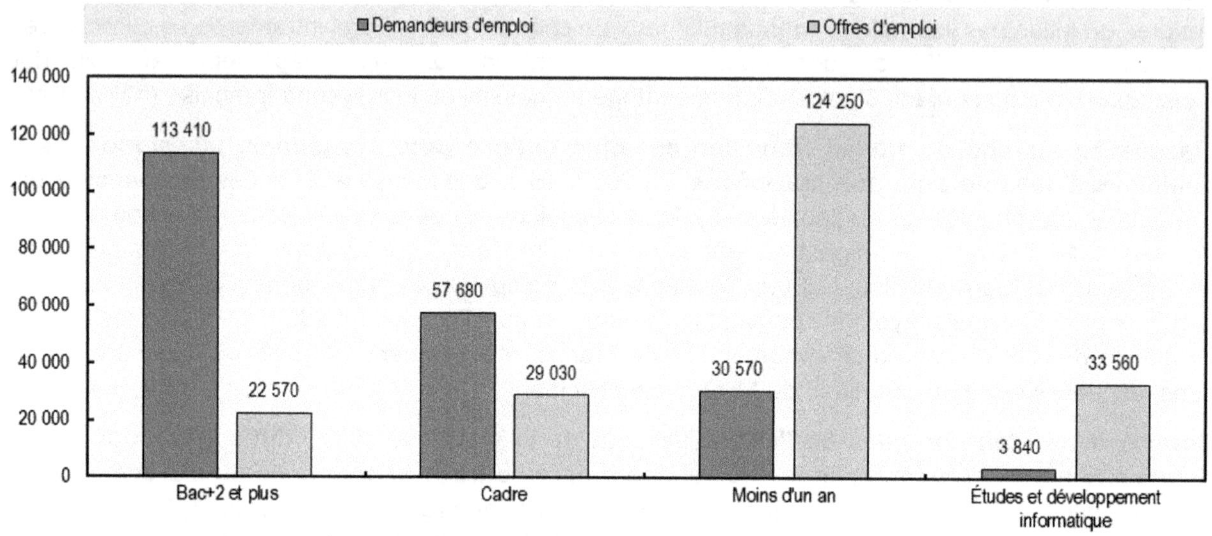


Source : France Travail (Enquête sur les besoins de main d'œuvre)

**Ces difficultés de recrutement touchent particulièrement les métiers du numérique et verts, qui sont pourtant des leviers pour la croissance.** L'Île-de-France est l'une des régions de l'OCDE avec la plus forte demande en compétences numériques, requises à un niveau fondamental ou avancé pour respectivement 47% et 32% des offres d'emploi. En Île-de-France,18% des intentions d'embauche concernent des métiers verts, mais deux tiers de ces postes restent difficiles à pourvoir. Une attention portée au développement de compétences spécifiques contribuerait à atténuer les tensions sur le marché du travail tout en favorisant l'innovation et la productivité.

## Cibler en priorité les publics éloignés de l'emploi et soutenir les reconversions professionnelles vers les emplois verts et numériques

### *Les dispositifs de la Ville de Paris visent les publics éloignés de l'emploi pour répondre aux défis d'inclusion sur le marché du travail*

**Pleinement engagée dans l'accompagnement vers l'emploi et la formation professionnelle, la Ville de Paris se positionne comme un acteur majeur des politiques de l'emploi en Île-de-France.** Cette démarche proactive dépasse le cadre d'action habituel des communes et départements français. Elle repose sur le développement de dispositifs co-construits avec des acteurs de terrain (ex. France Travail, le Service Public de l'Emploi – SPE – notamment) et offrant des solutions adaptées à ses différents publics cibles. L'innovation sociale est au cœur de nombreux dispositifs, qui mobilisent en priorité des outils pilotés par des partenaires associatifs ou territoriaux, sélectionnés via des jurys organisés par la Ville.

**En 2025, l'intégralité des dimensions de politiques actives de l'emploi (Tableau 1.2) était couverte par les programmes de la Ville de Paris**. En vertu de la loi du 28 février 2017, la Ville de Paris, collectivité à statut unique, exerce les compétences communales et départementales, notamment en matière d'insertion socioprofessionnelle. Ce statut lui permet de développer ses politiques d'emploi et de formation, de manière complémentaire aux actions de l'État en matière d'accompagnement à l'emploi et à celles de la Région Île-de-France en ce qui concerne la formation professionnelle. De manière cohérente avec les enjeux du marché du travail à Paris et en Île-de-France, ces programmes s'adressent aux personnes les plus éloignées de l'emploi : les jeunes, les allocataires du Revenu de Solidarité Active (RSA), les personnes maîtrisant peu le français, les travailleurs âgés ou encore les résidents de quartiers populaires.

### Tableau 1.1. Les dispositifs d'accompagnement à l'emploi et de formation professionnelle de la Ville de Paris couvrent l'ensemble des catégories de politiques de l'emploi

| Catégorie de politique active de l'emploi | Exemples de dispositifs de la Ville de Paris |
|---|---|
| **Information, orientation ou accompagnement** | Points Paris Emploi (PPE), Dynamiques Emplois 2025 |
| **Formation** | ParisCode, Parcours Linguistiques à Visée Professionnelle (PLVP), Paris Fabrik, Paris Hospitalités, Paris Emplois à Domicile |
| **Aides à l'emploi** | L'insertion par l'activité économique (IAE) |
| **Emploi protégé, emploi aidé, réhabilitation** | Dispositif Premières Heures : de la rue à l'emploi |
| **Création directe d'emploi** | Territoires Zéro Chômeurs de Longue Durée (TZCLD) |
| **Aides à la création d'entreprise** | Maison des Canaux, et soutien à différentes structures (ex. Chambre des Métiers et de l'Artisanat, Pousses.Paris) |

Note : Ces programmes s'adressent principalement aux résidents de la Ville de Paris, mais les personnes résidant en-dehors de la Ville peuvent également bénéficier d'une grande partie de l'offre.
Source : Auteur sur la base de la classification des programmes du marché du travail par (Eurostat, 2019[5]), statistiques du marché du travail : rapport qualitatif. https://ec.europa.eu/social/main.jsp?catId=1143&langId=en.

**Des dispositifs pour informer, orienter, accompagner les Parisiens et les Parisiennes dans la recherche d'un emploi ont été mis en place**. Les *Points Paris Emploi* (PPE) sont des centres de ressources qui permettent à toute personne d'accéder, sans rendez-vous ni inscription, à une information qualifiée et une orientation vers un dispositif ou une structure adaptée. Ces centres organisent également des ateliers et sessions d'information adaptés à des métiers ou publics spécifiques. En 2023, onze PPE ont accompagné près de 24 000 personnes à Paris. Dans une approche complémentaire, l'initiative *Dynamiques Emploi 2025* soutient treize structures parisiennes dans la mise en place de 1 000 parcours d'accompagnement. A l'approche des Jeux Olympiques et Paralympiques de 2024 (JOP), des initiatives innovantes comme *Du stade vers l'emploi* et *Toutes Championnes ! Tous Champions !* ont été déployées par la Ville et ses partenaires pour orienter les demandeurs d'emploi vers des postes liés à l'organisation des Jeux.

**Les programmes de formation de la Ville de Paris présentent de bons résultats en matière d'insertion, et notamment dans des secteurs stratégiques.** Chaque année, le programme *ParisCode* forme en moyenne près de 900 résidents parisiens aux métiers du numérique. Soixante-treize pourcent (73%) d'entre eux justifient ensuite d'une sortie de formation positive : vers un emploi, une création d'activité ou une nouvelle formation. De la même manière, le taux de sortie du dispositif *ParisFabrik*, centré sur les métiers de la transition écologique (fabrication, économie circulaire, mobilités douces, rénovation énergétique, écoconstruction) est de 83%, et permet à une moyenne de plus de 150 personnes de se former annuellement.

**La Ville s'engage activement en faveur de l'insertion des publics les plus éloignés de l'emploi, en mobilisant un ensemble d'outils tels que les aides à l'emploi, les programmes de réhabilitation et de création d'emploi et l'entrepreneuriat social.** Parmi tous ces dispositifs, l'insertion par l'activité économique (IAE) a été reconnu comme l'un des plus efficace pour le retour à l'emploi. L'IAE est une modalité d'embauche qui repose sur une mise en activité progressive, un accompagnement socio-professionnel et des actions de formation. En 2023, près de deux tiers des 7 000 personnes accompagnées en 2023 qui achèvent leur parcours d'IAE à Paris sont soit en emploi soit en formation. Certains dispositifs IAE visent également des publics plus spécifiques. Par exemple, le Dispositif *Premières Heures : de la rue à l'emploi* soutient seize associations qui accompagnent des personnes sans-domicile[2] dans la reprise d'une activité à temps partiel adaptée. Ces programmes impliquent souvent des structures de l'économie sociale et solidaire (ESS) ou de l'insertion, et articulent ainsi insertion et développement durable en privilégiant des structures de l'économie circulaire (ex. recycleries, mobilités douces).

**À ce titre, la Ville pourrait favoriser l'essor de nouvelles formes d'entrepreneuriat social collectif, en s'appuyant notamment sur les coopératives de travailleurs.** En Île-de-France, les coopératives dans le secteur du commerce, des transports, de l'hébergement et de la restauration représentent uniquement environ 50% de l'emploi de l'ESS, contre 64% en moyenne en France et plus de 75% en Bretagne. Face aux tensions observées dans ces secteurs, le modèle coopératif, sous ses diverses formes, offre une alternative prometteuse pour de nouveaux parcours d'insertion. Les Coopératives d'Activité et d'Emploi (CAE) sont par exemple une forme de coopérative pour les travailleurs indépendants qui offrent des avantages pour les publics vulnérables.[3] Une CAE (*Coopaname*) est actuellement en place à Paris pour les travailleurs avec des profils plus qualifiés (par exemple : consultants). Cette forme d'entreprenariat pourrait se développer pour les métiers moins qualifiés fortement représentés à Paris, notamment les travailleurs de plateforme (OCDE, 2023[6] ; OCDE, 2023[7]). Les Sociétés Coopératives d'Intérêt Collectif (SCIC), qui ont pour objet la production ou la fourniture de biens et de services d'intérêt collectif, en s'appuient notamment sur la mobilisation des collectivités territoriales dans des initiatives d'intérêt général (Confédération générale des SCOP et des SCIC, 2025[8]), sont un autre levier pour l'insertion,

**De même, la Ville pourrait introduire un parcours de formation pour les personnes embauchées dans le cadre de l'expérimentation innovante Territoires Zéro Chômeurs de Longue Durée (TZCLD).** Ce dispositif, élaboré par l'État et actuellement déployé dans quatre territoires au sein de la Ville de Paris, vise à garantir un emploi adapté aux personnes qui se portent volontaire, et apporte ainsi une réponse innovante au chômage de longue durée. Depuis 2017, TZCLD a permis à 315 personnes en situation de chômage de longue durée (3,3 ans en moyenne) à Paris d'accéder à un emploi, une formation ou de créer leur propre activité. Parmi eux, 20% ont trouvé un emploi et plus de 70% ont intégré une entreprise à but d'emploi (EBE), une entreprise subventionnée et habilitée pour TZCLD. Néanmoins, seulement 3% des personnes accompagnées sont entrées en formation, un outil pourtant essentiel pour faciliter leur insertion sur le marché de l'emploi, mais aussi pour renforcer les modèles économiques des entreprises. Différentes évaluations confirment que le renforcement de la formation des participants est une dimension de l'expérimentation à développer, notamment en vue de son éventuelle pérennisation à l'échelle nationale (2026).

### *Accompagner les reconversions professionnelles des demandeurs d'emploi, notamment vers les métiers du numérique*

**Les dispositifs de reconversion professionnelle pourraient s'étendre aux publics qualifiés, tout en ciblant en priorité ceux qui le sont moins, et pour qui l'accès à l'emploi est plus difficile**. Le marché de l'emploi en Île-de-France, et en particulier à Paris, se caractérise par une forte proportion de demandeurs d'emploi avec un niveau d'éducation élevé ou très élevé (près de 60% à Paris). Une partie d'entre eux rencontrent néanmoins des difficultés à s'insérer sur le marché de l'emploi, avec des effets durables (par exemple sur la santé mentale) auxquels certains publics sont particulièrement exposés : les personnes en situation de chômage de longue durée et les jeunes diplômés par exemple. La reconversion professionnelle est un outil adapté pour orienter ces demandeurs d'emplois plus qualifiés vers des métiers qualifiés qui recrutent. Ce type de passerelle constitue une opportunité pour réduire la forte inadéquation de compétences qui caractérise le marché du travail parisien et francilien. Le programme *Dynamique Emploi 2025*, qui propose déjà des parcours d'accompagnement à la reconversion pour certains groupes cibles, représente à ce titre un levier pertinent pour renforcer l'accompagnement à la reconversion, notamment en s'ouvrant davantage aux profils qualifiés.

**Une prise en charge renforcée des profils qualifiés offre aussi une opportunité pour s'adapter au développement technologique et aux transformations importantes que celui-ci entraine sur le marché du travail parisien.** Avec l'essor de l'Intelligence Artificielle (IA), la Ville de Paris et l'ensemble des acteurs du marché du travail francilien vont devoir faire face à de fortes évolutions dans la demande de main d'œuvre numérique, qui sera directement impactée par le développement rapide de cette technologie. La demande croissante de compétences digitales s'observe déjà actuellement : à Paris, en 2024 (T3), il y avait en moyenne neuf postes de développeur informatique pour chaque candidat, un métier accessible avec un niveau Bac+2 à Bac+5. Dans ce contexte, à la fois : un accompagnement renforcé des personnes avec un niveau de qualification élevé ; et l'importance accordée au parcours de reconversion vers le numérique ; sont des leviers pour permettre au marché du travail de s'adapter aux évolutions à venir.

**Ainsi, le dispositif *ParisCode*, déjà porteur, gagnerait à être approfondi en s'appuyant sur le développement de partenariat avec des établissements d'enseignement supérieur**. *ParisCode* prévoit déjà des parcours de reconversion vers des métiers plus qualifiés, comme par exemple celui d'ingénieur logiciel ou de développeur IA, ainsi que des formations plus longues (6 à 12 mois). Le programme pourrait être approfondi avec la mise en place de passerelles vers des programmes Bac+ 4 ou Bac+ 5 en informatique. Cette démarche permettrait d'orienter certains profils d'apprenants (notamment les jeunes diplômés) vers des métiers du numériques plus qualifiés tout en préservant les parcours *ParisCode* existants, qui s'adressent à un public divers et dont les résultats sont déjà positifs. Des villes comme New York ou Barcelone peuvent, à ce titre, servir de sources d'inspiration. Le programme new-yorkais *Tech Talent Pipeline*[4] s'appuie sur des partenariats avec des universités locales pour former aux métiers qualifiés et hautement qualifiés du numérique. De son côté, la *IT Academy* de Barcelone est entièrement dédiée aux métiers qualifiés du numérique (analyste de données, développeur).

### *Renforcer l'évaluation des programmes et la collecte régulière de données granulaires sur le marché du travail*

**La collecte régulière de données territorialisées sur les caractéristiques des personnes en emploi et la diversification des sources d'information sur les offres d'emploi permettrait une analyse plus fine de la réalité du marché du travail de Paris et sa région.** France Travail, à travers son portail de données *Panorama de l'Emploi*, collecte et publie des indicateurs sur les caractéristiques des demandeurs d'emploi et sur les besoins des entreprises. Cependant les offres d'emploi collectées directement ou transmises à France Travail ne représentent qu'une partie des offres existantes. Dans les pays de l'OCDE, les offres d'emploi adressées aux services publics de l'emploi (SPE) sont généralement moins qualifiées que l'ensemble des postes réellement disponibles, car les employeurs recourent souvent à d'autres canaux (ex. LinkedIn) pour le recrutement de profils plus qualifiés. Par ailleurs, l'Atelier parisien d'urbanisme (Apur), et son Observatoire de l'économie parisienne, rédigent des notes trimestrielles qui analysent l'économie parisienne sur la base de plus de trente indicateurs et publient des études approfondies. Cependant, ces notes ne fournissent pas de données territorialisées exhaustives et régulières sur les caractéristiques de la population active et de l'économie locale.

**La mise en place d'une démarche plus systématique d'évaluation des programmes portés par la Ville de Paris et ses partenaires permettrait de mieux orienter leur évolution.** La Ville dispose actuellement de données sur les taux de placement à la sortie de chaque programme, un indicateur important mais limité pour évaluer les résultats. Pour aller plus loin dans l'analyse de la performance, des données pourraient être collectées auprès des participants, six à douze mois après la fin des parcours, sur la base du volontariat et en lien avec France Travail. Le suivi des résultats à moyen terme, bien que complexe, offre une meilleure compréhension des succès et des limites des dispositifs. Les démarches d'évaluation d'impact approfondies mises en œuvre par les villes de Boston (États-Unis) et d'Utrecht (Pays-Bas) offrent des exemples inspirants. Dans les deux cas, les municipalités ont collaboré avec des chercheurs pour la réalisation d'évaluations d'impact rigoureuses sur certains programmes d'accompagnement, et en s'appuyant aussi sur des groupes de contrôle. Ces travaux ont permis de tirer des enseignements utiles pour faire évoluer et améliorer les dispositifs concernés.

## Recommandations pour cibler en priorité les publics éloignés de l'emploi et soutenir les reconversions professionnelles

**Accompagner les reconversions professionnelles pour les demandeurs d'emploi qualifiés, notamment vers les métiers du numérique**

- *Continuer et amplifier les parcours de reconversion professionnelle au sein des dispositifs d'accompagnement :* Le dispositif d'accompagnement *Dynamiques Emploi 2025* pourrait être approfondi pour y intégrer aussi les personnes qualifiées mais exclues du marché de l'emploi, en plus des publics actuellement visés. Cette démarche permettrait d'orienter la demande d'emploi qualifiés vers des métiers qui recrutent, et notamment les métiers numériques.
- *Ouvrir des parcours de formation vers les métiers les plus qualifiés du numérique, notamment en s'appuyant sur des partenariats avec les universités et les organismes spécialisés :* compte tenu des bons taux d'insertion de *ParisCode*, de nouvelles places pourrait être ouvertes pour accompagner davantage de reconversion professionnelle vers les métiers les plus qualifiés du numérique. Par exemple, des nouveaux parcours pourraient également être envisagés avec la mise en œuvre de passerelle avec des établissements d'enseignement supérieur. Barcelone, avec son *IT Academy*, et New York, à travers le programme *Tech Talent Pipeline*, offrent des exemples de stratégies de formation numérique sur lesquelles Paris pourrait utilement s'appuyer.

**Poursuivre les politiques vis-à-vis des publics éloignés de l'emploi et peu qualifiés, notamment via l'insertion par l'activité économique et l'économie sociale et solidaire**

- *Poursuivre les dispositifs d'insertion par l'activité économique (IAE) et développer un programme pour l'entreprenariat coopératif :* la Ville pourrait poursuivre son soutien aux structures de l'IAE, qui affichent de bons résultats d'insertion. La Ville pourrait aussi étudier la possibilité d'ouvrir un parcours à destination des demandeurs d'emploi souhaitant créer ou rejoindre une Coopérative d'activités et d'emploi (CAE) ou une Société coopéerative d'intérêt collectif (SCIC). Le développement de coopératives de plateforme de livreurs ou de chauffeurs pourrait être encouragé par la Ville. En ce sens, le système d'incubation de coopératives mis en place à Barcelone est une source d'inspiration, dans la mesure où il propose des parcours spécifiquement dédiés à la création de coopératives, distincts des programmes plus généraux d'entrepreneuriat social.
- *Mettre en place un parcours de formation pour les personnes qui rejoignent des entreprises de TZCLD :* les participants de TZCLD pourraient être encouragés à suivre une formation pré-

qualifiante ou qualifiante de la Ville de Paris, dans le but d'acquérir des compétences métiers utiles pour une future recherche d'emploi ; ou liées à l'entreprise à but d'emploi qui s'apprête à les embaucher.

**Renforcer l'évaluation des programmes et la collecte régulière de données granulaires sur le marché du travail**

- *Améliorer la collecte des données territoriale afin de mieux informer l'action publique de la Ville :* des données territorialisées sur le marché du travail local pourraient compléter les données conjoncturelles que publie l'Apur, en s'inspirant par exemple de la Ville de Rome qui partage chaque année un état de lieu du marché du travail de sa zone métropolitaine. En ce qui concerne les besoins en main d'œuvre, les offres d'emploi publiées par France pourraient être complétées par d'autres sources d'information pour bénéficier d'une vision plus globale des offres disponibles, et répondre de manière plus efficace aux enjeux d'inadéquation entre offre et demande.
- *Mettre en place un système de suivi ou d'évaluation d'impact pour la formation professionnelle à Paris de manière plus systématique*. À la fin des parcours de formation, la collecte de données anonymisées auprès des apprenants qui le souhaitent (demandeurs d'emploi et actifs), et notamment sur le type d'emploi trouvé (ex. durée du contrat, secteur) pourrait être organisée par la Ville. L'évaluation d'impact d'un ou plusieurs de ses programmes pourrait également être envisagée par la Ville, en s'appuyant sur l'exemple des collaborations mises en œuvre par la Ville de Boston (USA) ou Utrecht (Pays Bas) avec le milieu universitaire pour la réalisation d'évaluations multi-annuelles avec des groupes de contrôle.

## Réformer la gouvernance des politiques de l'emploi et prendre en compte le marché du travail régional dans les politiques publiques

### *Les nouveaux comités territoriaux pour l'emploi offrent une opportunité pour mener une politique de l'emploi et de formation plus concertée*

**Les politiques de l'emploi et de la formation professionnelle à Paris et dans sa zone métropolitaine dépendent d'un maillage d'acteurs territoriaux complexe**. L'État et ses opérateurs sont compétents en matière de politique de l'emploi : France Travail met en œuvre cette politique, avec l'appui de services déconcentrés de l'État tels que la Direction régionale interdépartementale de l'économie, de l'emploi, du travail et des solidarités (DRIETTS), ainsi que l'aide de partenaires comme la Mission locale, qui accompagne les jeunes (Tableau 1.1). La Région définit la stratégie de formation professionnelle et finance de nombreux organismes. Les opérateurs de compétences (OPCO), les chambres consulaires et les entreprises investissent aussi dans le développement des compétences et la formation continue. À cela s'ajoute l'action publique de la Ville qui a pleinement investi les domaines de l'accompagnement vers l'emploi et de la formation professionnelle depuis les années 2010. Au sein de l'architecture institutionnelle francilienne, la Métropole du Grand Paris (MGP) joue un rôle central dans l'aménagement urbain et territorial (ex. rénovation de bâti, infrastructures publiques, gestion de l'environnement), en cofinançant ces investissements avec les communes ou encore les établissements publics territoriaux (EPT).

## Tableau 1.2. À Paris, une concertation peut avoir lieu à quatre niveaux pour mener une politique de l'emploi, de la formation et de développement économique concertée

Répartition des compétences, politiques de l'emploi, de la formation professionnelle et du développement économique

| Échelle de l'action publique | Etat (France Travail, DRIEETS) | Région Île-de-France | Métropole du Grand Paris | Ville/Département de Paris |
|---|---|---|---|---|
| Politiques de l'emploi | ■ | | | ■ |
| Formation professionnelle | ■ | ■ | | ■ |
| Insertion des publics vulnérables | ■ | | | ■ |
| Développement économique locale | ■ | ■ | ■ | ■ |
| Économie sociale et solidaire (ESS) | ■ | ■ | ■ | ■ |

Note : Direction régionale et interdépartementale de l'économie, de l'emploi, du travail et des solidarités (DRIEETS).
Source : Auteur.

**L'offre de formation disponible au sein du territoire francilien – vaste mais complexe – nécessite une concertation étroite.** Plus de neuf acteurs, situés à différents échelons territoriaux de l'action publique, structurent l'offre de formation continue à Paris, y compris celle destinée aux demandeurs d'emploi. À titre d'exemple, d'après les chiffres disponibles, en 2023 France Travail a financé 23 % des entrées en formation des demandeurs d'emploi, y compris les formations conventionnées de la Ville de Paris. Ainsi, l'offre de France Travail et de la Ville vient compléter celle d'autres acteurs, et notamment de la Région Île-de-France et du Compte Personnel de Formation (CPF), un dispositif national qui propose aux personnes ayant cotisé pendant leur période d'emploi de financer une formation. L'ensemble des acteurs de la formation continue au niveau national, infranational et sectoriel financent un écosystème dense et complexe d'organismes de formation privés, associatifs et publics ou parapublics : 25 000 organismes de formation sont enregistrés en région francilienne, et dont 10 000 à Paris.[5] La complexité de ce système multiplie les choix pour les apprenants et réduit la lisibilité de l'offre de formation.

**L'action de la Ville repose déjà sur des partenariats solides avec l'État, ses opérateurs, les employeurs et les acteurs territoriaux**. Des programmes de la Ville comme les *Points Paris Emploi* ou encore les *Pactes Parisiens pour l'Emploi* (voir ci-dessous) sont le résultat de collaborations étroites avec un ensemble d'acteurs, notamment le service public de l'emploi, France Travail, et des acteurs de terrain comme la Mission locale de Paris. Par exemple, la Ville collabore étroitement avec France Travail pour proposer de nombreuses formations qualifiantes. Cette coopération permet de conventionner plusieurs programmes, rendant les formations municipales à la fois plus attractives et plus efficaces. En effet, grâce à ce conventionnement, les apprenants peuvent percevoir un revenu de substitution versé par le service public de l'emploi (SPE) durant leur période de formation.

**Bien qu'une concertation systématique soit en place entre la Ville et l'État et ses opérateurs, la collaboration stratégique est moins ample entre Paris et la Région**. La Ville associe les services de la Région compétents sur certaines filières du Programme Régional de Formation pour l'Emploi (PRFE) à ses jurys. La coopération avec la Région aborde toutefois de façon relativement plus limitée les questions d'ordre stratégiques, telles que l'approche à adopter vis-à-vis de différents secteurs, ou encore les évolutions en cours sur le marché du travail (par exemple : IA). Une action concertée avec la Région, articulée avec les opérateurs de l'État (France Travail, DRIEETS) et les partenaires sociaux (notamment les OPCO), permettrait aux différents acteurs publics de spécialiser leur offre de formation, tout en réduisant les éventuelles redondances dans l'offre de formation globale.

**Les comités territoriaux pour l'emploi pourraient devenir des lieux de concertation privilégiés pour les politiques de l'emploi et de formation professionnelle** La Loi pour le plein emploi (2023) a créé des comités territoriaux pour l'emploi à différents échelons de l'action publique, dont les comités régionaux pour l'emploi (CRPE), présidés par le préfet et la présidence du Conseil régional, chargés de définir les politiques de l'emploi et de la formation professionnelle ainsi que les comités départementaux pour l'emploi (CDPE), présidés par le préfet et la présidence du Conseil départemental (Ville de Paris pour le Département 75), compétents pour les politiques d'insertion des publics éloignés du marché du travail. Si les acteurs s'investissent pleinement dans ces comités en tant qu'espaces de concertation, ces structures peuvent clarifier le rôle de chacun et renforcer une capacité d'action commune.

### *La mise en service du Grand Paris Express offre des leviers majeurs pour améliorer l'adéquation sur le marché du travail parisien et francilien*

**Le développement du réseau de transport francilien *Grand Paris Express* renouvelle les possibilités d'adéquation entre offre et demande d'emploi à Paris.** Piloté par la Société des Grands Projets (SGP), le *Grand Paris Express* prévoit la construction de 68 nouvelles gares et le développement de 200 km de nouvelles lignes de métro au sein de la Métropole du Grand Paris (MGP). L'un des principaux objectifs du Grand Paris Express est la réduction du temps de trajet entre les zones d'emploi franciliennes (ex. aéroports, Saclay, Campus Descartes, La Défense, Stade de France). Une étude montre que l'efficacité produite par la réduction des temps de trajets pourrait générer environ 168 000 emplois et une augmentation d'environ 3,1% de la population active (Chapelle et al., 2017[9]). L'un des principaux objectifs de ce projet est de connecter entre eux les différents pôles franciliens, mais ce projet d'envergure offre également des opportunités pour améliorer l'accès des Parisiennes et des Parisiens à des offres d'emploi en Île-de-France, notamment dans des zones jusqu'ici moins bien connectées au centre urbain (ex. Rungis, Orly, Saclay, Saint Denis).

**En améliorant la connectivité territoriale, le *Grand Paris Express* facilite l'accès des demandeurs d'emploi parisiens à de nouveaux secteurs d'activité.** En Région Île-de-France (hors Paris), les opportunités d'emploi pour les travailleurs qualifiés et moins qualifiés sont multiples, y compris dans des secteurs qui sont fortement implantés à Paris. En 2023, dans les télécommunications et de l'informatique, 64 000 offres d'emplois ont été publiées en ligne en Île-de-de-France (hors Paris), contre 60 000 à Paris. La Région (hors Paris) concentre aussi un nombre important d'opportunités dans des secteurs où la demande en main-d'œuvre est moins forte qu'à Paris, comme la santé et l'action sociale, l'enseignement ou encore la construction (Graphique 1.3). La parfois faible qualité de certains emplois dans ces secteurs de petite et grande couronne, notamment en matière de conditions de travail (Apur, 2025[10]), appelle également à approfondir la réflexion sur l'attractivité de ces postes, en concertation avec les employeurs.

**Ce projet ouvre la possibilité pour l'ensemble des acteurs — Ville, Région, France Travail, collectivités — de mieux faire correspondre l'offre et la demande d'emploi**. Compte tenu des perspectives de mobilités ouvertes par le *Grand Paris Express*, les programmes d'emploi et de formation (forums, « job datings », ateliers), y compris ceux de la Ville et de France Travail, pourraient davantage cibler les secteurs qui recrutent à l'échelle régionale. Les *Points Paris Emploi* en particulier peuvent jouer un rôle pour faciliter cette mise en adéquation entre offre et demande, en développant des partenariats avec les secteurs en tension dans la région francilienne. Par exemple, certains secteurs d'activité, comme la santé et l'action sociale, les transports et l'entreposage ou encore l'enseignement, qui sont plus fortement implantés dans la zone métropolitaine de Paris mais hors des limites administratives de la Ville, pourraient être davantage représentés dans la programmation des PPE.

Graphique 1.3. Le Grand Paris Express élargit l'accès à l'emploi dans nouveaux secteurs

Offres d'emploi en ligne par secteur d'activité, Paris vs. Île-de-France (hors Paris), 2023

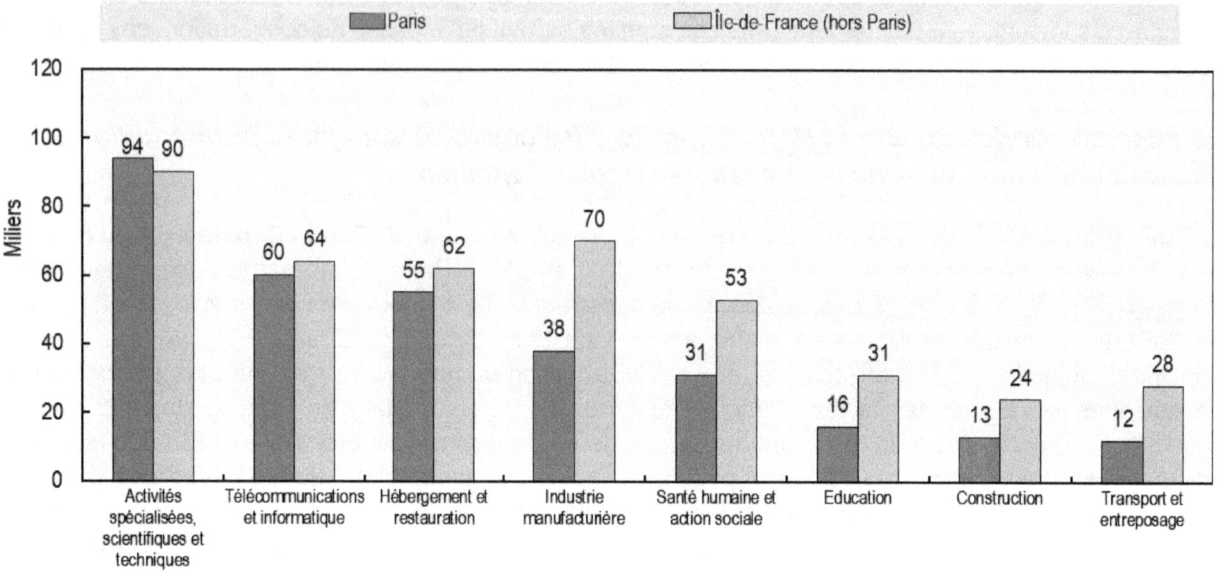


Remarque : Calcul sur 705 689 offres d'emplois (302 696 pour Paris, 402 993 pour l'Île-de-France hors Paris) publiées en ligne au cours de 2023.
Source : Calcul OCDE sur données Lightcast.

### *Paris et sa région peuvent tirer profit des nouveaux besoins en compétences générés par les investissements publics dans la transition écologique et la rénovation urbaine*

**Les collectivités territoriales franciliennes réalisent des investissements de grande envergure dans la transition écologique, le logement et les transports**. Les projets de développement urbain et de construction de logements de grande envergure coordonnés par la Métropole du Grand Paris (MGP) génèrent une forte demande de main d'œuvre. En 2010, un des objectifs prévus par la Loi relative au Grand Paris est la construction de 70 000 logements par an sur une période de 25 ans. Il est estimé que les travaux liés à la construction du Grand Paris Express créeront environ 18 000 emplois dans le bâtiment et les travaux publics (Préfecture d'Île-de-France, 2017[11]). La Ville de Paris réalise et encourage divers investissements urbains liés à la transition écologique, notamment dans le cadre de son programme Éco-rénovons Paris+ pour la rénovation thermique de l'habitat privé. La Ville coordonne aussi des chantiers liés à l'aménagement de nouveaux transports ou à la végétalisation de l'espace public.

**Ces nombreux investissements génèrent une demande de compétences, notamment « vertes », anticipable et géolocalisable.** Les emplois verts, qui représentent près de 30% des emplois francilien, placent la région en tête des comparaisons internationales. Ces emplois sont majoritairement des postes hautement qualifiés (56% sont des emplois de niveau cadre supérieur ou profession intermédiaire), toutefois des opportunités existent également pour les profils moyennement qualifiés, notamment dans les filières de l'isolation thermique et de la rénovation. Face à cette offre d'emploi verts croissante, le développement de compétences vertes sera un vrai enjeu dans les années à venir, auquel des dispositifs de formation adapté pourrait répondre.

**La stratégie vis-à-vis de l'emploi adoptée par la Ville en amont des Jeux Olympiques et Paralympiques de Paris (JOP) 2024 est un exemple à suivre pour tirer profit de la demande d'emploi**. Pour les JOP 2024, la Ville et ses partenaires ont mis en place plusieurs initiatives innovantes pour tirer parti des opportunités d'emploi générées par l'événement. Les programmes *Du stade vers* *l'emploi* ou *Paris Tous en Jeux* ont mis en place de nombreux outils pour aider des personnes éloignées de l'emploi à retrouver un emploi dans le cadre de l'organisation des Jeux. Les acteurs de l'emploi peuvent également s'inspirer de l'exemple de Sydney, en Australie. Dans le cadre du développement du réseau de métro de Sydney, les autorités australiennes, à différents niveaux territoriaux, ont mis en place des actions conjointes visant à d'une part identifier les besoins en main-d'œuvre, d'autre part à former et à insérer des publics éloignés de l'emploi. Cet exemple peut servir comme source d'inspiration pour Paris et ses partenaires, au regard des importants investissements publics actuellement engagés dans les domaines de la mobilité, du logement et de la rénovation urbaine.

**L'approche adoptée dans le cadre des JOP 2024, tout comme celle mise en œuvre à Sydney, pourrait être systématisée et pérennisée sur l'ensemble des projets urbains.** La coopération entre l'ensemble d'acteurs impliqués dans les politiques d'investissements publics, et notamment la Métropole du Grand Paris, la Région, France Travail et la Ville, pourraient être renforcée afin d'anticiper les besoins, former et accompagner la main-d'œuvre vers les emplois liés aux projets urbains. Le programme de formation *ParisFabrik* de la Ville, axé sur les métiers de la transition écologique, constitue déjà un exemple intéressant en ce sens. En effet, ce dispositif participer à la formation aux métiers directement liés aux investissements publics en cours et à venir dans les domaines de la construction écologique, de la rénovation thermique, des nouvelles mobilités et de l'économie circulaire.

## Recommandations pour mobiliser des nouveaux outils de coordination et prendre en compte le marché du travail régional dans les politiques publiques

**Renforcer la concertation entre la Ville, la Région et l'État et ses opérateurs, grâce au Comité régional pour l'emploi**

- *Définir des investissements coordonnés ou des feuilles de routes communes pour la formation professionnelle  par secteur au sein du nouveau Comité régional pour l'emploi (CRPE) :* Le comité régional pour l'emploi (CRPE), institué par la loi pour le plein emploi (2023) représente une opportunité pour systématiser la concertation entre les pouvoirs publics pertinents – État, France Travail, Ville, Région, partenaires sociaux – et engager un travail de simplification et de clarification de l'offre de formation disponible aux parisiens.  Les membres du comité pourraient définir des investissements concertés ou des feuilles de routes communes pour la formation professionnelle par secteur économique (ex. BTP, hôtellerie-restauration).

**Activer le levier des nouvelles mobilités du Grand Paris Express**

- *Développer des partenariats sectoriels autour des nouvelles opportunités de mobilité liées au Grand Paris Express :* La mise en service du nouveau réseau de transports (200 km, 68 nouvelles gares) offrira des leviers majeurs pour améliorer l'adéquation sur le marché du travail. Tous les acteurs — Ville, Région, France Travail, collectivités — pourront ainsi mieux faire correspondre l'offre et la demande. Les programmes d'emploi et de formation de tous les acteurs de l'emploi, tels que la programmation des Points Paris Emploi (PPE) de la Ville de Paris, pourraient cibler davantage les secteurs clés à l'échelle régionale et rendus désormais plus accessibles grâce aux nouvelles mobilités (ex. pôle Orly-Rungis, Saclay).

**Saisir les opportunités liées aux nouveaux besoins en compétences générés par les investissements publics**

- *Cartographier les besoins en main d'œuvre générés par les investissements publics dans la transition écologique, le logement et les transports :* la Ville de Paris, France Travail et leurs partenaires pourraient collaborer avec les acteurs de l'investissement public (ex. MGP, SGP) afin de cartographier et géolocaliser les besoins en profils liés aux chantiers de rénovation urbaine, aux investissements énergétiques (ex. électrification) et environnementaux. La Ville pourrait s'inspirer des travaux réalisés pour les chantiers des Jeux JOP 2024 ainsi que de ceux déployés à Sydney (Australie).
- *Faire évoluer les formations en fonction de l'évolution de la demande de compétences vertes, générée par les investissements publics* : en s'inspirant des réussites du programme *ParisFabrik*, qui forme les Parisiens aux métiers de la transition écologique, la Ville et ses partenaires pourraient faire évoluer le type de formation en fonction des besoins générés par les investissements publics dans les infrastructures vertes, le logement et les nouveaux transports.

## Renforcer l'implication des employeurs pour aligner compétences et besoins du marché

### *Les Pactes Parisiens pour l'Emploi ont instauré un cadre de concertation durable avec un réseau d'employeurs engagés*

**La Ville a signé vingt *Pactes Parisiens pour l'Emploi* avec de grands employeurs qui favorisent le recrutement des publics vulnérables**. Les Pactes permettent à la Ville de Paris, l'entreprise signataire et les partenaires de la Ville (France Travail, Mission Locale, EPEC, École de la Deuxième Chance[6] et Cap Emploi) de mener des actions conjointes telles que : le recrutement de candidats présélectionnés, l'organisation de forums pour l'emploi, des actions de recrutement innovantes ou encore des découvertes métiers et la coordination de visites de sites d'entreprises. Ils sont aujourd'hui un pilier important du dialogue entre la Ville de Paris et les employeurs et permettent d'engager ces entreprises sur le recrutement de publics cibles.

**Les Pactes et l'action de l'association Ensemble Paris Emploi Compétences (EPEC) posent les bases d'une collaboration approfondie avec les entreprises pour répondre aux défis d'insertion professionnelle**. Au-delà des initiatives de recrutement et d'adéquation, pleinement développées par les Pactes, un travail de sensibilisation auprès des entreprises pourrait lever certaines barrières à l'emploi rencontrées par les publics éloignés de l'emploi (ex. jeunes, migrants non-UE, travailleurs âgés, familles monoparentales). Par exemple, des engagements sur l'aménagement du temps travail pour les mères monoparentales pourrait être envisagés avec certains employeurs. Le travail mené par l'EPEC sur la commande publique et privée à travers les clauses sociales - qui intègre les enjeux d'insertion directement dans les pratiques de recrutement - pourrait être poursuivi et amplifié.

### *La collaboration étroite avec les employeurs permet de suivre les besoins en compétences et d'ajuster les formations*

**Les Pactes ont rendu possible de nombreuses collaborations pour renforcer l'emploi des publics éloignés. Le développement des compétences pourrait en constituer la prochaine étape.** Malgré une offre de formation abondante, les Parisiens et les Parisiennes se forment moins que les résidents des capitales du nord de l'Europe. En Île-de-France, en 2023, le taux de participation à la formation continue parmi la population adulte, qui comprend les personnes en emploi,[7] s'élevait à 16%, une proportion qui est en deçà des taux de formation de capitales d'Europe du Nord (Graphique 1.4). Dans les régions dans lesquelles se situent Oslo (Norvège) et Vienne (Autriche), le taux de participation s'élevé à plus de 22%, dans la région de Copenhague (Danemark) il atteint 35% et dans la région de Stockholm (Suède) il dépasse 40%.

### Graphique 1.4. Les franciliens se forment moins que les résidents de régions d'aires métropolitaines de l'Europe du Nord

Participation à la formation pendant les 4 dernières semaines (%), 2023, 25 - 64 ans, échelle régionale

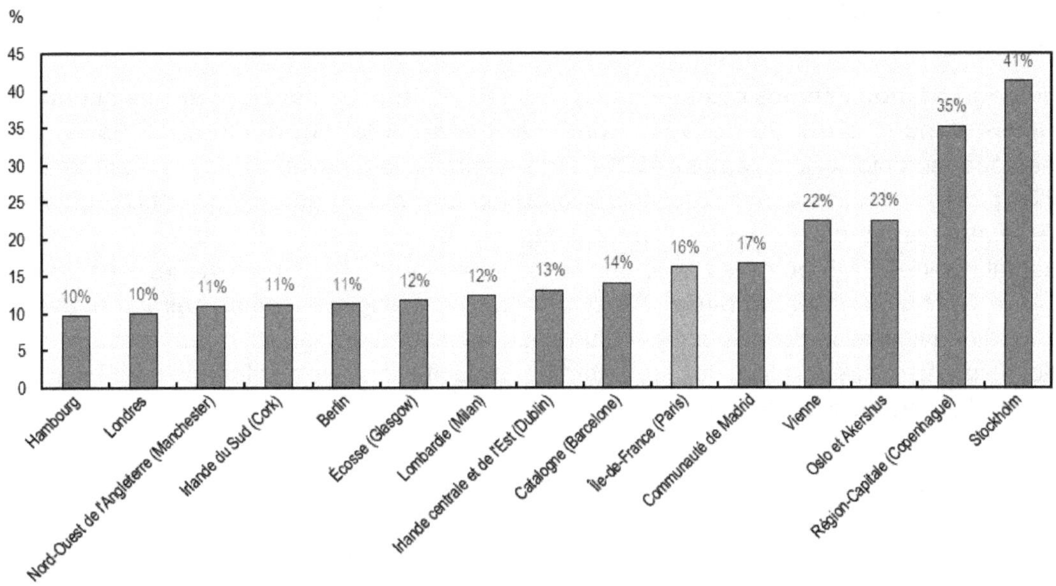


Note : Les données utilisées sont au niveau régionale TL2/NUTS2.
Source : Eurostat pour les pays européens et Nomis pour le Royaume Uni.

**La mise en place d'un groupe de travail[8] qui réunit la Ville et les employeurs signataires des Pactes serait utile pour anticiper la demande d'emploi et ajuster les programmes de formation.** Avec plus d'une vingtaine de Pactes signés, la Ville dispose d'une « masse critique » d'employeurs engagés pour construire une stratégie collective ou initier une coalition employeurs plus large. Ce groupe permettrait de faire remonter en temps réel les besoins en compétences et les postes vacants, et d'ajuster l'offre de formation en conséquence. Cette instance pourrait également venir en appui à la Ville pour valoriser les compétences des actifs parisiens auprès des entreprises.

**La Ville de Paris pourrait s'inspirer de nombreuses villes de l'OCDE ayant mis en place des structures de concertation systématique avec les employeurs.** Le Jobs and Skills Business Partnership, mis en place à Londres (Royaume-Uni) par exemple, permet aux représentants du Maire de consulter régulièrement un groupe d'employeurs engagés sur les questions d'emploi et de formation (City of London, 2022[12]). Contrairement à l'objectif des Pactes Parisiens pour l'Emploi, ce groupe vise à recueillir des informations actualisées directement auprès des entreprises sur leurs besoins de recrutement et les profils recherchés, afin d'orienter les programmes de formation continue. Le Conseil emploi métropole (CEP) de Montréal (Canada), qui rassemble aussi des acteurs de la formation et de l'insertion, constitue un autre exemple pertinent. Ce type de structure permettrait à Paris de collaborer plus systématiquement avec les employeurs pour adapter les cursus de formation et renforcer leur implication dans le recrutement.

### *Accroître la collaboration avec les PME, notamment dans les secteurs en tension*

**Les Pactes Parisiens pour l'Emploi ont été principalement conçus pour les grandes entreprises, qui disposent de services ressources humaines à forte capacité.** La possibilité d'explorer des approches plus adaptées aux petites et moyennes entreprises (PME) et aux très petites entreprises (TPE) existe donc, en tenant compte de leurs spécificités (faible capacité en ressources humaines) et de leurs besoins (identification de candidats, fidélisation des talents). Les PME et les TPE représentent 40% de l'emploi salarié en Île-de-France, et sont fortement représentées dans des secteurs en tension à Paris et en Île-de-France (par exemple, la restauration). La Ville pourrait développer des Pactes avec les branches professionnelles dans lesquelles les PME sont fortement représentées, tel que la Chambre des Métiers et de l'Artisanat (CMA). L'implication de groupements de PME dans un modèle de Pactes ajusté à leurs caractéristiques permettrait d'organiser des activités adaptées, tels que des forums dédiés ou des séances de visite.

**La Ville pourrait mobiliser les représentants des TPE/PME pour développer des actions conjointes, notamment dans le cadre du nouveau comité départemental pour l'emploi à Paris.** Les nouveaux comités départementaux pour l'emploi (CDPE) mobilisent les employeurs, qui y sont représentés par des branches professionnelles et des corps interprofessionnels, et non en tant qu'employeurs individuels. Le comité départemental offre ainsi un espace adapté pour engager un dialogue avec les organisations représentatives des PME ou celles avec une forte proportion de PME parmi leurs membres, comme par exemple la CPME ou encore le Medef Paris. Une fois ce dialogue établi au sein du nouveau comité, la Ville pourrait envisager le développement d'un pacte avec une organisation représentative des PME, ou plus globalement, mettre en place des programmes conjoints, tels que des forums pour l'emploi, des visites de sites ou d'autres dispositifs de recrutement.

## Recommandations pour mobiliser systématiquement les employeurs et renforcer le système de compétences

**Renforcer la coopération avec les employeurs pour encourager le recrutement de personnes éloignées de l'emploi, suivre les besoins en compétences et ajuster les formations**

- *Renforcer la coopération avec les employeurs pour suivre les besoins en compétences et ajuster les formations* : La Ville pourrait créer un groupe de travail "Compétences et emploi" réunissant les signataires des Pactes parisiens pour l'emploi[9]. Ce groupe permettrait de faire remonter en temps réel les besoins en compétences et les postes vacants, et d'ajuster l'offre de formation en conséquence. Des exemples de structures de dialogue à suivre incluent Londres (*Jobs and Skills Business Partnership*) et Montréal (*Conseil Emploi Métropole*). Des partenariats sectoriels pourraient être développés si un plus grand nombre d'entreprises venait à s'engager dans ce groupe.
- *Collaborer avec les employeurs pour répondre aux défis d'insertion des publics vulnérables, notamment en améliorant l'attractivité des postes* : La Ville et France Travail pourraient promouvoir des pratiques innovantes de recrutement, comme l'embauche basée sur les compétences pour les personnes migrantes aux diplômes non reconnus ou les horaires aménagés pour les parents. L'association *Paris Ensemble pour l'Emploi et les Compétences (EPEC)* pourrait continuer et amplifier son appui aux employeurs qui mettent en œuvre des marchés publics ou privés afin d'élargir le travail sur les clauses sociales à un plus grand nombre d'employeurs, voire d'aborder les conditions de travail dans la sous-traitance dans des secteurs à risque (ex. transports et logistique).

**Accroître la collaboration avec les PME, notamment dans les secteurs en tension :**

- *Adapter les Pactes à des branches professionnelles dans lesquelles les PME et TPE sont fortement représentées :* La Ville pourrait ajuster les Pactes parisiens pour l'emploi existants en adaptant le type d'engagement visé et en s'adressant aux branches professionnelles dans lesquelles les PME sont plus représentées. La Ville pourrait ainsi accompagner les PME dans la mise en œuvre de pratiques de recrutement adaptées aux publics éloignés de l'emploi (par exemple : travailleurs âgés, habitants des quartiers populaires) et dans la mobilisation plus systématique des dispositifs de formation à leur disposition (par exemple : CPF). L'expertise de la Ville de Paris en matière de formation numérique pourrait aussi permettre aux PME – tous secteur confondus – de mieux définir leurs besoins en compétences numériques. Le CDPE est un espace privilégié pour initier ce dialogue.

## Références


Apur (2025), *Observatoire des conditions de travail à Paris*, https://www.apur.org/sites/default/files/observatoire_conditions_travail_paris.pdf?token=dPS0LFIB. [10]

Chambre des notaires de Paris (2025), *Carte des prix de l'immobilier du Grand Paris | Prix 1er trimestre 2025*, https://paris.notaires.fr/fr/carte-des-prix. [1]

Chapelle, G. et al. (2017), *Impact du Grand Paris Express sur le marché du travail et le marché du logement, [Rapport de recherche] Laboratoire interdisciplinaire d'évaluation des politiques publiques*, https://www.sciencespo.fr/liepp/fr/recherche/projet/grand-paris-express-impact-sur-le-marche-du-travail-et-le-marche-du-logement/. [9]

City of London (2022), *Jobs and Skills Business Partnership*, https://www.london.gov.uk/programmes-strategies/jobs-and-skills/governance-and-partners/jobs-and-skills-business-partnership. [12]

Confédération générale des SCOP et des SCIC (2025), *Présentation*, https://www.les-scic.coop/presentation. [8]

DRIEETS (2020), *La formation professionnelle en Ile-de-France : tous les chiffres*, https://idf.drieets.gouv.fr/La-formation-professionnelle-en-Ile-de-France-tous-les-chiffres. [13]

Eurostat (2019), *Labour market policy statistics Qualitative report, Belgium 2019*, https://ec.europa.eu/social/main.jsp?catId=1143&langId=en&internal_pagesId=3227&moreDocuments=yes&tableName=INTERNAL_PAGES. [5]

OCDE (2025), *OECD Local Data Portal*, https://localdataportal.oecd.org/. [2]

OCDE (2024), *Perspectives économiques de l'OCDE, Volume 2024 Numéro 2*, Éditions OCDE, Paris, https://doi.org/10.1787/0481cf21-fr. [3]

OCDE (2024), *Survey of Adults Skills 2023: France*, https://www.oecd.org/en/publications/survey-of-adults-skills-2023-country-notes_ab4f6b8c-en/france_09034ae3-en.html. [4]

OCDE (2023), *"Empowering communities with platform cooperatives: A catalyst for local development", OECD Local Economic and Employment Development (LEED) Papers, No. 2023/14, OECD Publishing, Paris*, https://doi.org/10.1787/c2ddfc9f-en. [7]

OCDE (2023), *"Platform cooperatives and employment: An alternative for platform work", OECD Local Economic and Employment Development (LEED) Papers, No. 2023/16, OECD Publishing, Paris*, https://doi.org/10.1787/3eab339f-en. [6]

Préfecture d'Île-de-France (2017), *Grand Paris : le futur supermétro, catalyseur d'emplois et de croissance*, https://www.prefectures-regions.gouv.fr/ile-de-france/Actualites/Grand-Paris-le-futur-supermetro-catalyseur-d-emplois-et-de-croissance. [11]


## Notes

[1] Ces chiffres se réfèrent aux rapport entre le nombre de demandeurs d'emploi enregistrés chez France Travail (catégories A , B, C) aux nombre d'offres disponibles auprès de France Travail à Paris et en Île-de-France (hors Paris) respectivement.

[2] Ou qui ont connu une période à la rue.

[3] Les CAE offrent une meilleure protection sociale, donnent accès à des ressources financières collectives, permettent de mutualiser les démarches administratives et accordent une voix égale à chaque travailleur au sein de la gouvernance d'entreprise.

[4] Ce programme relève des *Industry Partnerships* newyorkais décrits ci-dessous.

[5] Ces chiffres incluent également les sièges d'organismes de formation, dont l'activité peut s'exercer en dehors de l'Île-de-France. Source : (DRIEETS, 2020[13]), La formation professionnelle en Île-de-France : tous les chiffres, https://idf.drieets.gouv.fr/La-formation-professionnelle-en-Ile-de-France-tous-les-chiffres.

[6] L'École de la Deuxième Chance (E2C) est un dispositif national, décliné dans différents territoires sous la forme de sites d'accompagnement et de formation, qui permet aux jeunes de 16 à 25 ans sans diplôme ou qualification de suivre une formation rémunérée.

[7] Part de répondants de 25 à 64 ans qui ont suivi une activité d'éducation et de formation au cours des quatre dernières semaines

[8] Le Comité départemental pour l'emploi (CDPE) prévu par la Loi pour le plein emploi (2023) et ses décrets d'application ne comprendra pas automatiquement les employeurs signataires des Pactes Parisiens pour l'Emploi, ce qui peut limiter l'implication d'un groupe d'employeurs activement impliqués dans le recrutement et le financement d'initiatives. C'est pour cette raison qu'un groupe de travail distincte est proposé.

[9] L'objectif du groupe est distinct de celui du CRPE, car il se concentrerait sur des employeurs avec lesquels la Ville a développé des liens grâce aux Pactes, plutôt que sur les partenaires sociaux officiels, qui sont les représentants légalement mandatés au sein du CRPE.

# 2 Attractivité et défis du marché du travail à Paris et dans sa zone métropolitaine

Ce chapitre présente une analyse des défis, opportunités et évolutions récentes qui caractérisent l'économie et le marché du travail de Paris, sa zone métropolitaine et de la Région Île-de-France. L'analyse s'appuie sur des comparaisons avec d'autres régions et zones métropolitaines de l'OCDE pour mettre en évidence les atouts spécifiques du marché du travail parisien, ainsi que plusieurs leviers politiques qui peuvent être envisagés pour répondre aux défis, présentés de manière plus détaillées dans les chapitres suivant.

# En bref

## La résilience de l'économie parisienne dépend de sa capacité à anticiper les évolutions futures sur son marché du travail et à renforcer la coordination entre les différentes municipalités.

- **Paris n'est pas seulement la capitale et la plus grande ville de France, c'est aussi une ville au rayonnement international.** La Ville de Paris accueille plus de 2 millions d'habitants, contribue à 10 % du PIB national et attire de nombreux investissements, touristes et talents. La Ville attire chaque jour plus d'un million de travailleurs résidant hors de Paris, et 300 000 Parisiens se déplacent en dehors des limites de la Ville. Paris s'intègre donc au sein d'une zone économique plus large et fortement interconnectée : la zone métropolitaine de Paris.
- **La zone métropolitaine de Paris est la plus grande d'Europe et l'une des dix plus grandes de l'OCDE**. Avec 13 millions d'habitants, elle abrite un cinquième de la population et un tiers du PIB de la France, ce qui en fait non seulement la plus grande économie métropolitaine d'Europe, mais aussi la cinquième de l'OCDE, derrière New York, Tokyo, Séoul et Los Angeles.
- **En tant que pôle d'innovation mondial, Paris et sa zone métropolitaine sont des territoires moteurs de la productivité.** La productivité du travail figure parmi les 10 plus élevées de toutes les zones métropolitaines de l'OCDE et 31 % au-dessus de la moyenne nationale. Cette performance s'explique par une forte spécialisation du territoire dans les secteurs à haute valeur ajoutée et une main-d'œuvre très qualifiée, qui sont le reflet d'une certaine attractivité vis-à-vis des investissements et des entreprises, d'un écosystème d'innovation et d'entrepreneuriat dynamique, et de la présence des universités de rayonnement international, et plus généralement de sa capacité à tirer profit des économies d'agglomération.
- **La résilience et la performance de l'économie parisienne repose sur le niveau de qualification élevé de sa population, et sur sa capacité à connecter offre et demande d'emploi sur l'ensemble du territoire régional**. Avec l'un des taux d'utilisation des transports publics les plus élevés parmi les régions métropolitaines de l'OCDE — plus de 40 % des actifs y ont recours pour se rendre au travail — la Région Île-de-France se distingue par une faible inadéquation sur son marché du travail, qui contribue à stimuler la croissance de l'emploi et de la productivité. Par ailleurs, la Région dispose d'une population active avec un niveau de qualification élevé : deux tiers des postes occupés sont qualifiés, et la moitié d'entre eux sont exercés par des individus titulaires d'un diplôme de l'enseignement supérieur.
- **Au cours de la dernière décennie, le marché du travail à Paris a enregistré un taux de création d'emplois important, porté principalement par les secteurs à forte valeur ajoutée**. L'emploi dans la Région a augmenté de 10,6 % au cours de la dernière décennie, avec un taux de chômage historiquement bas (5,7 %) depuis 2022, et un niveau de qualification élevé de sa force de travail et ses demandeurs d'emploi. L'Île-de-France concentre 49% de l'emploi national dans le secteur de l'information et de la communication, et 31% de l'emploi dans les activités scientifiques et techniques, et les services administratifs. Ces secteurs connaissent par ailleurs une croissance importante, avec une augmentation de l'emploi de plus de 20 % au cours de la dernière décennie.
- **La Ville de Paris et ses partenaires régionaux pourraient cependant approfondir leurs actions pour anticiper et accompagner les transformations du marché du travail liées aux**

**emplois de demain.** L'évolution rapide des besoins en compétences, accélérée par des mégatendances telles que les transitions verte et numérique, nécessite la mise en place de politiques en matière de développement des compétences, de formation, de reconversion et d'emploi tournées vers l'avenir. En effet, une inadéquation entre offre et demande de compétences émerge sur le marché du travail francilien et pourrait freiner la croissance et compromettre la compétitivité relative des secteurs stratégiques, notamment dans le secteur des technologies de l'information et de la communication. Avec la pénurie croissante de main-d'œuvre dans le secteur des TIC, celui-ci connaît déjà une croissance inférieure à celle des autres économies métropolitaines. Par ailleurs, les mutations sectorielles en cours contribuent à une polarisation croissante du marché du travail, accentuant les écarts entre emplois très qualifiés et peu qualifiés.

- **Une gouvernance territoriale renforcée et une coordination accrue entre municipalités et niveaux de gouvernement sont essentielles pour permettre à Paris et sa région de poursuivre la croissance et nourrir le développement de nouvelles opportunités économiques.** Avec un système de formation qui comprend un grand nombre d'acteurs et 25 000 prestataires dans la région, dont 10 000 à Paris, une coopération étroite est nécessaire pour répondre efficacement aux nouveaux défis. Le bon fonctionnement du marché du travail de Paris et sa Région repose sur une intégration efficace des différentes politiques de l'emploi et des compétences à l'échelle régionale. En parallèle, la performance de ce marché dépend également de sa capacité à connecter efficacement les individus aux opportunités professionnelles, ce qui implique un système de transport performant ainsi qu'un accès élargi à des logements abordables, en particulier pour les travailleurs clés.

## Introduction

**Paris est une ville mondiale qui n'est pas seulement la capitale de la France, mais aussi sa plus grande ville et le moteur de son économie.** Elle figure comme l'une des principales destinations touristiques du monde, attirant chaque année des visiteurs du monde entier grâce à ses équipements culturel et à l'organisation d'événements de portée internationale. Avec plus de 2 millions d'habitants, la Ville s'inscrit au centre de la Région la plus peuplée de France, l'Île-de-France, qui concentre également une part significative de l'activité économique nationale. Chaque jour, des millions de déplacements sont effectués entre lieux de résidence et d'emploi au sein de la Région et au-delà. Ces flux sont le reflet d'un bassin d'emploi régional intégré et étroitement lié à son économie, dont Paris est la partie la plus prospère, mais qui s'étend au-delà des limites administratives de la Ville.

**La zone métropolitaine de Paris offre un potentiel de développement économique considérable.** Avec plus de 13 millions d'habitants, elle constitue la plus grande zone métropolitaine d'Europe et figure parmi les dix plus vastes des pays de l'OCDE. C'est la cinquième métropole de l'OCDE en ce qui concerne la taille de son économie, qui joue un rôle central dans l'économie nationale, puisqu'elle contribue à près d'un tiers du PIB de la France et concentre 19 % de sa population. Son positionnement en tant que pôle mondial d'innovation avec une forte de spécialisations dans des secteurs à forte valeur ajoutée et un accès privilégié à une main-d'œuvre hautement qualifiée, contribue activement au dynamisme de son économie et marché du travail.

**Le marché du travail affiche des évolutions positives ces dernières années, mais les évolutions rapides dans le monde du travail invitent à adopter de nouvelles pratiques pour mieux anticiper les**

**emplois de demain**. Le développement des compétences, la capacité des entreprises à attirer, former et fidéliser les talents, ainsi que des politiques publiques favorisant un marché du travail inclusif et efficace — c'est-à-dire capable de connecter les individus aux opportunités professionnelles — seront des conditions essentielles pour stimuler la croissance de la productivité et renforcer la résilience de l'économie parisienne, tout en garantissant l'inclusion et la cohésion sociale sur le marché de l'emploi.

## Paris est une métropole mondiale dotée d'un poids économique important et d'un fort potentiel de développement

### *L'influence économique de Paris dépasse largement son périmètre géographique et démographique*

**Paris est la huitième plus grande zone métropolitaine au sein de l'OCDE en termes de population.** Avec plus de 13 millions d'habitants, elle se situe devant Londres, et sa population est deux fois plus importante que celle de Madrid, qui arrive en deuxième position. La zone métropolitaine de Paris constitue également l'une des plus grandes économies de l'OCDE, avec produit intérieur brut de plus de 1,1 billion de dollars par an, ce qui en fait la plus grande économie métropolitaine d'Europe et la cinquième de l'OCDE, juste derrière New York, Tokyo, Séoul et Los Angeles.

#### Encadré 2.1. Échelle territoriale pour l'analyse dans ce rapport

Dans ce rapport, différentes échelles territoriales sont mobilisées pour l'analyse : celle de la Ville de Paris, qui est aussi un département français ; celle de la zone urbaine fonctionnelle de Paris, qui comprend la Ville et sa zone de navettage, et celle de la Région Île-de-France, qui entoure la Ville de Paris et concentre la majorité de la population de sa zone urbaine fonctionnelle.

La mobilisation de ces différentes échelles territoriales rend possible des comparaisons internationales plus cohérentes, et permet de passer outre l'absence des données disponibles pour certains indicateurs importants pour l'analyse du marché du travail. Elles fournissent également des informations empiriques qui donnent à voir les liens économiques et géographiques forts entre Paris et ses territoires limitrophes.

**Définition d'une zone urbaine fonctionnelle**

**Une zone urbaine fonctionnelle (ZUF)[1] se compose d'une ville et de sa zone de navettage**. Les zones urbaines fonctionnelles permettent d'évaluer l'étendue économique et fonctionnelle des villes en se basant sur les déplacements quotidiens des personnes. La méthode utilisée pour définir ces zones repose sur les critères établis par Eurostat et l'OCDE, ainsi que sur la réalisation d'une grille de population qui permet de définir des centres urbains indépendamment des frontières administratives ou statistiques. Cette grille permet la définition des éléments suivants :

1. **Un centre urbain** : un ensemble de cellules contiguës à forte densité (1 500 habitants par kilomètre carré) avec une population de 50 000 habitants dans les mailles contiguës.
2. **Une ville** : une ou plusieurs unités locales dont au moins 50 % des habitants se trouvent à l'intérieur d'un centre urbain.
3. **Une zone de navettage** : un ensemble d'unités locales contiguës dont au moins 15 % des résidents employés travaillant dans la ville ;

Source: (Dijkstra, Poelman et Veneri, 2019[11])

### Graphique 2.1. Paris figure parmi les plus grandes agglomérations urbaines de l'OCDE et est la plus grande agglomération d'Europe

Zones urbaines fonctionnelles les plus peuplées de l'OCDE (2023 ou dernière année disponible)

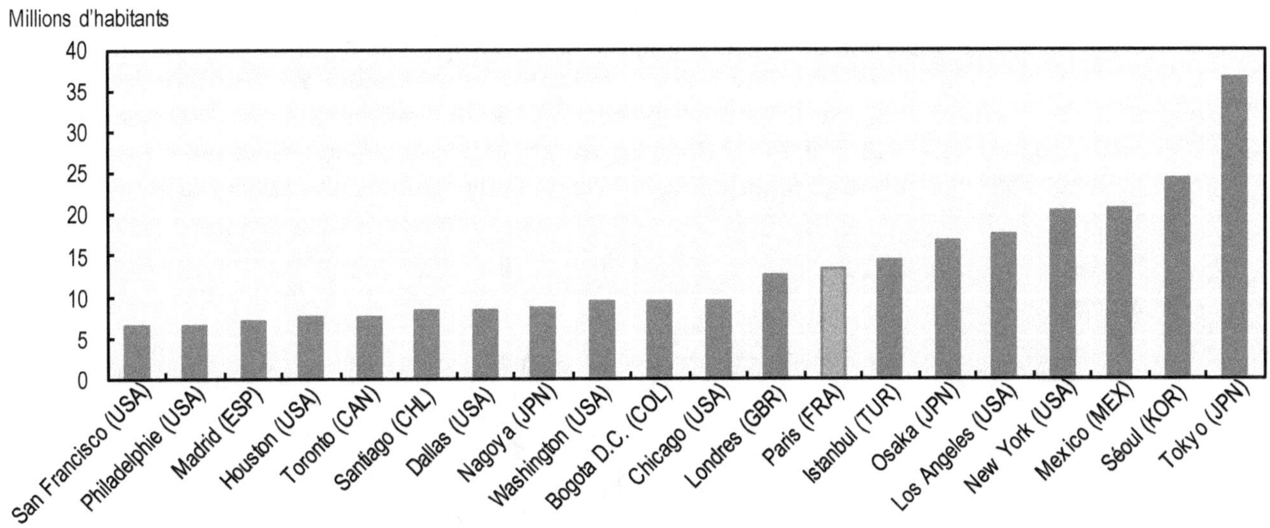


Note : *Sélection des 20 ZUF les plus peuplées de l'OCDE. Année de référence 2021 pour Paris.*
Source : OCDE Régions, Villes et Localités - base de données, Économie – FUA.

## Encadré 2.2. La zone urbaine fonctionnelle de Paris

**La Ville de Paris est au centre de la zone urbaine fonctionnelle (ZUF) de Paris.** Paris représente seulement 0,55% de la superficie de sa zone urbaine fonctionnelle et concentre 16,2% de sa population, qui comptait au total 13 171 056 d'habitants en 2021, et s'étend au-delà de la Région Île-de-France. Avec une superficie de plus de 12 milles km², la Région Île-de-France représente 63% de la superficie de la ZUF de Paris. Le niveau régional permet néanmoins de faire une bonne approximation du marché du travail parisien, puisque la Région concentre 12 388 000 habitants soit 93% de la population de la ZUF de Paris. Dans ce rapport, la Région Île-de-France est utilisée comme échelle de référence lorsque les données pour la Ville de Paris ne sont pas disponibles.

### Graphique 2.2. Densité de population dans la zone urbaine fonctionnelle de Paris et dans les communes limitrophes

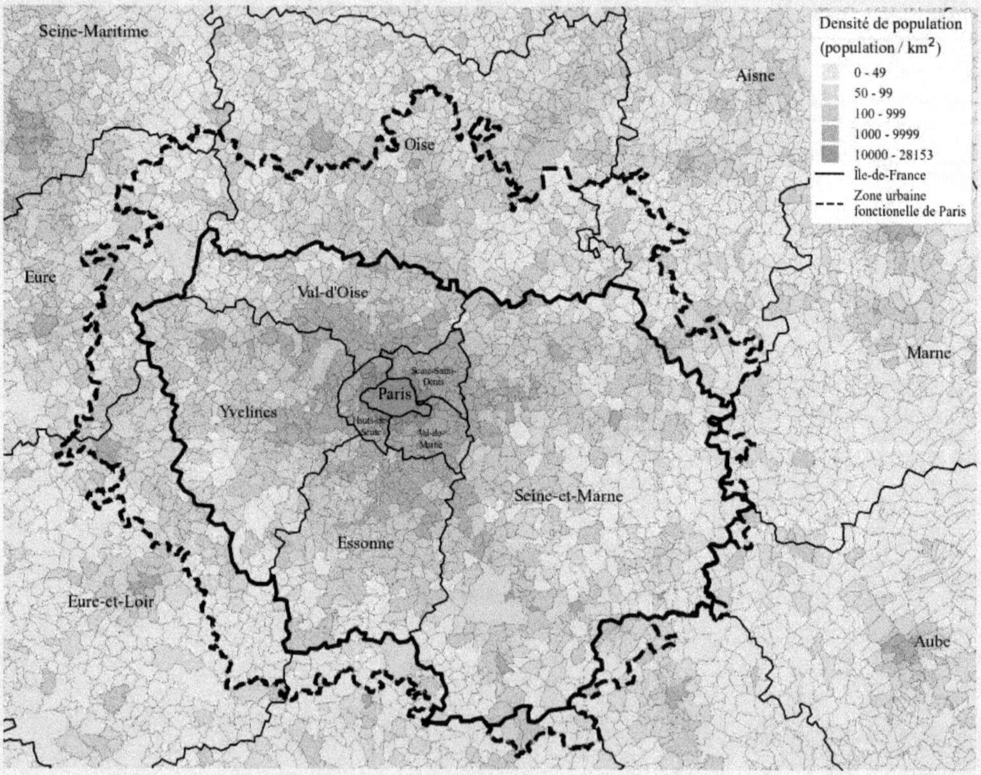


Source : INSEE https://www.insee.fr/fr/information/3642744 (Dijkstra, Poelman et Veneri, 2019[11])

**Avec la plus forte concentration d'entreprises de rang mondial en Europe, la contribution de Paris à l'économie française est considérable.** Au sein de l'OCDE, seules dix grandes régions métropolitaines, telles que celles de Séoul (Corée), Copenhague (Danemark) ou Bruxelles (Belgique), concentrent une part plus importante du PIB national. Ce poids économique exceptionnel se reflète également dans la présence d'entreprises de premier plan : Paris abrite les sièges sociaux de l'ensemble des entreprises françaises classées au Fortune 500 et détient la plus forte concentration de ces sièges en Europe, avec 28 quartiers généraux. La Défense, située aux portes de la capitale, constitue le quatrième quartier d'affaires mondial en termes de superficie et d'activité économique, après la City de Londres,

Midtown Manhattan à New York et Marunouchi à Tokyo (CCI Paris Île-de-France, Choose Paris Region, Instutut Paris Region, 2025[2])

**L'Île-de-France est un territoire moteur pour la création d'entreprise et l'innovation**. La Région dispose d'un écosystème entrepreneurial très dynamique, avec plus d'un quart (28,3%) de créations d'entreprise françaises, et une forte croissance des nouvelles entreprises et de l'auto-entrepreneuriat (CCI Paris Île-de-France, Choose Paris Region, Instutut Paris Region, 2025[2] ; OCDE, 2024[3]). En 2025, l'Île-de-France accueille plus de 12 000 startups, ainsi que près de 230 incubateurs et accélérateurs pour accompagner les entrepreneurs[2] (CCI Paris Île-de-France, Choose Paris Region, Instutut Paris Region, 2025[2]), soit plus de 50% de l'écosystème français (France Digitale, Bpifrance Le Hub, le Mouvement Impact France, 2025[4]). Cet écosystème repose sur des secteurs porteurs, notamment l'e-commerce et les technologies financières (FinTech).

Graphique 2.3 Concentration du PIB et de la population dans les zones urbaines fonctionnelles (2023 ou dernière année disponible)

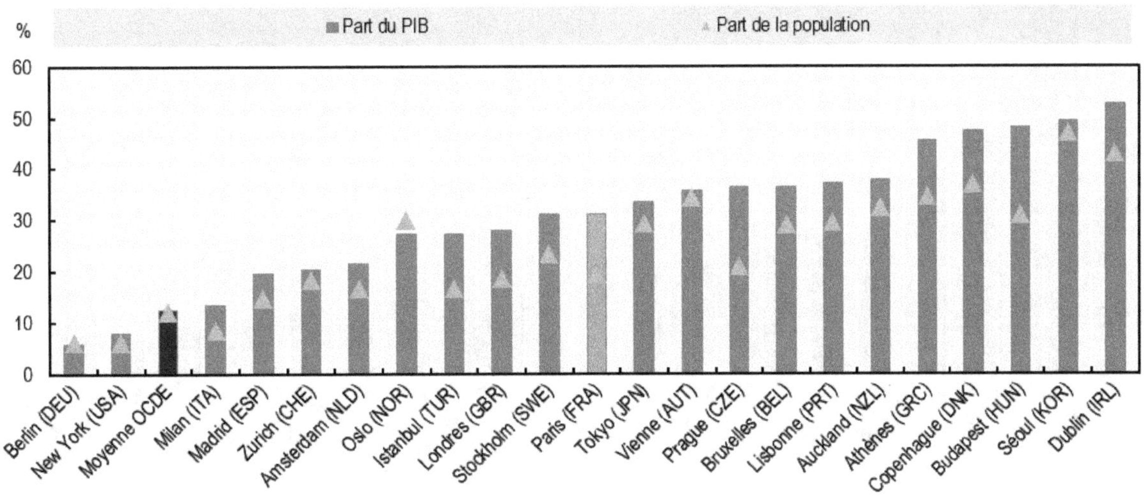


Note : Cette analyse porte sur une sélection des zones urbaines fonctionnelles de plus de 1,5 million d'habitants. Les données de population sont relatives à l'année 2023, et celles du PIB à l'année 2022 (ou à la dernière année disponible). La moyenne OCDE est calculée sur un ensemble de 92.
Source : OCDE Régions, Villes et Localités - base de données, Économie – FUA.

### *Un pôle d'innovation de portée mondiale et qui contribue directement à la croissance économique locale*

**La concentration d'activité économique, les efforts réalisés pour soutenir l'innovation et l'entrepreneuriat, et le positionnement géographique de la région francilienne, en font un centre économique de rayonnement international**. À l'échelle de l'UE et de l'OCDE, les indicateurs de la performance économique et de l'innovation positionnent la Région Île-de-France de manière compétitive par rapport aux autres régions (OCDE, 2022[5]). Paris et sa région figurent ainsi parmi les dix meilleurs pôles pour l'innovation et l'entrepreneuriat au monde et comme deuxième pôle européen.

**En tant que pôle mondial pour la recherche et le développement, Paris bénéficie d'un écosystème d'innovation reconnu à l'échelle internationale**. Depuis le milieu des années 2000, la zone métropolitaine de Paris figure parmi les cinq premières villes au monde en matière de dépôts de brevets (Paunov, Borowiecki et El-Mallakh, 2019[6]) et occupe actuellement la quatrième place mondiale, derrière San Francisco, San Diego et Boston — toutes situées aux États-Unis (Graphique 2.4). Entre 2005 et 2014,

Paris représentait plus de 3 % de l'ensemble des brevets déposés dans le monde et 46 % de ceux déposés en France. Cette part nationale a encore progressé ces dernières années, avec 49,6% des dépôts de brevets français en 2023 (Graphique 2.5).

### Graphique 2.4.Paris se classe au 4e rang parmi les zones fonctionnelles urbaines de l'OCDE en matière de demande de brevets

Demandes de brevets au niveau international auprès de l'Organisation mondiale de la propriété intellectuelle (OMPI) selon le Traité de coopération en matière de brevets (PCT)

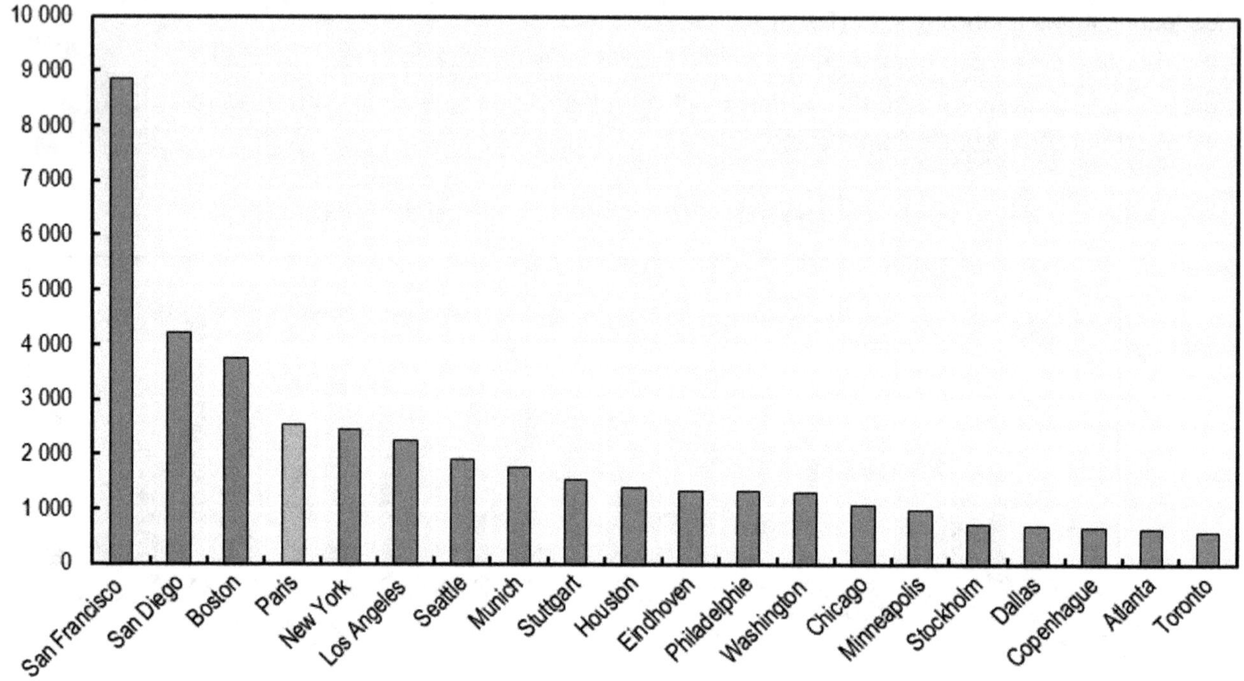


Note : Les données sur les brevets se réfèrent aux demandes de brevets déposées lors de la phase d'internationalisation dans le cadre du Traité de coopération en matière de brevets (PCT) auprès de l'Organisation mondiale de la propriété intellectuelle (OMPI). Le comptage des brevets est basé sur la région de résidence de l'inventeur.>
Source : Élaboration des auteurs à partir des données de l'OCDE, STI Micro-data Lab : Base de données sur la propriété intellectuelle, http://oe.cd/ipstats.

Graphique 2.5. Près de 50 % des dépôts de brevets en France sont produits dans la zone urbaine fonctionnelle de Paris.

Part des brevets déposés dans la ZUF par rapport au total des dépôts de brevets du pays

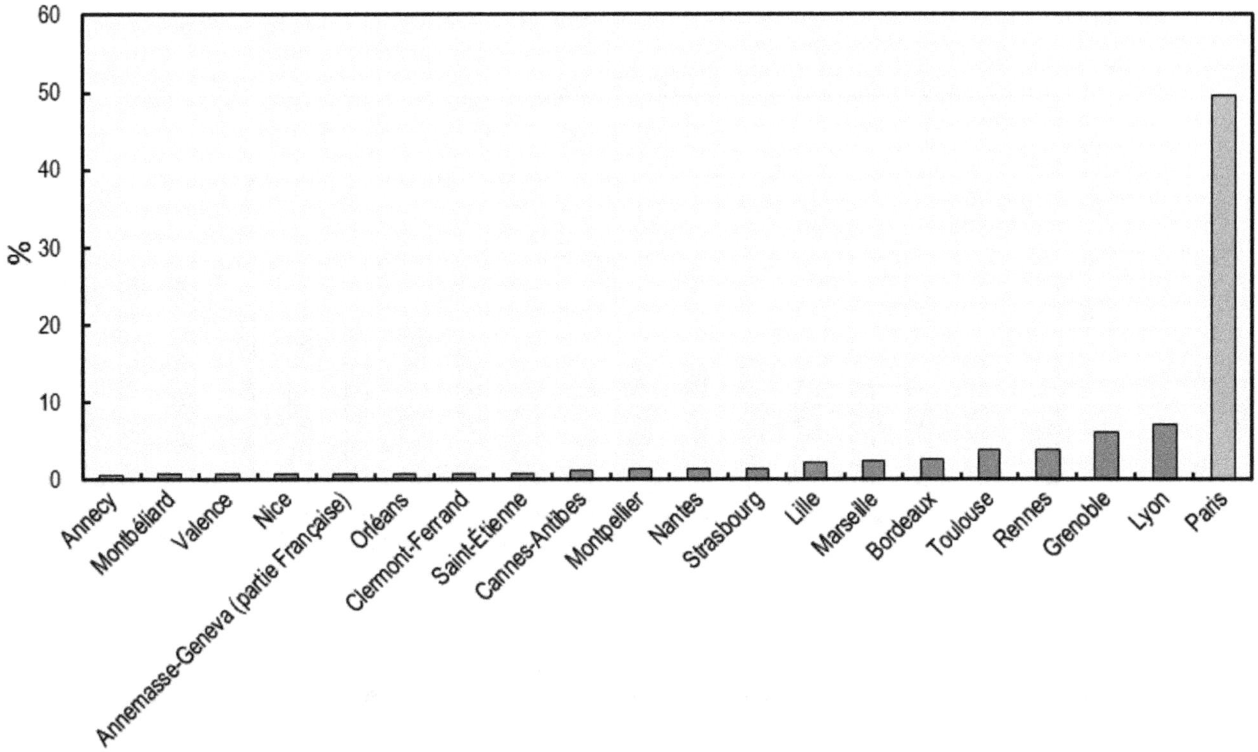


Note : Le graphique inclut uniquement les 20 ZUF qui produisent le plus de brevets en France.
Source : Élaboration des auteurs à partir des données de l'OCDE, STI Micro-data Lab : Base de données sur la propriété intellectuelle, http://oe.cd/ipstats.

**Paris se distingue par son dynamisme en matière d'innovation numérique, mais pourrait mieux tirer parti des opportunités offertes par la transition écologique.** Pour soutenir une croissance durable, le potentiel de la double transition — numérique et verte — doit être pleinement exploitée. Paris s'est imposée comme un centre de recherche et d'application de l'intelligence artificielle (IA), abritant certaines des entreprises les plus en pointe en Europe dans ce domaine. La Ville a également accueilli en février 2025 le *Sommet sur l'action en matière d'IA*, rassemblant plus d'un millier de participants issus de la société civile, du monde universitaire, de l'industrie et d'organisations internationales. En revanche, en matière d'innovation verte, la région accuse un certain retard (Peñalosa et Kleine-Rueschkamp, 2024[7]) : seulement 3 % des brevets déposés à Paris concernent des technologies vertes, un niveau nettement inférieur à celui observé dans d'autres pôles d'innovation verte majeurs, tant en termes relatifs qu'absolus (Graphique 2.6).

Graphique 2.6. Environ 3 % des dépôts de brevets dans la zone urbaine fonctionnelle de Paris sont considérés comme des brevets verts.

Part des brevets verts dans les principales ZUF de l'OCDE

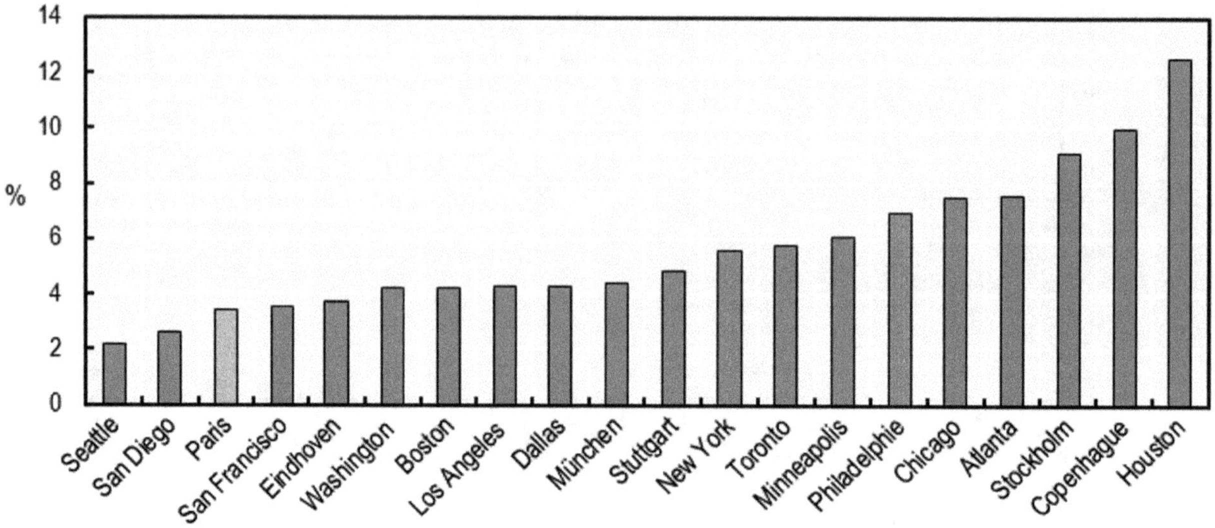


Note : Le graphique présente les 20 ZUF de l'OCDE qui déposent le plus de demande de brevets.
Source : Élaboration des auteurs à partir des données de l'OCDE, STI Micro-data Lab : Base de données sur la propriété intellectuelle, http://oe.cd/ipstats.

**Paris bénéficie d'un environnement académique et scientifique de premier plan, fondé sur la présence d'universités de recherche de renommée mondiale, d'écoles d'ingénieurs reconnues à l'international et sur une forte attractivité vis-à-vis des étudiants hautement qualifiés.** La Région Île-de-France accueille plus de 1 200 laboratoires de recherche, consacre plus de 20 milliards d'euros par an à la R&D, et emploie environ 760 000 chercheurs et ingénieurs (Choose Paris Region, 2023[8]). Elle affiche également la plus forte concentration d'étudiants universitaires en Europe, avec près de 704 500 étudiants, soit 26,3 % de l'ensemble national (CCI Paris Île-de-France, 2025[9]). Les quatre universités françaises classées parmi les 100 meilleures au monde — Université PSL, Institut Polytechnique de Paris, Sorbonne Université et Université Paris-Saclay — sont situées dans la zone métropolitaine parisienne (Times Higher Education, 2025[10]). L'environnement académique francilien bénéficie aussi d'un dense réseau de grandes écoles d'ingénieurs, en plus de l'Institut Polytechnique de Paris, telle que CentraleSupélec, l'École des Mines ou encore les écoles de ParisTech, qui forment des talents d'excellence, notamment dans les domaines des mathématiques et des sciences informatiques.

**Paris et l'Île-de-France soutiennent activement l'innovation et l'entrepreneuriat, avec une attention particulière pour les petites et moyennes entreprises (PME) à fort potentiel de développement**. Près de 40% des dépenses en recherche et développement réalisées en France sont effectuées dans la Région, qui s'appuie sur la présence de plusieurs organismes de recherches nationaux (par exemple : CNRS, INRIA), pôles de compétitivité (Paris-Saclay) et partenariats public-privés avec des entreprises implantées sur le territoire (Région Île-de-France, 2025[11]).

**À Paris, la Ville accueille l'un des plus grands incubateurs au monde, Station F, qui a accueilli plus de 7 000 startups depuis sa création et développé plus de 30 programmes d'accompagnement.** Ce campus de startup est devenu une référence internationale pour le développement de programmes d'incubation (OCDE, 2024[12]). Paris a également mis en place plusieurs dispositifs d'accompagnement des startups : le programme *Paris Entreprendre* offre des prêts d'honneur pour encourager la création de PME à fort potentiel de développement. Le *Fonds Parisien pour l'Innovation* accompagne financièrement environ 250 projets de création d'entreprises par an, dont près de 2 000 start-up, jeunes entreprises et associations à vocation économique depuis sa création en 2009 (Ville de Paris, 2024[13]).

### *Une ville qui attire les talents et les investissements*

**Paris attire les talents et encourage des entreprises du monde entier à s'y installer**. C'est la quatrième métropole la plus attractive au monde pour les projets d'investissements après Dubaï, Londres et Singapour (Choose Paris Region, 2023[8]). En 2024, la Région concentre 67% des investissements réalisés en France, soit 370 transactions pour un montant total de 5,2 milliards d'euros (EY, 2025[14]). L'attractivité économique du territoire s'observe aussi vis-à-vis des talents et des visiteurs : chaque année, la Région accueille plus d'un millier d'étudiants et de chercheurs étrangers et la Ville de Paris est souvent classée comme la première destination touristique au monde, avec 50 millions de visiteurs par an, générant 22 milliards d'euros de recettes publiques annuelles selon des données de 2023 (Euromonitor, 2024[15] ; CCI Paris Île-de-France, 2024[16]).

**L'attractivité de Paris vis-à-vis des talents internationaux offre un potentiel pour la Ville de Paris.** En 2023, la part des résidents étrangers en âge de travailler (15-64 ans) et titulaires d'un diplôme de niveau licence ou supérieur s'élevait à 36,6 % (Graphique 2.7). Ce taux dépasse de près de six points la moyenne nationale française et d'un point la moyenne des pays de l'OCDE. Ce chiffre demeure néanmoins relativement faible comparé à d'autres grandes zones métropolitaines, telles que Londres (59,1 %), Stockholm (51,4 %) ou la Région capitale du Danemark, où se situe Copenhague (50 %). La force économique de Paris repose également sur une concentration importante de diplômés nationaux, puisqu'elle accueille environ 51 % des natifs possédant un diplôme tertiaire, un niveau nettement supérieur à la moyenne française de 31 %.

**Graphique 2.7. L'Île-de-France présente une part élevée de personnes très diplômées, tant parmi les natifs que les immigrés, mais elle affiche également l'un des écarts de niveau d'éducation les plus importants entre les deux groupes**

Part de la population en âge de travailler titulaire d'un diplôme de l'enseignement supérieur (CITE 5-8), 2023

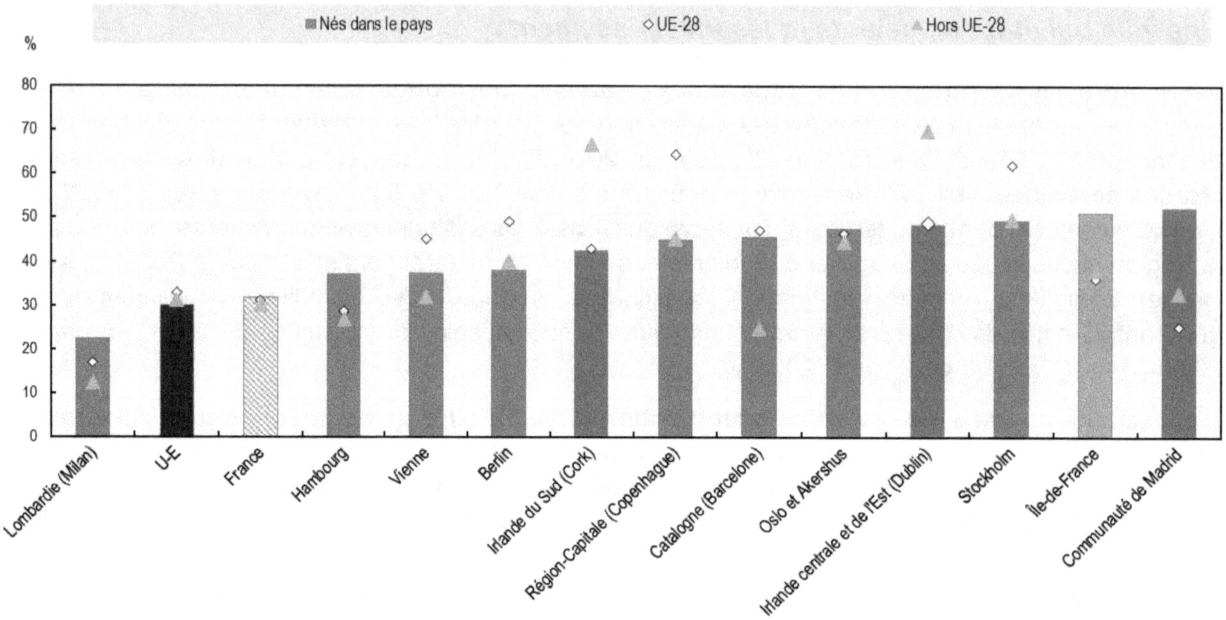


Note: La figure montre la part de la population en âge de travailler (15 à 64 ans) titulaire d'un diplôme de l'enseignement supérieur (CITE 5-8) pour la population née dans le pays, la population née à l'étranger dans l'UE-28, et la population née à l'étranger hors UE-28. Les données utilisées sont au niveau régionale TL2/NUTS2.
Source: Calculs de l'OCDE basés sur Enquête sur les forces de travail de l'Union européenne.

**Paris et sa région métropolitaine attirent étudiants et jeunes diplômés, mais continuent de perdre une partie de leur population au profit d'autres Régions françaises.** La Région Île-de-France connaît une croissance démographique malgré des flux migratoires internes négatifs : davantage de personnes quittent la Région pour d'autres parties du territoire. Cette tendance s'observe également dans d'autres grandes régions métropolitaines européennes comme celles de Londres ou de Madrid. Pour ces grandes métropoles, des défis structurels et notamment le coût de la vie élevé affecte leur attractivité et limite ainsi la pleine réalisation de leur potentiel économique. Paris conserve néanmoins un pouvoir d'attraction marqué auprès des jeunes. En 2020, environ 83 000 jeunes âgés de 15 à 29 ans venant d'autres régions françaises ont emménagé en Île-de-France, tandis qu'environ 75 000 jeunes ont quitté la Région, pour un solde migratoire net de +0,3 % sur cette tranche d'âge (Graphique 2.8). À titre de comparaison, les Régions métropolitaines de Séoul (Corée du Sud) ou du Grand Londres (Royaume-Uni) ont enregistré une croissance supérieure à 1 % de leur population 15-29 ans, qui s'appuie sur des flux entrants en provenance du reste de leur territoire. Si la surconcentration de la population et des activités dans une seule région peut avoir des effets négatifs sur l'équilibre national, il est essentiel de trouver un juste équilibre entre le soutien aux territoires moteurs économiques majeurs et le développement du potentiel de croissance sur l'ensemble du territoire (OCDE, 2015[17]).

### Graphique 2.8. La Région Île-de-France attire une population jeune

Solde migratoire en provenance d'autres régions du pays pour la population totale et la population âgées de 15 à 29 ans, en % de chaque groupe de population, 2023 or dernière année disponible

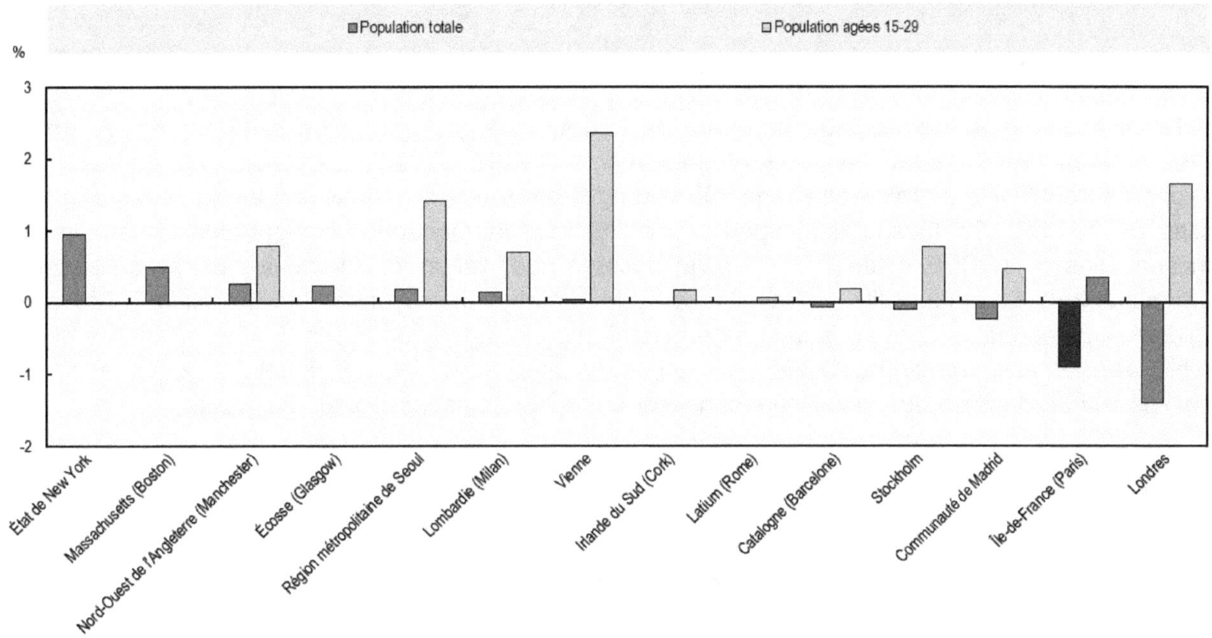


Note: L'année d'analyse est 2023 pour la majorité des régions. Elle est 2024 pour le Latium (Rome), la Lombardie (Milan) et la Région-Capitale (Copenhague) ; 2022 pour la Région de Vienne ainsi que les Régions du Royaume-Uni et de l'Irlande ; 2020 pour l'Île-de-France (Paris) ; et 2019 pour l'État de New York et le Massachusetts (Boston).
Source: OCDE Régions, Villes et Localités - base de données, Mobilité de la population à l'intérieur du pays - Régions

**Les étudiants internationaux diplômés représentent un vivier de compétences stratégique pour la France.** En 2019, 52 % des titres de séjour accordés pour motif professionnel en France ont été attribués à des personnes qui étaient titulaires d'un visa étudiant. Au sein de l'OCDE, la France figure parmi les principales destinations étudiantes, avec l'Australie, du Canada, de l'Allemagne, de la Nouvelle-Zélande, du Royaume-Uni et des États-Unis, qui accueillent au total près des deux tiers des 4,6 millions d'étudiants internationaux recensés. Cette tendance s'est maintenue au cours des dernières années, portée par la qualité des établissements d'enseignement supérieur, les perspectives d'insertion professionnelle post-diplôme et une bonne intégration dans les réseaux internationaux (OCDE, 2025[18]). En France, les diplômés internationaux peuvent solliciter un titre de séjour pour rechercher un emploi pendant une durée maximale de 12 mois, mais l'autorisation de travailler sur cette période est soumise à condition de pouvoir justifier d'une offre d'emploi avec un salaire brut minimum de 2 702 EUR par mois (Campus France, 2025[19]).

**Avec plus de 263 000 étudiants internationaux accueillis en 2022, la France est la 7e destination mondiale pour les étudiants, néanmoins les conditions de séjour et d'accès au marché du travail sont perçues comme moins flexibles** (Campus France, 2025[19]). La politique d'accueil des étudiants et diplômés en France est plus contraignante que dans d'autres pays, comme par exemple en Allemagne, qui accorde jusqu'à 18 mois de séjour post-diplôme sans exigence salariale minimale, ou dans des autres pays comme le Canada qui applique une politique de rétention des talents qui leur est plus favorable. Ce contexte influence la décision des étudiants de rester ou non sur le territoire après leurs études. En conséquence, bien que la France bénéficie d'une communauté étudiante internationale dynamique, son taux de rétention cinq ans après l'obtention du diplôme reste inférieur à celui d'autres grands pays d'accueil. Seuls 43 % des diplômés internationaux de la promotion 2015 résidaient encore en France cinq ans plus tard — un taux inférieur à ceux observés au Canada, en Allemagne, en Australie ou en Nouvelle-Zélande. Ce résultat s'explique en partie par la durée relativement courte du séjour autorisé après les études, ce qui limite la capacité de la France à fidéliser les talents internationaux formés sur son territoire (OCDE, 2023[20]).

### *Paris, un territoire moteur de la productivité régionale et nationale*

**La force et la compétitivité internationale de l'économie parisienne se reflètent dans l'un des niveaux de productivité du travail les plus élevés de l'OCDE**. En 2023, la productivité du travail dans la zone métropolitaine de Paris atteignait 159 700 USD par travailleur, la situant au huitième rang parmi celles de l'OCDE. Ce niveau est supérieur de 25 % à la moyenne des grandes zones urbaines fonctionnelles de l'OCDE et de 31 % à celui observé pour l'économie française dans son ensemble (Graphique 2.9). La productivité du travail mesure la contribution moyenne d'un travailleur à l'économie régionale ou nationale. C'est un facteur déterminant important des conditions de vie matérielles et donc du bien-être au niveau régional (OCDE, 2016[21]), mais aussi à l'échelle individuelle, puisque les salaires sont liés à la productivité des travailleurs dans leur entreprise (Criscuolo et al., 2020[22]).

Graphique 2.9.Productivité du travail dans les zones urbaines fonctionnelles, 2023 ou dernière année disponible

Niveaux de productivité du travail dans les zones urbaines fonctionnelles (ZUF) et différence relative par rapport à la moyenne nationale (%)

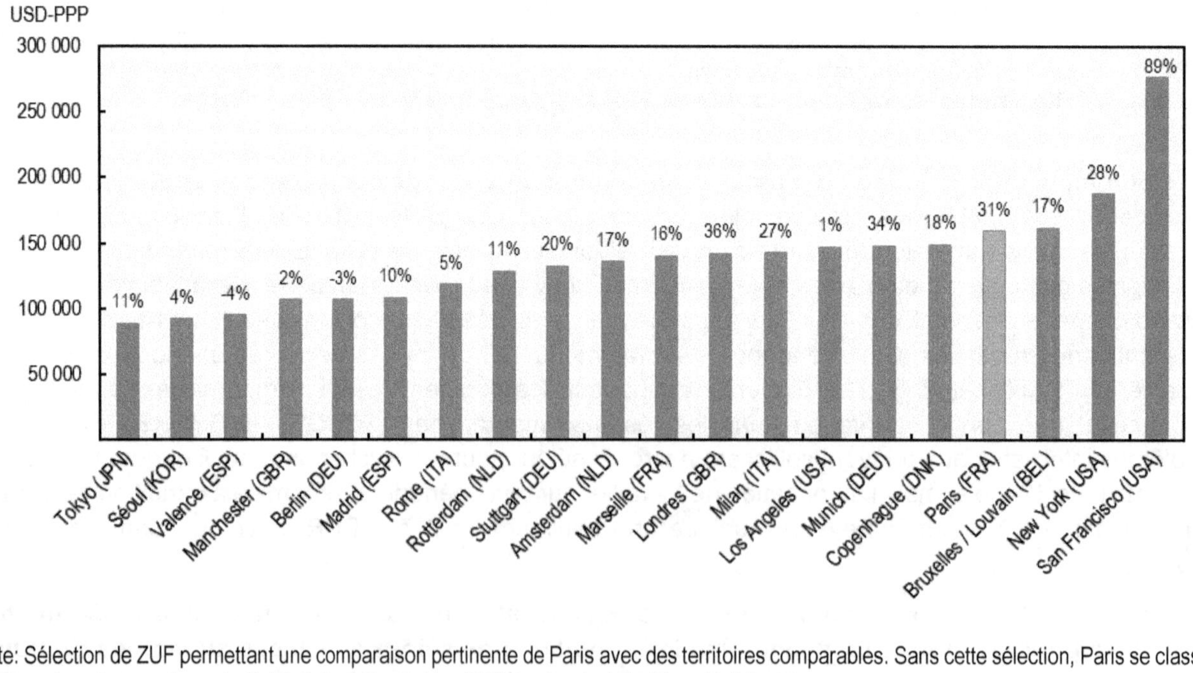


Note: Sélection de ZUF permettant une comparaison pertinente de Paris avec des territoires comparables. Sans cette sélection, Paris se classe au 8e rang en termes de productivité du travail parmi les ZUF de plus de 1,5 million d'habitants.
Source : OCDE Régions, Villes et Localités - base de données, Économie – FUA.

**Au sein de sa zone métropolitaine, la Ville de Paris constitue le principal moteur de l'activité économique.** L'économie parisienne soutient la productivité tant à l'échelle de sa zone métropolitaine que qu'au niveau national. En excluant Paris des calculs, la productivité du travail en Île-de-France serait inférieure de près de 2,7 %, soit environ 4 400 USD par travailleur. Au niveau national, la contribution économique de Paris est encore plus marquée : sans en tenir compte, la productivité du travail en France serait inférieure d'environ 3,2 %, soit près de 4 000 USD par travailleur.

Tableau 2.1. Productivité de la France et l'Île-de-France en excluant Paris du calcul, 2021

| | Paris (TL3) | Île-de-France (TL2) | Île-de-France hors Paris | France | France hors Paris | France hors Île-de-France |
|---|---|---|---|---|---|---|
| Productivité du travail (USD PPP) | 171 233 | 161 811 | 157 485 | 121 519 | 117 688 | 109 660 |

Source : OCDE Régions, Villes et Localités - base de données, Économie – Régions.

***L'économie de Paris repose sur un bassin d'emploi qui s'étend au-delà de sa zone métropolitaine***

**Le bon fonctionnement du marché du travail constitue un fondement essentiel pour la croissance et la prospérité économiques.** Il repose non seulement sur des politiques efficaces en matière d'éducation, de compétences et d'emploi, mais également sur la capacité à loger les individus et à les connecter aux opportunités d'emploi de manière efficiente. Il nécessite par ailleurs un secteur privé dynamique pour la création d'emplois, et une offre de formation adaptée pour permettre aux travailleurs d'ajuster et de valoriser pleinement leurs compétences.

**La prise en compte de la géographie fonctionnelle du marché du travail dans le développement des politiques de l'emploi permet de mieux appréhender l'intégralité du potentiel offert par un territoire.** Cela implique de considérer les lieux de résidence des actifs par rapport aux bassins d'emploi et aux zones de création de nouveaux postes dans la décision politique en matière d'emploi. En effet, les déplacements domicile-travail dépassent largement les frontières administratives, et relient ensemble des municipalités voisines qui forment ainsi des marchés du travail interconnectés. Ces zones urbaines fonctionnelles (ZUF) structurent les opportunités d'emploi, la disponibilité des compétences et l'accès aux services pour les populations locales. Des politiques alignées sur ces réalités territoriales — telles que l'intégration des réseaux de transport, des dispositifs de formation ciblés spatialement ou la coordination intercommunale — ouvrent la possibilité d'améliorer l'adéquation entre l'offre et la demande de travail. Ce type d'approche territorialisée est également essentiel pour favoriser l'inclusion, en connectant les populations défavorisées aux pôles d'emploi, et pour renforcer la compétitivité à long terme des économies métropolitaines comme celle de Paris, où la productivité dépend de plus en plus du bon fonctionnement de systèmes urbains denses et polycentriques.

**En France, les déplacements domicile-travail – ou 'navettage' – entre Paris et la Région Île-de-France caractérisent un marché du travail intégré.** En 2021, parmi les 1,9 million d'actifs occupant un emploi à Paris, seulement 750 000 d'entre eux résidaient à Paris (39%). Ainsi, 61% des emplois parisiens sont occupés par des actifs qui habitent en dehors de la capitale (les actifs entrants), et principalement dans d'autres communes de l'Île-de-France (Graphique 2.10). Certains secteurs, tels que le transport et la construction, dépendent fortement de ces actifs entrants, puisque que respectivement 80% et 75% de leurs employés résident hors de Paris. Les actifs parisiens travaillent très majoritairement à Paris (69%) ; un quart d'entre eux travaillent dans les autres communes limitrophes, dont principalement celles situées dans la petite couronne de Paris. Parmi les 330 000 actifs sortants, 47% occupent un emploi à Paris Ouest La Défense. Les communes de Boulogne-Billancourt, Issy-les-Moulineaux, Saint-Denis, Saint-Ouen et Montreuil figurent également parmi les principaux pôles accueillant les actifs sortants (INSEE, 2021[23]).

### Graphique 2.10. À Paris, six emplois sur dix sont occupés par des non Parisiens

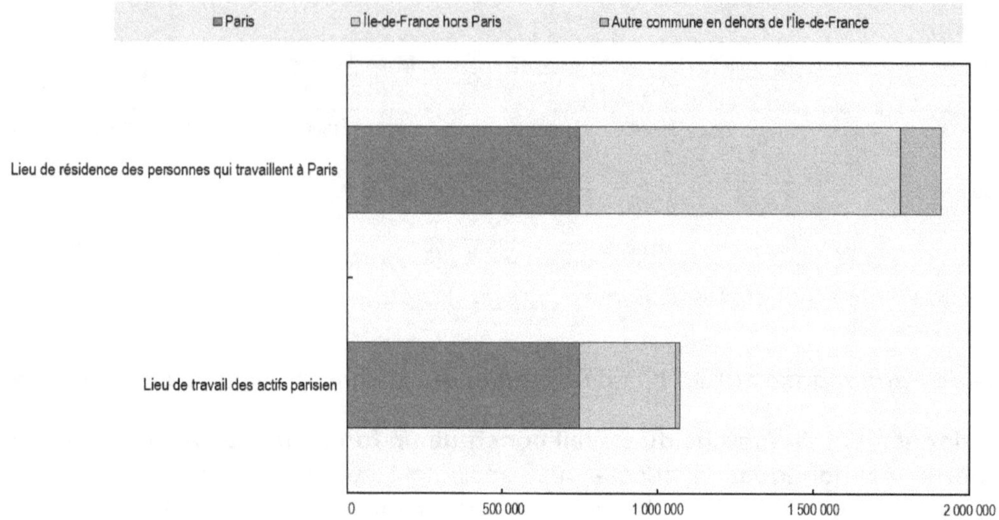


Source : Insee, Recensement 2021

**Les liens économiques entre Paris et sa région sont étroits.** La zone urbaine fonctionnelle de Paris délimite les zones connectées économiquement par les déplacements domicile-travail de ses résidents.[3] Cette échelle géographique permet de mieux appréhender l'étendue du bassin d'emploi de Paris. Le niveau régional permet de faire une bonne approximation du marché du travail parisien, puisque la Région Île-de-France concentre 93% de la population de la ZUF de Paris. Les comparaisons internationales suivantes dans ce rapport s'appuieront en majorité sur le niveau régional car il facilite les comparaisons internationales, permet une bonne approximation du marché du travail parisien, et bénéficie d'une couverture statistique plus étendue. Lorsque les données sont disponibles, l'analyse sera toutefois complétée par des données spécifiques à la Ville de Paris, afin de mettre en évidence les dynamiques qui lui sont propres.[4]

## Garantir un marché du travail parisien performant et attractif pour toutes et tous

### *Pour se préparer aux emplois de demain, Paris doit renforcer ses politiques de l'emploi et des compétences en tenant compte de la localisation des lieux de résidence et de travail*

**Si le marché du travail de Paris et de sa région métropolitaine est solide, l'évolution rapide du monde du travail impose un nouvel élan en matière de politiques de l'emploi et des compétences.** Des mégatendances telles que l'intelligence artificielle (générative), la transition écologique, la numérisation des pratiques professionnelles, et les évolutions démographiques redéfinissent les compétences et les profils de travailleurs que recherchent les employeurs (OCDE, 2023[24]). Le chapitre 3 de ce rapport montre que Paris bénéficie d'une position favorable pour tirer profit de ces transformations. Toutefois, l'ampleur des défis appelle à dépasser le statu quo : les employeurs dans des secteurs stratégiques, comme les technologies de l'information et de la communication (TIC), rencontrent déjà des difficultés à recruter des travailleurs suffisamment qualifiés (OCDE, 2024[25]). Par ailleurs, des enjeux tels que l'inclusion sur le marché du travail ou l'inactivité économique par exemple persistent, et ce malgré un environnement relativement favorable à l'emploi. Ces défis exigent des efforts coordonnés pour renforcer l'accès à des emplois de qualité et à de réelles perspectives de carrière pour le plus grand nombre de personnes au sein de la zone métropolitaine de Paris.

**Le marché du travail parisien offre de nombreuses opportunités, notamment pour les personnes diplômées de l'enseignement supérieur ou exerçant dans des secteurs très qualifiés, mais qui ne bénéficient pas à tous**. En France, certaines rigidités structurelles limitent la mobilité professionnelle et la progression salariale des travailleurs faiblement rémunérés. Les travailleurs à bas salaires changent d'emploi relativement moins souvent que leurs homologues mieux rémunérés, avec un écart de l'ordre de 4 à 5 points de pourcentage. Cette moindre mobilité professionnelle est moins prononcée dans d'autres pays de l'OCDE, comme l'Allemagne ou le Danemark par exemple (Barreto et al., 2025[26]). En outre, les travailleurs à bas salaires sont davantage exposés au risque de chômage ou de sortie du marché du travail. Dans le contexte français, les bas salaires résultent davantage d'un faible niveau de compétences que des caractéristiques propres aux secteurs ou aux entreprises. Cette situation souligne l'importance d'investissements soutenus dans l'éducation et la formation tout au long de la vie afin de renforcer la mobilité professionnelle, améliorer l'adéquation entre les compétences et les besoins du marché du travail, et réduire les inégalités.

**Le reste du chapitre donne un aperçu des tendances récentes du marché du travail et de l'économie francilienne à travers une analyse comparative internationale**. Il examine la position de Paris sur la scène internationale, en la comparant notamment à d'autres grandes zones métropolitaines des pays de l'OCDE. Il s'intéresse aux tendances récentes en matière de création d'emplois et d'inclusion sur le marché du travail. Il identifie également les moteurs sectoriels de la croissance de l'emploi, ainsi que l'impact potentiel des pénuries de compétences et des inadéquations entre l'offre et la demande de travail sur le développement des entreprises locales. Enfin, il explore plusieurs leviers — tels que le logement et les transports — susceptibles de renforcer l'efficacité et la résilience du marché du travail parisien au service de la performance économique de la métropole.

### *Portée par l'essor des secteurs des technologies de l'information et de la communication et des services professionnels, l'économie parisienne a généré plus de 650 000 emplois au cours des dix dernières années*

**L'économie parisienne traverse une transformation structurelle qui génère une croissance de l'emploi dans certains secteurs, tout en réduisant le poids économique d'autres.** Cette dynamique se traduit par une concentration de la création d'emplois dans un nombre limité de secteurs, reflétant à la fois la solidité de l'économie parisienne dans les services aux entreprises à forte valeur ajoutée, son attractivité touristique, le poids de son secteur public, ainsi que son positionnement en tant que pôle émergent de l'économie numérique. La Région concentre ainsi près de la moitié des emplois du secteur des technologies de l'information et de la communication en France. De même, environ un tiers des emplois nationaux dans les services professionnels, scientifiques et techniques y sont localisés. En outre, près de 4 emplois sur 10 dans le secteur des finances et des assurances en France se trouvent en Île-de-France (Graphique 2.11).

## Graphique 2.11. L'emploi dans les secteurs de l'information et de la communication, des activités scientifiques et techniques et des services administratifs a augmenté de plus de 20% en dix ans en Île-de-France

Évolution de la croissance de l'emploi par secteur en Île-de-France, indexée sur l'année 2012, entre 2012 et 2022

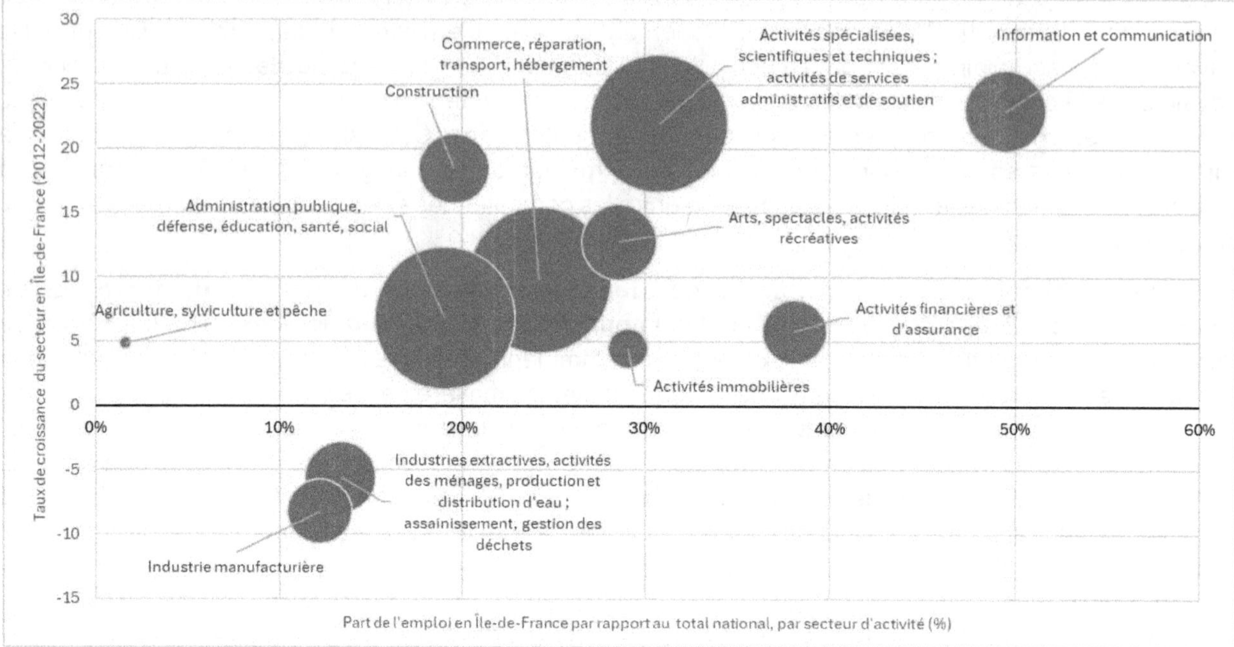


Note : La taille des bulles représente la part de l'emploi en Île-de-France en 2022.
Source : OCDE Régions, Villes et Localités - base de données, Emploi selon l'activité économique - Régions

**Entre 2012 et 2022, l'économie de la Région Île-de-France a participé à la création environ 700 000 emplois, dont 500 000 entre 2017 et 2022.** La création d'emplois a été portée par quelques secteurs, qui concentrent la majorité des nouveaux postes. Le nombre d'emplois en termes absolus a augmenté principalement dans les secteurs des services professionnels (265 000), du commerce (147 000) et des technologies de l'information et de la communication (95 000), qui totalisent plus de 75 % de l'ensemble des nouveaux emplois dans la Région (Tableau 2.2). En revanche, les secteurs de l'industrie manufacturière et des activités minières ont enregistré des baisses significatives de leurs effectifs, respectivement de 5,6 % et 8,2 %.

## Tableau 2.2. Nouveaux emplois crées en Île-de-France entre 2012 et 2022 et taux de croissance par secteurs d'activité

| Secteur | Nouveaux emplois (Nombre d'effectifs) | Croissance (%) | Croissance (%) Moyenne OCDE | Croissance (%) Moyenne francaise | Croissance (%) Moyenne des régions comparables |
|---|---|---|---|---|---|
| Agriculture, sylviculture et pêche | 550 | 4.9 | -1.0 | 3.9 | 66.3 |
| Industries extractives, activités des ménages, production et distribution d'eau ; assainissement, gestion des déchets | -23 350 | -5.6 | 10.5 | 2.6 | 6.8 |
| Industrie manufacturière | -29 040 | -8.2 | 7.7 | 1.9 | 2.9 |

| | | | | | |
|---|---|---|---|---|---|
| Construction | 58 610 | 18.4 | 14.0 | 4.8 | 19.2 |
| Commerce, réparation, transport, hébergement | 147 070 | 9.8 | 9.5 | 11.5 | 6.4 |
| Information et communication | 94 710 | 23.0 | 24.8 | 28.8 | 37.8 |
| Activités financières et d'assurance | 17 250 | 5.8 | 5.6 | 7.4 | 1.8 |
| Activités immobilières | 5 240 | 4.5 | 31.0 | 18.8 | 18.5 |
| Activités spécialisées, scientifiques et techniques ; activités de services administratifs et de soutien | 265 130 | 22.0 | 26.1 | 29.2 | 29.0 |
| Administration publique, défense, éducation, santé, social | 101 280 | 6.8 | 16.7 | 6.6 | 19.9 |
| Arts, spectacles, activités récréatives | 50 410 | 12.8 | 12.0 | 6.7 | 8. |
| Total | 687 860 | 10.6 | 10.9 | 9.5 | 14.0 |

Note : Le tableau présente l'évolution en valeurs absolues et en pourcentage (« croissance ») du nombre d'employés dans chaque secteur, pour l'Île-de-France entre 2012 et 2022. Il indique également la croissance moyenne en pourcentage du nombre d'employés dans chaque secteur pour l'OCDE, la France et des régions comparables, sur la période 2012 à 2022 (ou les dix dernières années disponibles). Les régions comparables sont : Vienne (Autriche), Hambourg (Allemagne), Berlin (Allemagne), région de Copenhague (Danemark), Madrid (Espagne), Catalogne (Espagne), New York (États-Unis) et Boston (États-Unis), Sud (Irlande), Est et Centre-Est (Irlande), Lombardie (Italie), Oslo et Viken (Norvège), Écosse (Royaume-Uni), Nord-Ouest de l'Angleterre (Royaume-Uni), Grand Londres (Royaume-Uni), Stockholm (Suède). Les données utilisées sont au niveau régionale TL2/NUTS2.
Source : OCDE Régions, Villes et Localités - base de données, Emploi selon l'activité économique - Régions

**La croissance de l'emploi est à l'image du dynamisme de l'économie parisienne, mais ces tendances apportent également nouveaux défis et priorités pour l'économie locale.** Pour maintenir ou augmenter la productivité, Paris doit veiller à ce que les activités à forte valeur ajoutée continuent de se développer. Cela nécessite non seulement un soutien aux entreprises, mais aussi l'accès à une main-d'œuvre qualifiée. En effet, les employeurs dans des secteurs clés pour le développement économique des années à venir, comme les technologies de l'information et de la communication, peinent dès à présent à recruter des travailleurs qualifiés pour pourvoir les postes vacants (voir Chapitre 3). Bien que ce secteur soit porteur pour la création d'emplois à Paris, d'autres métropoles telles que Berlin, Dublin ou Barcelone enregistrent une croissance encore plus rapide de ce secteur (Graphique 2.12). La progression de l'emploi dans les TIC, de 23 % entre 2012 et 2022, reste en deçà de la moyenne de l'OCDE, qui s'établit à 44 %. Par ailleurs, ces dynamiques sectorielles ont également entraîné une perte d'emplois intermédiaires (notamment dans l'industrie manufacturière) et une polarisation du marché du travail, avec une hausse simultanée des emplois bien rémunérés et des emplois à faibles revenus, notamment dans les secteurs de l'hôtellerie et du tourisme.

**Graphique 2.12. En Île-de-France, la croissance de l'emploi dans les TIC est modérée, mais la progression reste plus marquée que dans d'autres secteurs**

Taux de croissance de l'emploi dans le secteur « Information et communication », 2012 et 2022

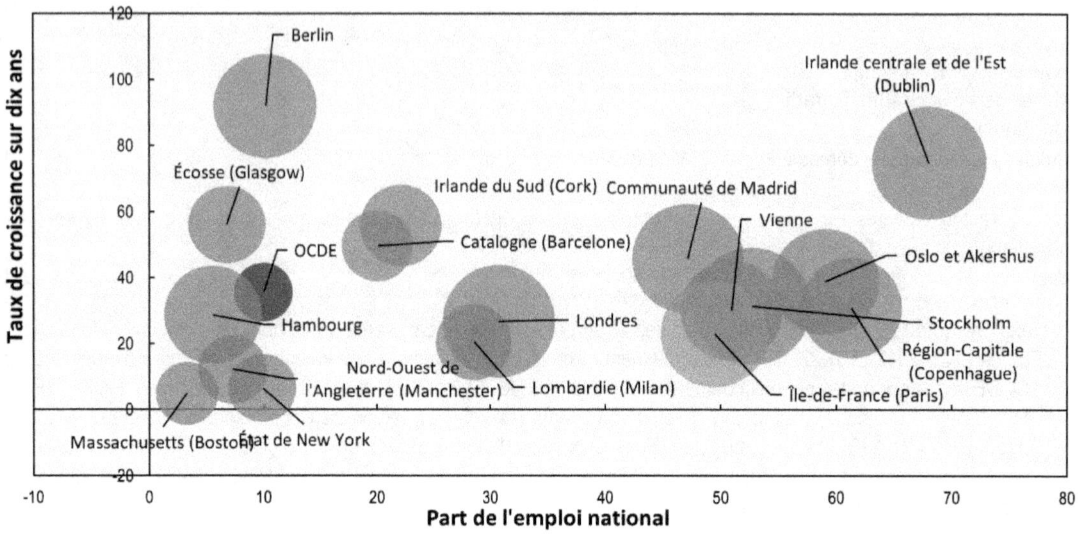


Note : La figure représente l'évolution en pourcentage de l'emploi dans le secteur « Information et communication » entre 2012 et 2022 sur l'axe des abscisses, et la part de l'emploi national dans le secteur « Information et communication » en 2022 sur l'axe des ordonnées. La taille des bulles représente le part de l'emploi régional dans le secteur « Information et communication » en 2022. La moyenne de l'OCDE est représentée en bleu foncé, l'Île-de-France en orange, et les autres régions comparables Vienne (Autriche), Hambourg (Allemagne), Berlin (Allemagne), région de Copenhague (Danemark), Madrid (Espagne), Catalogne (Espagne), New York (États-Unis) et Boston (États-Unis), Île-de-France (France), Sud (Irlande), Est et Centre-Est (Irlande), Lombardie (Italie), Oslo et Viken (Norvège), Écosse (Royaume-Uni), Nord-Ouest de l'Angleterre (Royaume-Uni), Grand Londres (Royaume-Uni), Stockholm (Suède) sont indiquées en bleu. Les données utilisées sont au niveau régionale TL2/NUTS2.

Source : OCDE Régions, Villes et Localités - base de données, Emploi selon l'activité économique - Régions

## *Le chômage est à un niveau historiquement bas, et des tensions commencent à apparaître dans certains secteurs*

**Depuis 2022, Paris affiche un taux de chômage historiquement bas.** Au dernier trimestre de 2024, il s'élevait à environ 5,7 %, positionnant la capitale nettement en dessous des autres départements limitrophes, notamment la Seine-Saint-Denis (10,2 %) et le Val-d'Oise (7,9 %) ainsi que de la moyenne nationale (7,0%). La baisse du taux de chômage parisien s'opère depuis 10 ans, avec une réduction de près de 3 points de pourcentage sur la dernière décennie, témoignant d'une amélioration continue et stable au sein de la ville (Graphique 2.13).

**En 2023, le taux de chômage en Île-de-France avait atteint son niveau le plus bas depuis 2008**. Une tendance similaire est observée au niveau national et européen (OCDE, 2024[27]). Dans ce contexte, les possibilités pour une évolution rapide et positive en matière d'emploi pourraient avoir été depuis plus limitées en Île-de-France que dans d'autres régions affichant un taux chômage plus élevé au départ, puisqu'une grande partie des personnes les plus facile à intégrer sur le marché du travail était probablement déjà en emploi. Par ailleurs, une partie du potentiel de la force de travail demeure en dehors du marché du travail, et la persistance de barrières spécifiques à l'entrée – comme par exemple le manque de qualifications adaptées, des freins à la mobilité ou des obstacles sociaux – freine leur possible intégration professionnelle. Ces dynamiques soulignent la nécessité de politiques ciblées pour mobiliser pleinement les ressources humaines disponibles, en particulier auprès des groupes les plus éloignés de l'emploi.

Graphique 2.13. Le taux de chômage de Paris a connu une baisse importante ce dernières années

Taux de chômage, (%), Départements en Île-de-France et moyenne française, 2004-2024

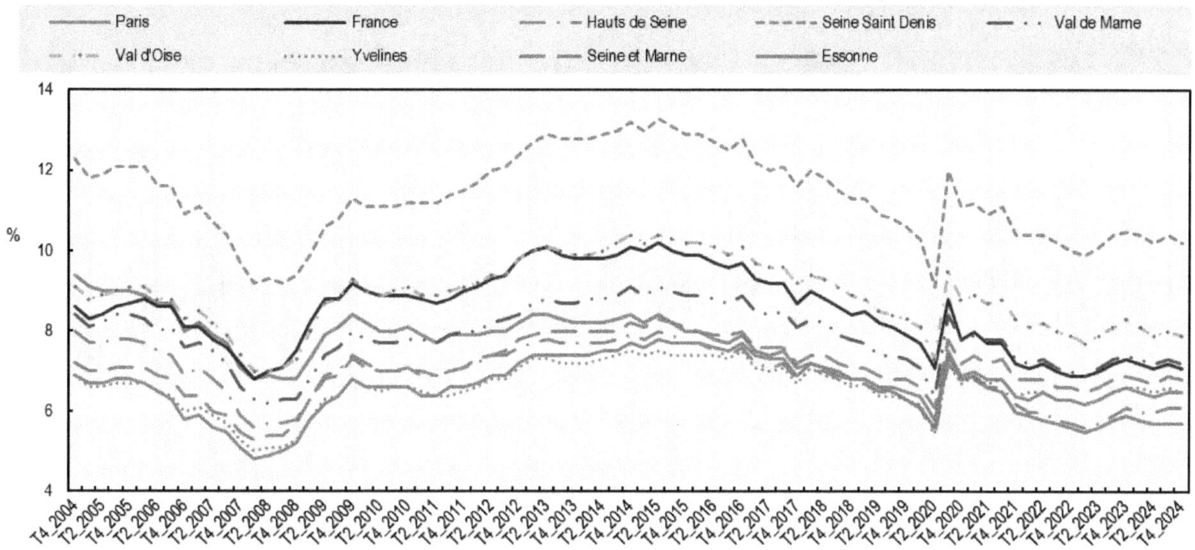


Note : Le graphique montre les taux de chômage trimestriels entre le quatrième trimestre de 2004 et le quatrième trimestre de 2024.
Source : Insee, Taux de chômage localisé par région et département.

**Grâce à l'augmentation du taux d'emploi, qui dépasse la moyenne française et celle de l'OCDE, le chômage a nettement diminué.** Le taux d'emploi demeure néanmoins inférieur aux niveaux observés dans plusieurs régions métropolitaines comparables, malgré une création d'emplois plus importante que dans de nombreuses autres régions de l'OCDE. En 2023, le taux d'emploi en Île-de-France atteint près de 70 %, un niveau qui reste supérieur à la moyenne française ainsi qu'à celle de l'OCDE. Néanmoins, la Région Île-de-France se situe en dessous de dix points de pourcentage par rapport aux régions de l'Europe du Nord et du Royaume Uni (Graphique 2.14).

**L'Île-de-France a connu une augmentation du taux d'emploi plus importante que de nombreuses autres régions de l'OCDE entre 2018 et 2023**. Sur cette période, le taux d'emploi a progressé de 2.4 points de pourcentage, une augmentation supérieure à la moyenne de l'OCDE (1,7 points) mais légèrement inférieure à la moyenne nationale française (2,9 points) (Graphique 2.15).

## Graphique 2.14. Le taux d'emploi en Île-de-France se situe au-dessus de la moyenne de l'OCDE mais en-dessous des régions du Nord de l'Europe et du Royaume Uni

Taux d'emploi pour la population 15-64 ans (%), 2023

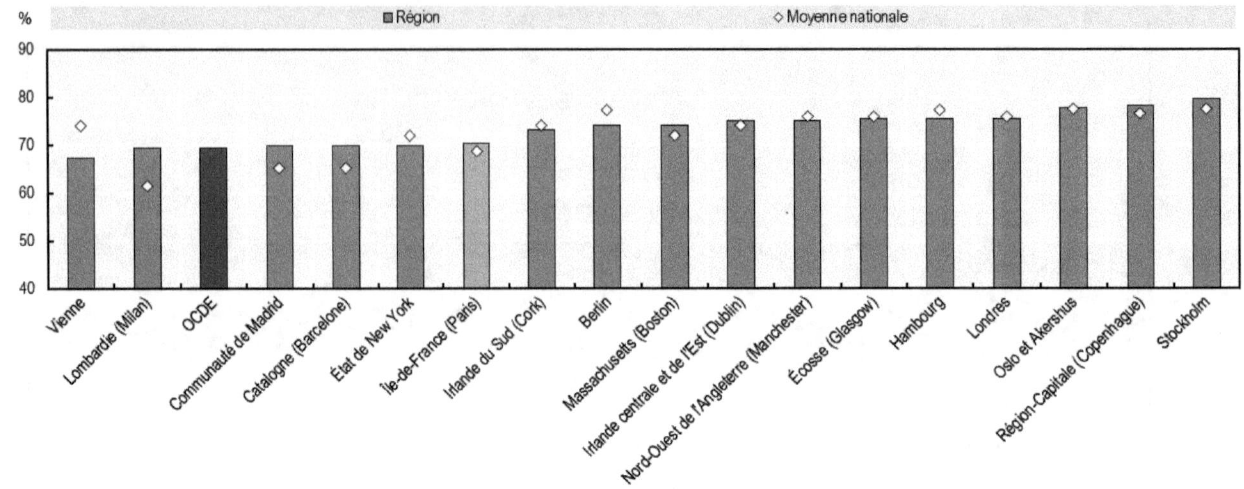


Note : Les données utilisées sont au niveau régionale TL2/NUTS2. Pour plus d'informations, veuillez-vous référer à la note de fin en conclusion de ce chapitre.
Source : Source : OCDE Régions, Villes et Localités - base de données, Taux d'emploi - Régions

## Graphique 2.15. L'Île-de-France a connu une augmentation du taux d'emploi plus importante que de nombreuses autres régions de l'OCDE entre 2018 et 2023

Évolution du taux d'emploi (différence en points de pourcentage)

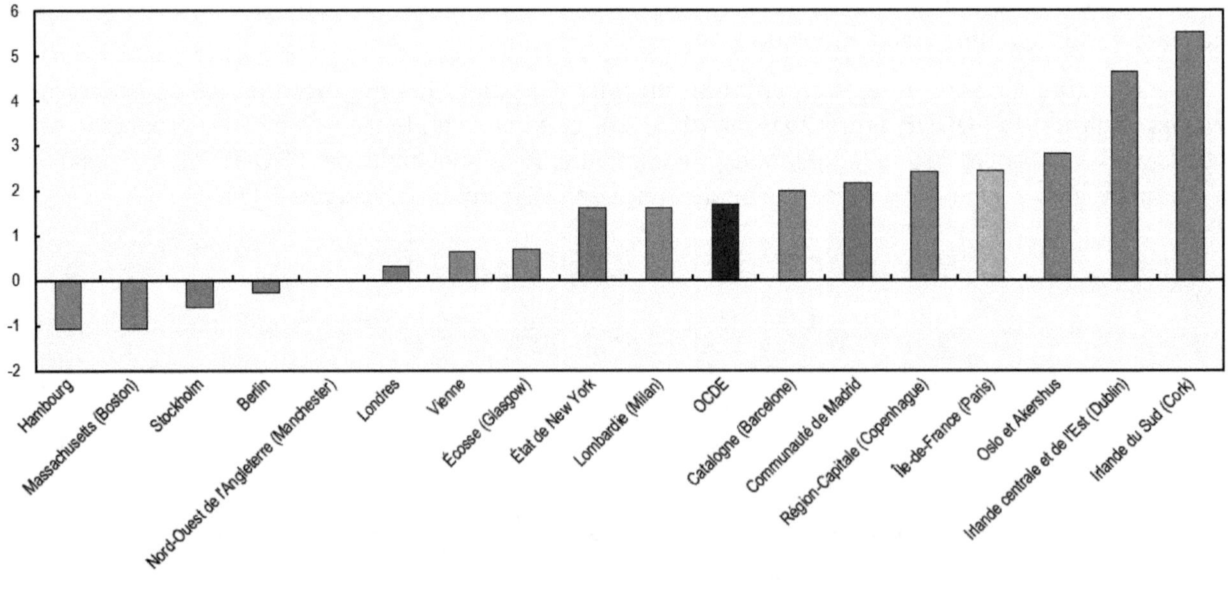


Note : La figure présente l'évolution du taux d'emploi (en points de pourcentage) entre 2018 et 2023 pour l'Île-de-France, des régions sélectionnées, et la moyenne de l'OCDE. La figure est classée par ordre croissant de la croissance de l'emploi sur cinq ans. Les données utilisées sont au niveau régionale TL2/NUTS2.
Source : Source : OCDE Régions, Villes et Localités - base de données, Taux d'emploi - Régions

**Les demandeurs d'emploi à Paris disposent d'un bon niveau de qualification.** Les caractéristiques de genre et âge des demandeurs d'emploi à Paris sont proches des moyennes régionales et nationales, néanmoins elles diffèrent en ce qui concerne leur niveau d'éducation et leur profil professionnel. À Paris, six demandeurs d'emploi sur dix, soit plus de 100 000 personnes, ont un niveau Bac+2 ou plus, et trois demandeurs sur dix, soit environ 55 000 personnes, cherchent un emploi de cadre. Ces valeurs dépassent largement la moyenne nationale : en France, seulement quatre demandeurs d'emploi sur dix ont un niveau supérieur à Bac+2 ou plus, et un demandeur d'emploi sur dix cherche un emploi de cadre (Graphique 2.16). Dans un contexte où le marché du travail s'étend au-delà des limites administratives, l'adoption d'une approche métropolitaine intégrée dans les politiques d'activation et de développement des compétences contribue à une meilleure adéquation entre les besoins en main-d'œuvre des entreprises et les compétences disponibles à l'échelle de l'ensemble du territoire fonctionnel.

### Graphique 2.16. Les demandeurs d'emploi parisiens sont très qualifiés

Profils des demandeurs d'emploi à Paris, en Île-de-France et en France, T2 2024

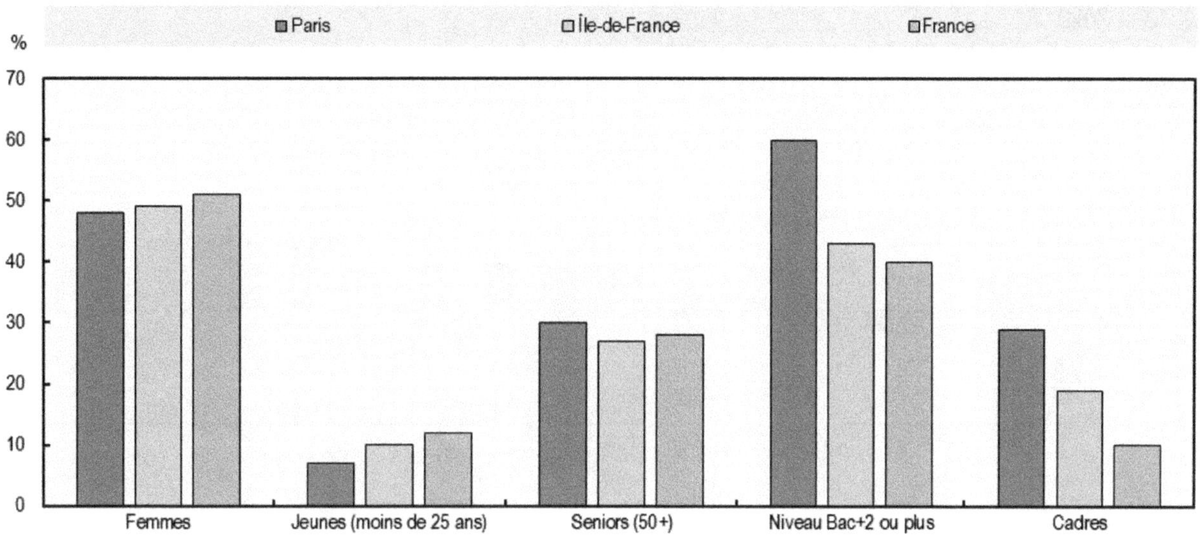


Source : France Travail, Enquête Besoins en Main-d'Œuvre.

## Les opportunités économiques offertes par Paris ne bénéficient pas à tous et toutes de la même manière

**Paris dispose d'une population jeune et d'origines diverses mais souffre d'inégalités importantes.** Un quart de Parisiens est né à l'étranger, dont 26% est né dans un autre pays européen et 28% en Afrique du Nord (Insee, 2025[28]). En 2024, l'âge médiane de sa population est de 38,1 ans, bien en dessous de la moyenne française (42,5) et d'autres régions métropolitaines, telles que la Communauté de Madrid (44,1), la Région de Berlin (41,3) et celle de Milan (48,2) (Eurostat, 2024[29]). Par ailleurs, si Paris est le département affichant le niveau de vie médian le plus élevé — la moitié des ménages y disposent de ressources supérieures à 29 730 euros en 2021, contre 25 210 euros en Île-de-France et 23 100 euros en France métropolitaine. La capitale n'en demeure pas moins marquée par de fortes inégalités. En effet, 15,6 % des Parisiens vivent sous le seuil de pauvreté.[5]. Malgré un revenu moyen nettement plus élevé à Paris que dans le reste de la France, le taux de pauvreté, mesuré par rapport à la médiane nationale, est supérieur à celui de la France métropolitaine (14,9%) (Insee, 2024[30]).

### *Des difficultés d'insertion sur le marché du travail francilien persistent pour certains publics*

**Malgré une amélioration des taux d'emploi des jeunes, l'accès à l'emploi demeure relativement plus compliqué en Île-de-France pour ce groupe.** L'écart des taux d'emploi entre les personnes en âge de travailler (15-64 ans) et celui des jeunes âgés de 15 à 25 ans s'est réduit en Île-de-France entre 2013 et 2023 Graphique 2.17. Cependant, avec un taux d'emploi de 31,9% pour les jeunes travailleurs, l'Île de France reste en deçà de nombreuses régions métropolitaines comparables ainsi que de la moyenne de l'OCDE (Graphique 2.18). Cette situation souligne la nécessité de renforcer les politiques d'insertion professionnelles des jeunes, en particulier pour les moins qualifiés et les habitants des quartiers prioritaires de la Ville (QPV).

#### Graphique 2.17. L'écart entre le taux d'emploi des jeunes et de la population en âge de travailler a diminué sur la dernière décennie

Évolution des taux d'emploi pour la population en âge de travailler et les jeunes en points de pourcentage, entre 2013 et 2023

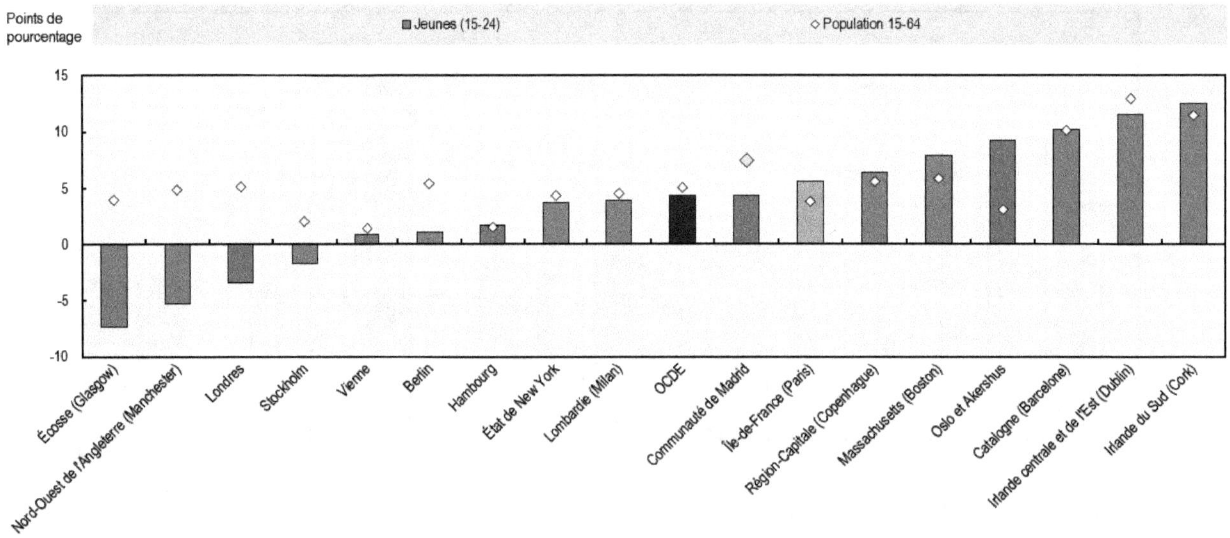


Note : Les données utilisées sont au niveau régionale TL2/NUTS2. Le graphique montre l'évolution des taux d'emploi pour la population en âge de travailler 15-64 ans et pour les s jeunes (15-24 ans) entre 2013 et 2023. Une valeur négative signifie que le taux d'emploi a diminué entre 2013 et 2023.
Source : Source : OCDE Régions, Villes et Localités - base de données, Emploi par groupe d'âge et sexe - Régions

Graphique 2.18. Le taux d'emploi des jeunes demeure bas en Île-de-France

Taux d'emploi par âge pour la population en âge de travailler et les jeunes âgés de 15 à 24 ans, %, 2023

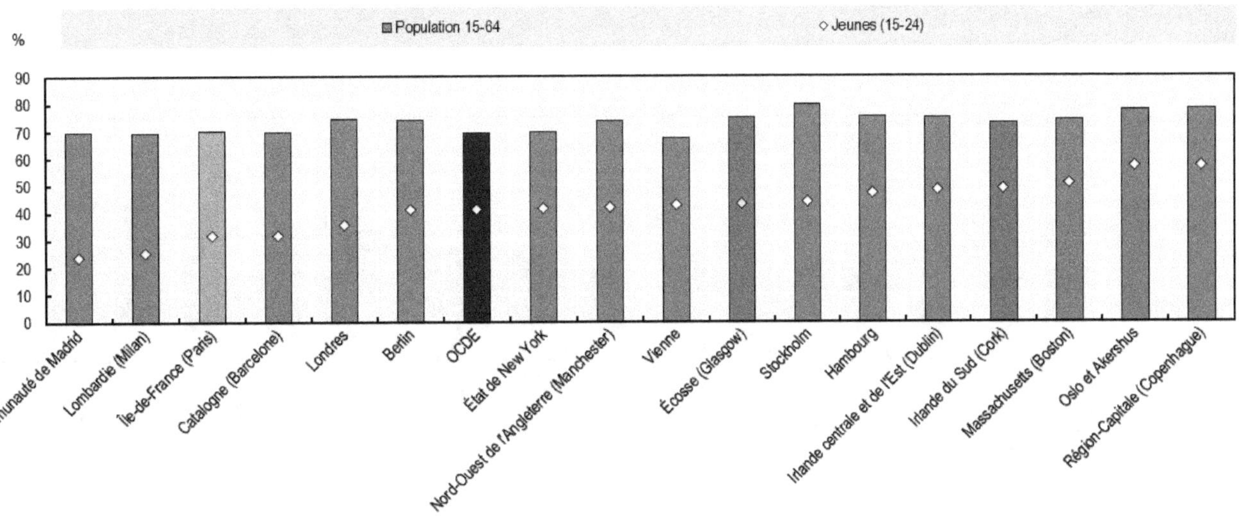


Note : Les données utilisées sont au niveau régionale TL2/NUTS2
Source : Source : OCDE Régions, Villes et Localités - base de données, Emploi par groupe d'âge et sexe - Régions

### *Des obstacles spécifiques contribuent à l'allongement des périodes de chômage, en particulier pour les publics vulnérables*

**Malgré une baisse du taux de chômage historique, le chômage de longue durée touche un demandeur d'emploi sur quatre en Île-de-France, une valeur proche de la moyenne de l'OCDE.** En Île-de-France, d'un quart des demandeurs d'emploi (25,2%) est au chômage depuis au moins douze mois, une valeur plus élevée que la moyenne nationale de 24,4%. Dans les Régions de Milan et Madrid, le chômage de longue durée est plus élevé et touche plus d'un chômeur sur trois. À l'inverse, la part de personnes en situation de chômage de longue durée est sensiblement plus faible dans les Régions de Stockholm (20%), Oslo et Copenhague (environ 10%). Dans l'ensemble, les tendances régionales sont conformes aux tendances nationales : les régions avec les niveaux les plus élevés de chômage de longue durée se trouvent dans des pays qui présentent également des taux de chômage de longue durée importants (Graphique 2.19).

**En raison de ses effets prolongés sur l'employabilité, les inégalités et la performance économique, le chômage de longue durée soulève des enjeux importants en Île-de-France.** Bien que le taux de chômage de longue durée en Île-de-France ne soit pas particulièrement élevé par rapport à d'autres régions métropolitaines, le défi du marché du travail tient au volume relativement important de personnes en situation de chômage, combiné à un taux moyen de chômage de longue durée. Le chômage prolongé peut entrainer une perte de capital humain, compliquant le retour à l'emploi en raison d'un écart croissant entre les compétences du demandeur d'emploi et les besoins du marché du travail (Dromundo, Lüske et Tuccio, 2023[31]). Le chômage de longue durée affecte souvent la santé mentale des personnes concernées, ce qui complique ultérieurement la réintégration sur le marché du travail. En outre, il agit comme vecteur d'isolement social, pouvant conduire à un retrait progressif du marché du travail (inactivité). Il constitue également un enjeu pour la collectivité, pouvant affecter les finances publiques et la croissance économique et ralentir l'innovation et la productivité. Ces multiples effets justifient une priorité stratégique accordée à la prévention du chômage de longue durée à travers l'accompagnement individualisé des demandeurs d'emploi et des dispositifs intégrés qui relèvent simultanément plusieurs défis (OCDE, 2023[32]).

## Graphique 2.19. En Île-de-France, comme dans la zone OCDE, environ un quart de demandeurs d'emploi est au chômage depuis plus d'an un

Part de personnes au chômage pendant plus de 12 mois (%), 2023

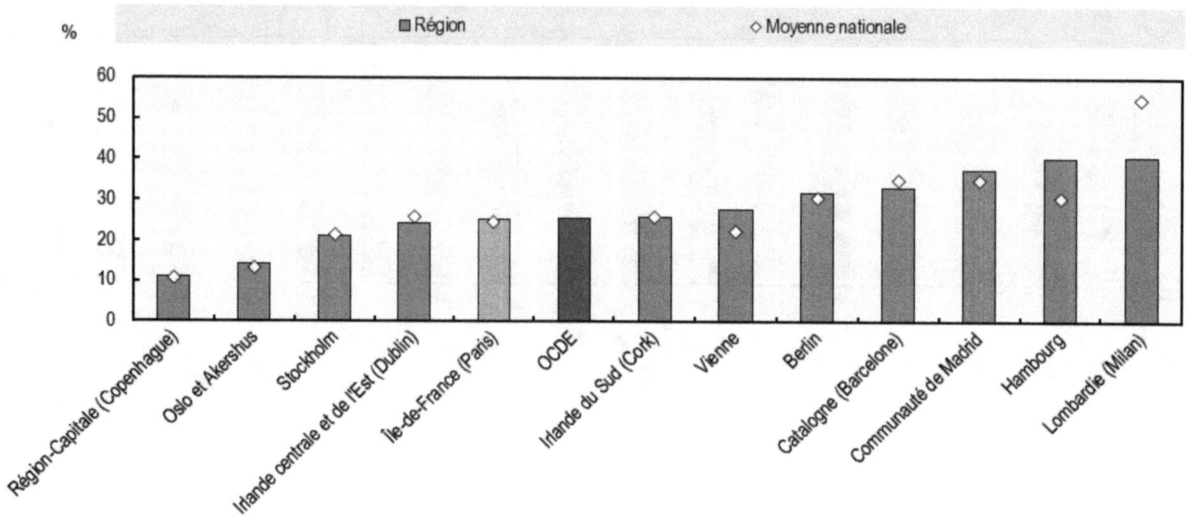


Note : Les données utilisées sont au niveau régionale TL2/NUTS2. Pour plus d'informations, veuillez-vous référer à la note de fin en conclusion de ce chapitre.
Source : Eurostat, Enquête sur les forces de travail de l'Union européenne.

### Encadré 2.3. Certains freins à l'emploi sont plus marqués à Paris et sa région que dans d'autres villes françaises

En lien étroit avec un grand nombre d'organisations, la Ville de Paris accompagne ses résidents dans le développement de compétences et la recherche de nouvelles opportunités professionnelles. Les entretiens réalisés avec plusieurs acteurs locaux rencontrés dans le cadre du projet ont permis de mettre en évidence des défis d'insertions particulièrement important à Paris et sa région par rapport à d'autres communes :

- **Les responsabilités familiales et le manque de solutions de garde.** Pour les parents avec des enfants en bas âge et les familles monoparentales, la gestion des responsabilités familiales et maintien de la vie professionnelle peut être difficile à concilier. En plus des contraintes horaires ou d'une charge accrue des tâches domestiques, à Paris les parents sont confrontés à des coûts élevés et à une disponibilité limitée des services de garde. Les départements de 1ère couronne parisienne et les quartiers de Paris sont particulièrement exposés à la pénurie de personnels de garde d'enfants. En Région Île-de-France, qui dispose un plus grand nombre de places, enregistre néanmoins 41% de postes d'employés chargés de la garde d'enfants vacants.
- **Les difficultés dans la recherche d'emploi et les récentes évolutions des préférences chez les jeunes.** À Paris, les jeunes avec ou sans qualifications font face à des difficultés d'insertion sur le marché du travail, liées notamment à un manque d'expérience, ou à une inadéquation entre leurs compétences et les attentes des employeurs. Les récentes évolutions dans les aspirations professionnelles des jeunes, qui valorisent de plus en plus le sens du

travail, la qualité de l'environnement de travail et les engagements de responsabilité sociale et environnementale (RSE) des entreprises, créent parfois un décalage avec l'offre du marché.

- **L'obsolescence ou les compétences limitées des travailleurs âgés de plus de 45 ans**. Avec l'évolution des technologies et des méthodes de travail, les compétences requises sur le marché du travail se renouvellent plus rapidement, et rendent certains savoir-faire obsolètes. La capacité des travailleurs à occuper certaines tâches physiques ou nécessitant une endurance élevée est également réduite avec l'âge. Les travailleurs seniors tendent à être moins exposés aux opportunités de formation professionnelle en cours de carrière, les privant de la possibilité d'actualiser leurs compétences et s'adapter aux nouvelles attentes du marché. Dans certains métiers, une discrimination à l'embauche s'observe pour les travailleurs plus âgés.
- **La reconnaissance des diplômes obtenus en dehors de l'Union Européenne.** Pour les personnes issues de l'immigration, les diplômes obtenus à l'étranger ne sont pas toujours reconnus ou valorisés en France, compliquant leur accès à des emplois qualifiés. Par conséquence, ces personnes acceptent souvent des emplois peu qualifiés pour obtenir un salaire et entrer en emploi. En Île de France par exemple, près de 40 000 actifs issus de l'immigration et détenteurs d'un diplôme équivalent à cinq années d'études supérieures occupent un emploi d'ouvrier ou d'employé, tandis que seuls 56% des immigrés disposant d'une licence occupent un emploi de professions intermédiaires ou supérieures, contre 80% des personnes non-immigrées avec le même niveau de qualification. Les réticences des employeurs, la barrière de la langue, les discriminations à l'embauche, ou l'obligation de disposer d'un diplôme européen ou reconnu par l'État pour certaines professions sont autant de facteurs contribuant à expliquer ce phénomène.
- **Le navettage et l'éloignement entre le lieu de résidence et le lieu de travail peut compliquer l'accès à l'emploi pour certains travailleurs**. Bien que le réseau des transports soit performant en Île-de-France, l'accès limité aux transports en commun dans certains territoires, ainsi que les problèmes de sécurité dans les transports, surtout pour les personnes qui travaillent le soir ou tôt le matin peuvent représenter un frein supplémentaire. Par ailleurs, certains travailleurs peuvent rencontrer des problèmes d'accessibilité des emplois, limitant ainsi leur insertion professionnelle.
- **La manque d'information et de clarté sur les dispositifs existants.** Un défaut d'information et un manque de compréhension des offres d'emploi et dispositifs d'accompagnements existants freinent l'accès à l'emploi, surtout parmi les publics vulnérables.

D'autres facteurs, qui ne sont pas spécifiques à Paris, ont souvent été évoqués comme une barrière supplémentaire pour les publics les plus défavorisés :

- **Le manque des compétences fondamentales.** La maitrise insuffisante de la langue française le manque de compétences numériques fondamentales constituent un frein à l'intégration sur le marché de travail. Ces enjeux touchent particulièrement les populations avec un faible niveau d'éducation ou issues de l'immigration.
- **L'absence de réseau professionnel et la complexité administrative**. Les personnes les plus vulnérables souffrent parfois d'un manque de confiance en soi qui, ajouté à l'absence de réseau professionnel et une défiance envers les institutions publiques, peut limiter les perspectives d'insertion sur le marché du travail. De plus, les démarches administratives complexes et le manque de coordination entre les dispositifs constituent des barrières supplémentaires qui limitent l'accès à l'emploi.

Source : (Apur, 2022[33]) (CAF, 2022[34]) (France Travail, 2022[35]) (CEDEFOP, 2012[36]) (INSEE, 2022[37])

**En Île-de-France, environ une personne sur quatre en âge de travailler est inactive, mais une part importante d'entre elles souhaiterait travailler si les conditions adéquates étaient réunies.** Des conditions plus favorables à l'emploi pourrait permettre à certaines personnes inactives d'intégrer le marché du travail. Environ 240 000 personnes soit 13% des inactifs, souhaiteraient travailler. Une motivation amoindrie, la perte de confiance en ses compétences, ou encore de la difficulté à percevoir des opportunités d'emploi adaptées à son profil peuvent conduire les personnes en situation de chômage de longue durée à renoncer à leurs recherches, ce qui complique leur réintégration sur le marché du travail et aggrave leur situation économique et sociale.

### Encadré 2.4. Mieux comprendre les raisons de l'inactivité pour développer des réponses ciblées

**En Île-de-France, environ 240 000 personnes soit 13% des inactifs, souhaiteraient travailler**. Parmi les inactifs qui souhaiteraient travailler, en Île-de-France comme en France, une personne sur cinq est freinée dans sa recherche d'emploi par des responsabilités familiales ou personnelles. Cependant, les autres raisons de l'inactivité diffèrent sensiblement, soulignant une dynamique spécifique au marché du travail francilien : celui-ci est moins marqué par l'incidence des maladies et du handicap (14% dans la région contre 22% au niveau national) que par l'absence d'opportunités professionnelles correspondant aux attentes des personnes inactives (16% en Île-de-France contre 10% en France).

**Ces constats montrent qu'une part significative de ces personnes pourrait être activée, sous réserve d'un accompagnement adapté.** La Ville de Paris et la Région Île-de-France peuvent contribuer à lever les freins à l'emploi, en renforçant l'offre de formation qualifiante, en développant des dispositifs de reconversion professionnelle ciblés, et en facilitant l'accès à des services d'accompagnement personnalisés. Afin de favoriser l'adéquation entre l'offre des compétences et la demande des entreprises, des politiques de soutien à la création d'emplois, notamment dans les secteurs en tension, pourraient également être élaborées (voir Chapitre 5). Des solutions innovantes en matière de garde d'enfants ou de mobilité pourraient contribuer à lever les obstacles pratiques qui empêchent certains inactifs de s'engager dans un parcours vers l'emploi.

#### Graphique 2.20. En Île-de-France, environ un inactif sur sept considère qu'il n'y a pas d'emploi disponible

Raisons de l'inactivité parmi les inactifs qui souhaiteraient travailler, (%), 2023

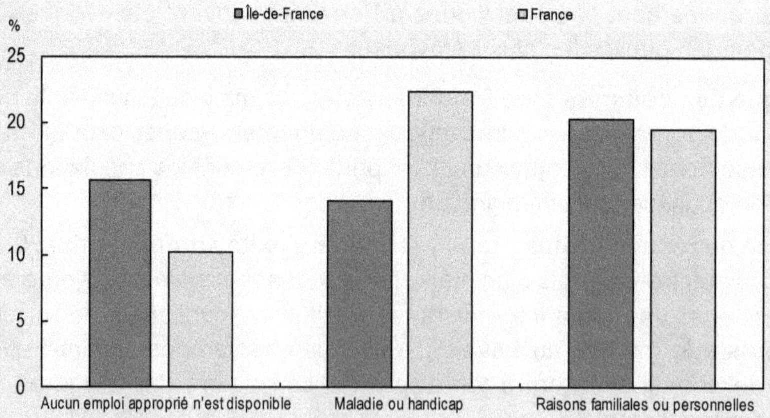


Note : Les étudiants ne sont pas inclus dans le graphique.
Source : Eurostat, Enquête de l'Union européenne sur les forces de travail

### *L'accès à des emplois de qualité pour tous et toutes est un enjeu pour Paris*

**A l'instar d'autres grandes zones métropolitaines et régions de l'OCDE, Paris fait face à un déclin des emplois de qualification intermédiaire et de niveau salarial moyen.** Depuis le début des années 2010, l'emploi dans l'industrie manufacturière et dans les métiers exigeant un niveau de formation similaire a fortement diminué sur le marché du travail parisien. En effet, la dynamique d'emploi récente a bénéficié principalement aux postes qualifiés, ainsi que dans les emplois peu rémunérés et à faible productivité, notamment dans l'hôtellerie-restauration. Cette évolution participe à la polarisation du marché du travail, renforcée par un déficit de compétences qui limite la capacité des travailleurs à accéder à des emplois de meilleure qualité et mieux rémunérés. En France, les adultes accusent un retard en compétences fondamentales (par exemple : le calcul et la lecture) par rapport à leurs pairs internationaux (OCDE, 2024[38]). L'écart de compétences lié au niveau d'éducation figure parmi l'un des plus élevés de l'OCDE, ce qui contribue à freiner la mobilité économique des travailleurs peu qualifiés (Encadré 2.5).

#### Encadré 2.5. Résultats du Programme de l'OCDE pour l'évaluation internationale des compétences des adultes (PIAAC) pour la France

**La France présente un gradient de compétences marqué selon le niveau d'éducation : les adultes titulaires d'un diplôme de l'enseignement supérieur obtiennent de meilleurs résultats que ceux ayant un niveau secondaire ou inférieur dans l'ensemble des domaines de compétences.** Toutefois, même parmi les adultes les plus instruits, le niveau de compétences en France reste inférieur aux références internationales. En moyenne, les adultes diplômés du supérieur en France obtiennent un score de 255 en lecture et de 260 en numératie, contre des moyennes de 273 et 275 respectivement dans l'ensemble des pays de l'OCDE. Les adultes diplômés du supérieur dans des pays comme les Pays-Bas, la Finlande ou le Japon enregistrent des scores nettement plus élevés, généralement supérieurs à 280 points.

**Le paysage des compétences en France se caractérise aussi par un écart important entre les différents groupes éducatifs.** L'écart de compétences entre les adultes peu diplômés (niveau inférieur au second cycle du secondaire) et ceux ayant un diplôme de l'enseignement supérieur est de plus de 94 points en lecture et de 102 points en numératie. Cette tendance situe la France parmi les cinq pays avec les écarts de performance les plus élevés, aux côtés de l'Allemagne, de la Suisse, de Singapour et des États-Unis. La proportion d'adultes avec un faible niveau de compétence est importante en France : 28 % des adultes obtiennent un score au niveau 1 ou inférieur en lecture comme en numératie, contre 26 % et 25 % en moyenne dans l'OCDE, et 30 % obtiennent un score similaire en résolution de problèmes adaptative. À l'inverse, seuls 9 % des adultes atteignent les niveaux les plus élevés (niveaux 4 ou 5) en lecture, contre 12 % en moyenne dans les pays de l'OCDE. Ces résultats révèlent des défis persistants pour le système d'éducation et de formation français, avec des implications importantes pour l'équité sociale et la performance économique. Les données suggèrent que si l'enseignement supérieur améliore les résultats, il ne garantit pas pour autant des compétences fondamentales solides, ce qui souligne la nécessité de renforcer la qualité de l'éducation et de promouvoir l'apprentissage tout au long de la vie pour l'ensemble des adultes

**De nombreux actifs en France souffrent de lacunes en compétences essentielles pour leur activité professionnelle** : 32 % d'entre eux estiment avoir besoin de renforcer leurs compétences informatiques ou logicielles, et 23 % identifient des besoins en gestion de projet et en compétences organisationnelles. Ces compétences, tout comme la lecture, la calcule et la capacité à résoudre des problèmes, sont essentielles pour rester actif sur le marché du travail. Les adultes plus instruits et ceux qui sont en emploi tendent à mieux performer dans l'ensemble des domaines de compétences, ce qui met en évidence la nécessité croissante d'une offre de formation alignée sur les besoins du marché du travail, mais aussi accessible aux personnes sans emploi, notamment celles ayant de faibles niveaux de qualification.

Source : (OCDE, 2024[38]). (OCDE, 2024[39])

**L'inadéquation entre le niveau de qualification et le poste occupé contribue souvent à une utilisation inefficace des compétences des travailleurs**. Toutefois, comparée à d'autres régions métropolitaines de l'OCDE, ces inadéquations demeurent relativement faibles dans la Région Île-de-France. En 2023, 31,7 % des travailleurs occupaient un emploi qui ne correspondait pas avec leur niveau d'études, une proportion inférieure à la moyenne de l'OCDE (33 %), à la moyenne nationale (36,7 %) et à celle observée dans la plupart des régions comparables à l'international (Graphique 2.21). Entre 2013 et 2023, le taux d'inadéquation de niveau de qualification a diminué de plus de 7 points de pourcentage. Il s'agit de la deuxième baisse la plus importante parmi ses pairs internationaux, une évolution nettement plus importante que dans le reste de l'OCDE (-0,7 p.p.) et de la France (-4,2 p.p). En Île-de-France, cette amélioration s'explique presque exclusivement par une réduction significative de la part des travailleurs occupant des postes pour lesquels ils sont surqualifiés (–7,2 p.p.) (Graphique 2.22).

## Graphique 2.21. L'inadéquation des compétences en Île-de-France est l'une des plus faibles parmi ses pairs et dans l'ensemble de l'OCDE

Part de l'inadéquation des compétences (%), 2023

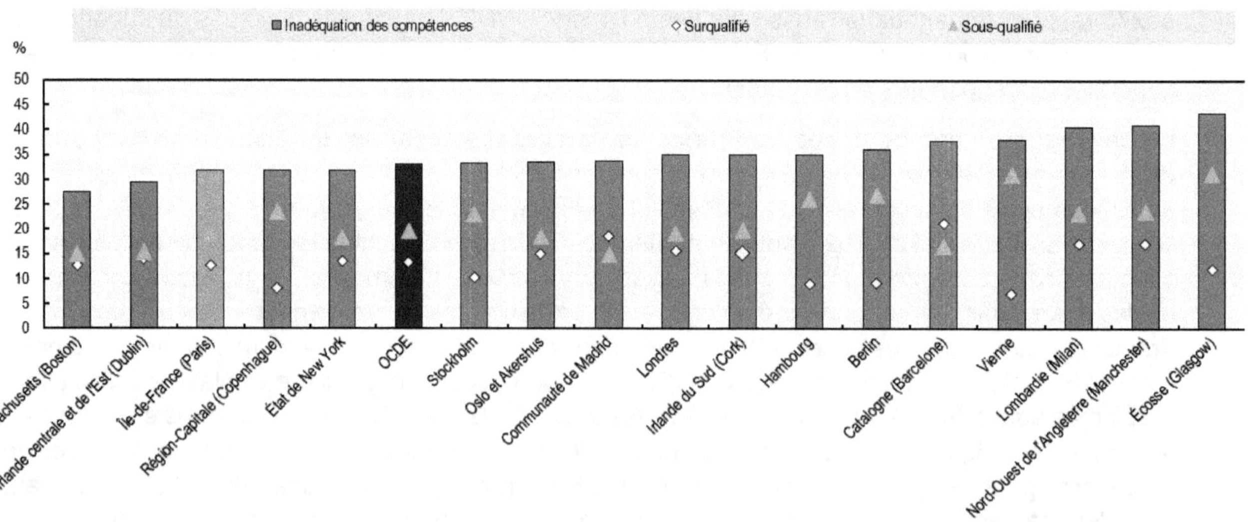


Note : Les données utilisées sont au niveau régionale TL2/NUTS2. Le graphique montre la part des personnes en emploi occupant un poste inadéquat (%) en 2023 pour l'Île-de-France, la moyenne de l'OCDE et certaines régions sélectionnées. Le classement est établi selon le niveau global d'inadéquation. L'inadéquation des compétences est mesurée selon la méthodologie des indicateurs « Skills for Jobs » de la Direction de l'emploi, du travail et des affaires sociales de l'OCDE. Un travailleur est considéré comme en situation de d'inadéquation lorsque son niveau de qualification éducative ne correspond pas au niveau de compétence le plus courant parmi les travailleurs du même groupe professionnel dans le pays.

Source : Calculs de l'OCDE basés sur les enquêtes nationales sur la population active pour l'Union européenne, les États-Unis et le Royaume-Uni.

**Graphique 2.22. L'inadéquation de compétences en Île-de-France a connu une baisse significative ces des dix dernières années, bien plus prononcée que dans d'autres régions comparables.**

Évolution de la part d'inadéquation des compétences en points de pourcentage, entre 2013 et 2023

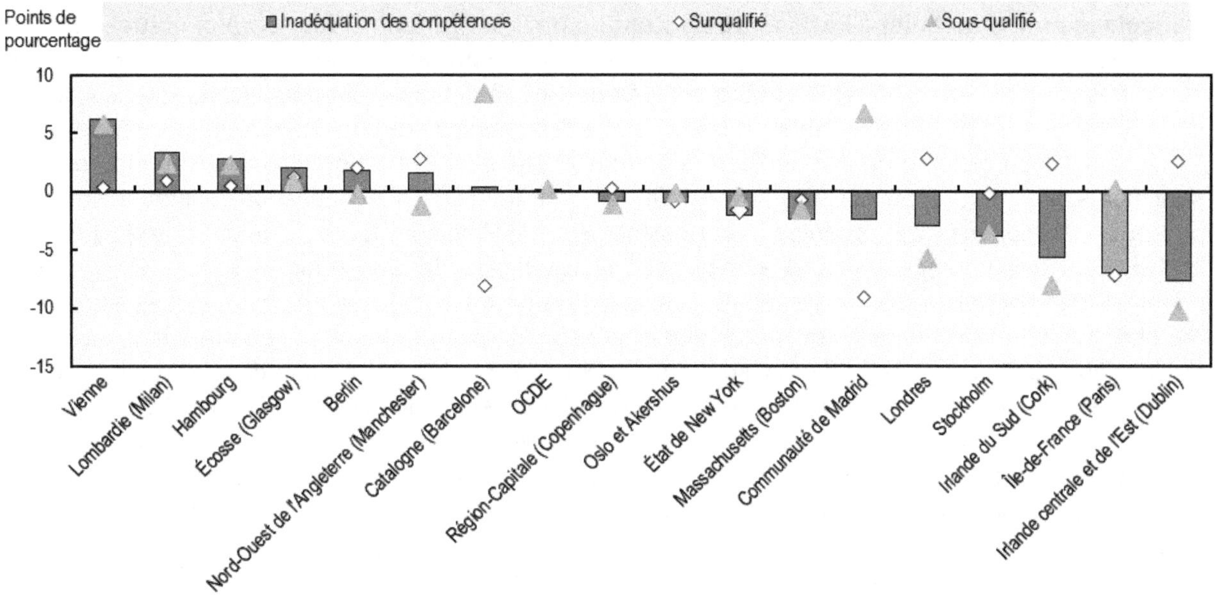


Note : Les données utilisées sont au niveau régional TL2/NUTS2. Le graphique montre l'évolution de la part des personnes en emploi occupant un poste marqué par une inadéquation des compétences (en points de pourcentage) entre 2013 et 2023 pour l'Île-de-France, la moyenne de l'OCDE et certaines régions sélectionnées. Le classement est établi par ordre décroissant de la progression de l'inadéquation des compétences. L'inadéquation des compétences est mesurée selon la méthodologie des indicateurs « Skills for Jobs » de la Direction de l'emploi, du travail et des affaires sociales de l'OCDE. Un travailleur est considéré comme en situation d'inadéquation lorsque son niveau de qualification éducative ne correspond pas au niveau de compétence le plus courant parmi les travailleurs du même groupe professionnel dans le pays.
Source : Calculs de l'OCDE basés sur les enquêtes nationales sur la population active pour l'Union européenne, les États-Unis et le Royaume-Uni.

**La réduction de l'adéquation entre le niveau d'éducation des travailleurs et leur emploi constitue un signal encourageant pour l'économie francilienne, mais des défis persistent.** En effet, cette amélioration reflète principalement la situation des personnes déjà en emploi et ne capture pas les difficultés rencontrées par les demandeurs d'emploi ou les personnes inactives. Elle ne tient pas compte non plus de l'évolution rapide des besoins en compétences, sous l'effet des transformations technologiques, économiques et démographiques. Enfin, les compétences constituent souvent un meilleur indicateur des écarts sur le marché du travail que les seuls niveaux de diplôme. Ainsi, cette tendance ne permet pas d'appréhender l'inadéquation entre les compétences des personnes en recherche d'emploi et les besoins des employeurs à l'échelle locale. Les personnes au chômage ou inactives performent souvent moins bien dans les compétences nécessaires pour entrer et rester sur le marché du travail, telles que la lecture, l'écriture, le calcul et la résolution de problèmes d'adaptation. Par exemple, une augmentation d'un écart-type en calcul est associée à une probabilité plus élevée de quatre points d'être actif sur le marché du travail, et son impact sur les salaires dépasse celui d'une année supplémentaire d'éducation (OCDE, 2024[38]).

### Encadré 2.6. La mobilité des travailleurs en France contribue-t-elle à réduire les inadéquations entre emploi et niveau d'éducation à Paris ?

**Les données disponibles suggèrent que les jeunes diplômés qui quittent d'autres villes françaises pour s'installer à Paris entre l'obtention de leur diplôme et leur emploi actuel (environ trois ans plus tard) sont moins susceptibles d'occuper un poste pour lequel ils sont surqualifiés**, sur la base d'indicateurs objectifs et auto-évalués de l'inadéquation. Toutefois, les avantages de ces migrations ne sont pas uniformément répartis. Les effets positifs sont particulièrement marqués pour les titulaires d'un diplôme de niveau licence ou master (trois à quatre ans d'études supérieures), qui sont moins exposés à la surqualification lorsqu'ils résident à Paris. En revanche, ce constat ne se vérifie pas pour les diplômés de formations courtes (deux ans). Plusieurs facteurs peuvent expliquer que l'adéquation entre compétences et emplois soit plus efficace dans la région capitale. En tant que principal pôle économique du pays, Paris concentre un grand nombre d'emplois qualifiés et offre un marché du travail plus fluide, ce qui accroît les chances d'accéder à un emploi en adéquation avec les qualifications acquises. Les salaires y sont en moyenne 24 % plus élevés que dans le reste du pays, en grande partie en raison d'un niveau de compétences plus élevé de la main-d'œuvre et de processus de mise en relation plus efficaces. La forte concentration de travailleurs hautement qualifiés, conjuguée à une demande soutenue de la part des employeurs pour des compétences avancées, favorise une allocation plus efficiente des talents. Les effets positifs de la migration vers Paris sont sensiblement plus prononcés que ceux observés pour les mobilités vers d'autres régions françaises. Cette tendance met en évidence la forte capacité de la capitale à attirer et tirer profit d'une la main-d'œuvre hautement qualifiée.

Source: (Fouquet et Sari, 2023[40]).

**De nouvelles inadéquations et pénuries de compétences émergent en Île-de-France, affectant un grand nombre d'employeurs et freinant le développement de leurs activités.** Les tensions sur le marché du travail sont particulièrement marquées dans le secteur des technologies de l'information et de la communication, qui constitue à la fois un moteur important de la croissance économique régionale et une source d'emplois de qualité et bien rémunérés (voir Chapitre 3). Cette situation est d'autant plus préoccupante que les taux de chômage historiquement bas compliquent la recherche de talents, en particulier pour les petites et moyennes entreprises (PME). En France, les PME sont plus nombreuses qu'ailleurs en Europe à signaler des difficultés de recrutement liées à un déficit de compétences : 62 % d'entre elles considèrent cela comme un problème sérieux, contre 54 % en moyenne dans l'Union européenne (European Commission, 2023[41]). Ces pénuries de main-d'œuvre qualifiée entraînent non seulement des retards de recrutement, mais aussi une surcharge pour les équipes en place, voire une limitation du développement de nouvelles activités.

**Dans ce contexte de transformation rapide du marché du travail et d'émergence de nouvelles pénuries, l'accès à la formation continue et le développement des compétences jouent un rôle croissant.** Cependant, la formation continue, relativement peu rependue à Paris par rapport aux villes du nord de l'Europe, pourrait contribuer à réduire l'inadéquation des compétences. L'apprentissage tout au long de la vie permet de réduire l'inadéquation des compétences, d'accélérer l'innovation et de stimuler la productivité, et contribue également à améliorer les niveaux de santé, de bien-être et de qualité de vie (OCDE, 2019[42] ; Brun-Schammé et Rey, 2021[43]). De même, le développement de compétences permettant aux travailleurs de s'adapter aux transformations numériques et environnementales accroit leur résilience face aux évolutions du marché du travail (OCDE, 2024[44]), et renforce leur capacité à préserver leur emploi. En Île-de-France, le taux de participation à la formation continue, qui englobe la formation formelle et non formelle, y compris sur le lieu de travail, s'élevait à 16% en 2023. Cette proportion est proche de la Région de Madrid (17%) et en deçà des taux de formation des plusieurs régions métropolitaines d'Europe du Nord. Dans les régions d'Oslo (Norvège) et Vienne (Autriche), le taux de participation s'élève à plus de 22%. Il atteint plus de 35% dans la région de Copenhague (Danemark), et dans la région de Stockholm (Suède) il dépasse 41% (Graphique 2.23). Plus d'1,6 million de franciliens supplémentaires devraient se former pour atteindre le même taux de participation que la région de Stockholm, et environ 410 000 pour avoir le niveau des régions d'Oslo et Vienne.

### Graphique 2.23. Les franciliens se forment moins que les résidents des régions des capitales de l'Europe du Nord, ainsi que dans les Régions de Vienne et Madrid

Participation à la formation pendant les 4 dernières semaines (%), 2023, population âgée de 25 à 64 ans

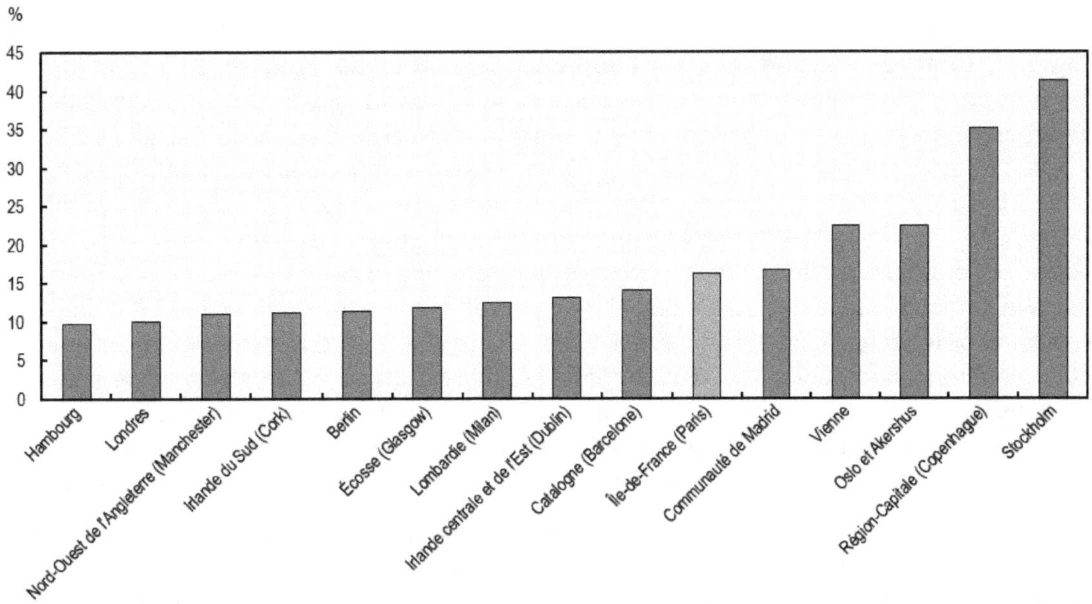


Note : Les données utilisées sont au niveau régionale TL2/NUTS2. Pour plus d'informations, veuillez-vous référer à la note de fin en conclusion de ce chapitre
Source : Eurostat pour les pays européens et Nomis pour le Royaume Uni.

## *La double transition verte et digitale ouvre des opportunités majeures pour Paris, à condition que les travailleurs et les entreprises soient prêts à en tirer parti*

**Les transitions numérique et écologique transforment les marchés du travail dans l'ensemble des villes de l'OCDE – et Paris ne fait pas exception.** Le marché de l'emploi en Île-de-France fait face à des transformations structurelles, avec notamment la mise en œuvre croissante de politiques nationales et locales visant à réduire les émissions de gaz à effet de serre et à accélérer l'adoption des technologies numériques. Les secteurs à fortes émissions pourraient connaître des baisses d'emploi, tandis que de nouvelles opportunités émergeront dans les secteurs contribuant à la durabilité environnementale (OCDE, 2023[45] ; OCDE, 2024[27]). Les technologies numériques – telles que les espaces de stockage dématérialisés, la robotique avancée et l'intelligence artificielle générative – modifient profondément l'organisation du travail (OCDE, 2023[46]). À ce jour, un quart des travailleurs des pays de l'OCDE sont déjà exposés à l'IA générative, une proportion qui pourrait dépasser 70 % dans un avenir proche. Les emplois liés à ces deux transitions – verte et numérique – sont davantage concentrés dans les marchés du travail urbains, en particulier dans les grandes zones métropolitaines où se trouvent les services à haute valeur ajoutée.

**La double transition modifie la nature des emplois en tension et des compétences requises sur les au niveau local sur le marché du travail.** À Paris comme dans de nombreuses autres régions et villes de l'OCDE, les tensions sur le marché du travail sont déjà visibles dans les professions liées aux transitions numérique et écologique. Dans près de 95 % des régions de l'OCDE, les métiers des technologies de l'information et de la communication (TIC) connaissent des pénuries de main-d'œuvre plus marquées que les autres professions, avec une tension en moyenne deux fois plus élevée. Les difficultés de recrutement sont également plus prononcées pour les métiers « verts » dans neuf régions de l'OCDE sur dix (OCDE, 2024[47]). Ces pénuries pourraient freiner la mise en œuvre de projets liés à la transition écologique, ralentir l'adoption des technologies numériques et, in fine, limiter la productivité, la croissance économique et l'innovation. À Paris, où l'activité économique et la densité de population sont élevées, la concurrence pour les talents qualifiés pourrait s'intensifier, compliquant l'adaptation de certaines entreprises – en particulier les PME – face à ces transformations.

**L'évolution rapide des besoins en compétences, sous l'effet des transitions numérique et écologique, renforce l'importance de l'apprentissage tout au long de la vie et de la mobilité professionnelle.** Une maîtrise de base des outils numériques est désormais indispensable pour exercer la plupart des métiers, mais d'importants écarts régionaux subsistent en matière d'accès à la formation et de niveaux de compétence (OCDE, 2022[48]). Dans les secteurs particulièrement exposés au risque de déclin lié à la double transition, et notamment dans les industries à fortes émissions, un approfondissement d l'accompagnement proposé aux travailleurs serait utile pour leur permettre de se repositionner sur de nouvelles opportunités professionnelles. Malgré une forte croissance des besoins, la participation des adultes à la formation est restée stable dans l'Union européenne entre 2016 et 2022 (OCDE, 2024[49]). Par ailleurs, la mobilité professionnelle demeure limitée, en particulier chez les travailleurs faiblement qualifiés, qui pourraient rencontrer davantage d'obstacles à la progression dans l'emploi dans ce contexte. Dans la région parisienne, combler ces lacunes sera essentiel pour éviter des tensions durables sur le marché du travail et prévenir un risque d'exclusion de certaines catégories de travailleurs. Cela permettra également de maximiser les gains de productivité et les opportunités économiques offertes par la double transition.

**Pour Paris, la double transition ouvre une opportunité stratégique pour renforcer son positionnement en tant que pôle d'innovation et consolider la résilience de son économie régionale.** En accélérant les transformations écologique et numérique, la ville peut attirer de nouveaux investissements, favoriser l'émergence de secteurs à forte valeur ajoutée, et créer des emplois de qualité dans un large éventail d'activités économiques. Le développement des chaînes de valeur vertes et numériques offre un levier pour renforcer les écosystèmes économiques locaux, accroître les capacités d'exportation et améliorer la compétitivité sur les marchés internationaux. L'adoption de technologies numériques avancées, telles que l'intelligence artificielle, peut contribuer à accroître la productivité, atténuer les tensions sur le marché du travail en automatisant certaines tâches répétitives, et recentrer les travailleurs sur des activités plus complexes et créatrices de valeur (OCDE, 2024[47]). Par ailleurs, le développement des emplois verts soutient les efforts de Paris en matière de transition climatique, en réduisant les émissions via des technologies plus propres, une meilleure efficacité énergétique et des infrastructures urbaines durables. Si elle est menée efficacement, cette transition peut favoriser à la fois l'inclusion sociale et la vitalité du marché du travail local, tout en soutenant les ambitions économiques et environnementales de la métropole.

**Le chapitre 3 examine les effets de ces transitions sur le marché du travail à Paris et en Île-de-France, notamment en termes de création et de destruction d'emploi, d'évolution des besoins en compétences et d'apparition de nouvelles pénuries de main-d'œuvre.** Le chapitre présente des données inédites sur l'impact de l'intelligence artificielle (IA) sur le marché du travail local, en identifiant les secteurs et les professions les plus exposés. Il s'appuie également sur des exemples internationaux pour éclairer les politiques susceptibles d'accompagner les publics vulnérables vers les métiers verts et numériques, ainsi que les usages potentiels de l'IA pour corriger les inadéquations de compétences et stimuler la productivité. Dans l'ensemble, ce chapitre explore les moyens par lesquels la Ville de Paris et les pouvoirs publics métropolitains peuvent mieux positionner les entreprises et la main-d'œuvre pour tirer pleinement parti du potentiel économique et en matière d'emploi de la double transition.

## Une bonne coordination des politiques publiques pourra renforcer le potentiel économique de Paris.

La gouvernance d'une métropole mondiale comme Paris soulève des défis importants. Une question centrale consiste à déterminer comment répartir les responsabilités et les ressources de manière à garantir les meilleurs résultats pour l'ensemble des personnes concernées. En effet, les décisions prises par la municipalité de Paris ont un impact bien au-delà des plus de 2 millions d'habitants de la capitale : elles affectent aussi les résidents de la zone métropolitaine qui y travaillent, consomment ou s'y rendent pour leurs loisirs. Assurer le bon fonctionnement de cet espace requiert donc une coordination renforcée : entre les 3 858 communes qui composent la zone métropolitaine (Tableau 2.3), entre les différents niveaux de gouvernement (local, régional, national), ainsi qu'entre les divers champs de politiques publiques. Ce besoin de coordination efficace devient d'autant plus crucial face à l'évolution démographique rapide et hétérogène que connaît la métropole parisienne.

### *L'accroissement de la population francilienne compense une baisse démographique de la Ville de Paris*

**Malgré l'arrivée de jeunes actifs et des étudiants, la population de la Ville de Paris connaît cependant une baisse démographique constante depuis 2015** (Insee, 2024[50]). Le coût de la vie élevé, les difficultés à se loger – liées aux prix élevés et amplifiées par la forte croissance des locations meublées touristiques[6] – et une concurrence accrue sur le marché du travail figurent parmi les principaux facteurs qui motivent les départs de la capitale. La Région semble profiter de ces départs, puisque la population dans l'ensemble de ses départements – hors Paris – augmente. Ce phénomène, également connu sous le nom d'« effet donut », est courant depuis la pandémie de COVID-19 dans de nombreuses régions métropolitaines, où la demande de logement a augmenté plus rapidement autours des villes, dans les zones de navettage et au-delà, que dans les centres-villes (Ahrend et al., 2023[51]).

Tableau 2.3. Paris est en baisse démographique alors que la population croit en Île-de-France

| | Population | | Part de la population française | Nombre de communes |
|---|---|---|---|---|
| | Dernière année disponible | Taux de croissance sur les dix dernières années | | |
| Ville de Paris | 2 087 600 | -6% | 3% | - |
| Région Île-de-France | 12 419 900 | 3% | 18% | 1 266 |
| Zone urbaine fonctionnelle de Paris | 13 171 056 | 4% | 20% | 3 858 |

Note : Pour Paris et l'Île-de-France, les données se réfèrent à la période 2014-2024. Pour la zone urbaine fonctionnelle, la période de référence est 2011-2021
Source : (Eurostat, 2025[52] ; Insee, 2025[53])

### *Une approche coordonnée permet de répondre au coût élevé du logement à Paris*

**Comme dans d'autres villes de l'OCDE, le coût de la vie élevé et les difficultés pour se loger risquent aussi de creuser les inégalités et de compromettre la performance du marché du travail**. À Paris, l'accès au logement est un vrai enjeu : c'est la troisième zone métropolitaine (parmi celles disposant de données comparables) avec un prix au mètre carré pour l'achat d'un logement le plus élevé (Graphique 2.24). Ce défi lié au coût du logement ne se limite pas à Paris. Dans de nombreuses capitales, comme Séoul (Corée), la forte concentration de l'activité économique a entraîné une hausse marquée des prix immobiliers, compromettant l'accessibilité au logement et pouvant freiner l'attractivité de la ville pour de nouveaux travailleurs (OCDE, 2024[54]).

### Graphique 2.24. Paris est l'une des régions métropolitaines de l'OCDE avec un cout du logement le plus élevé

Prix au mètre carre (ZUF sélectionnées) – 2023 ou dernière année disponible

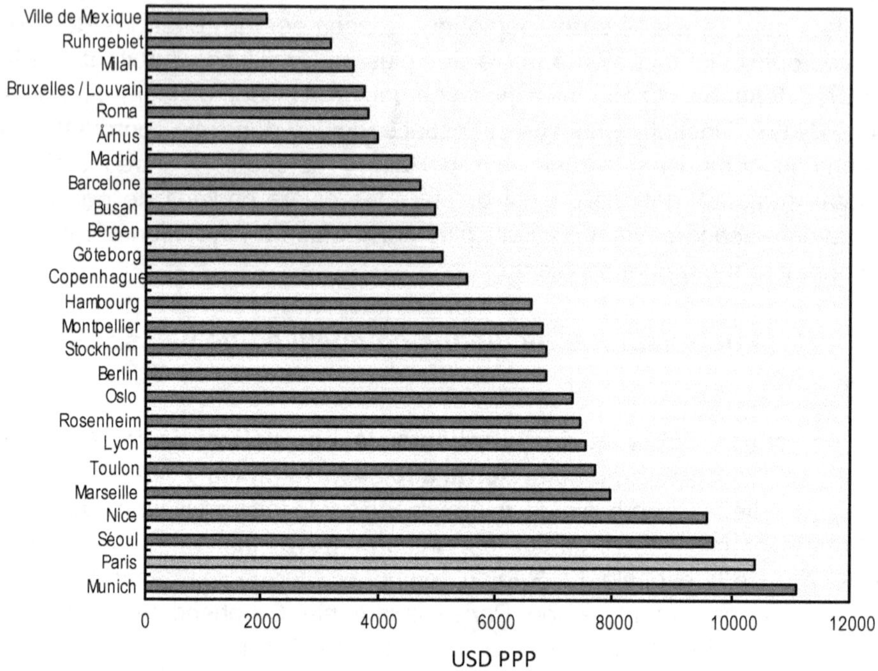


Note : USD PPP
Source : OECD Local data portal 2025 https://localdataportal.oecd.org

**Le cout du logement est nettement plus faible dans le reste de la zone métropolitaine.** En 2023, le prix médian au mètre carré à Paris dépassait 10 000 EUR (environ 15 500 USD PPA), contre un niveau inférieur de moitié dans 95 % des 3 858 communes de la zone métropolitaine, et inférieur d'un tiers dans près de 65 % d'entre elles (Graphique 2.25). Mais le logement demeure un facteur d'attractivité très limitant pour la Région en comparaison avec les autres régions en France, au sein de l'UE et de l'OCDE. En limitant la mobilité des travailleurs, ces difficultés entravent l'efficacité du marché du travail. Elles soulignent l'importance d'une offre de logements abordables et sociaux, ainsi que d'un réseau de transports en commun reliant pôles d'activité et zones d'habitat (OCDE, 2022[55]). Le coût très élevé du logement met également en évidence l'ampleur du phénomène de spéculation immobilière à Paris. Ce phénomène exerce une pression sur les prix, notamment en raison du développement des logements vacants (Apur, 2023[56]).

**La Ville de Paris ne peut, à elle seule, répondre au besoin de logements abordables**. Compte tenu des écarts de prix élevés entre la capitale et les communes de la couronne, toute stratégie visant à améliorer l'accessibilité au logement pourrait s'appuyer sur un développement de l'offre dans les zones périurbaines et la grande couronne. Une part importante des emplois parisiens peut être exercée de manière hybride, et la hausse relative des prix dans les zones de navettage observée depuis la pandémie de COVID-19 reflète une demande croissante pour des modes de vie plus résidentiels, à proximité des aménités urbaines (Ahrend et al., 2023[51] ; Özgüzel, Luca et Wei, 2023[57]).

Graphique 2.25. À Paris, le coût des habitations dépasse largement celui des banlieues

Prix des logements en coût de transaction par m2 en USD (PPA), 2023

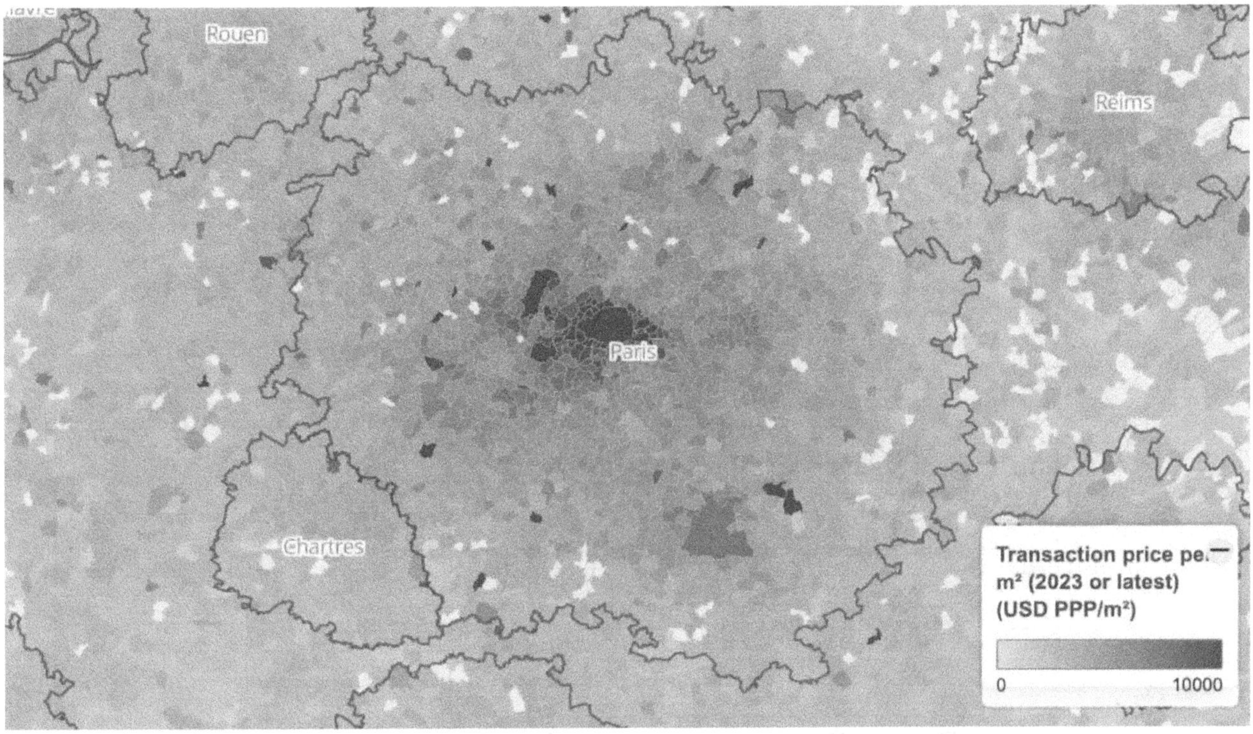


Source: OECD Local Data Portal (2025) https://localdataportal.oecd.org

### *L'efficacité des réseaux de transport contribue à une meilleure adéquation entre offre et la demande d'emploi*

**L'un des principaux facteurs de la hausse des prix immobiliers en Île-de-France est l'accessibilité aux opportunités économiques offertes par Paris** (OCDE, 2020[58]). Il est donc essentiel d'envisager simultanément le développement de l'offre de logement et l'expansion du réseau de transport public métropolitain, afin de garantir l'accès à un logement abordable dans les zones disposant de réserves foncières. Cela suppose une coordination étroite entre les investissements dans les transports et la planification de l'usage des sols, en s'appuyant sur une logique de développement orienté autour des pôles de transport et la création d'emplois le long des principaux axes de mobilité (OCDE, 2020[59]).

**Le renforcement des infrastructures de transport est un levier clé pour améliorer l'attractivité et la qualité de vie dans la métropole parisienne.** Les grandes régions urbaines reposent en effet sur des réseaux de mobilité performants pour connecter efficacement les personnes à travers leur territoire. À Paris, plus de 90 % de la population vit à moins de 10 minutes à pied d'un point d'accès aux transports publics, un taux supérieur à la moyenne des grandes agglomérations de l'OCDE (84 %) (OCDE, 2024[60]). Grâce à cette proximité des transports en commun, dans la région métropolitaine parisienne, plus de 40 % des actifs utilisent les transports en commun pour se rendre sur leur lieu de travail (Graphique 2.26).Pour renforcer l'accessibilité sur son territoire et réduire la dépendance à la voiture individuelle, en s'appuyant sur la construction de nouvelles gares pour encourager le développement de logements, la création d'emplois et la transition écologique. La stratégie régionale vise à densifier l'habitat et encourager la mixité fonctionnelle autour des futures stations. Le projet emblématique du *Grand Paris Express* prévoit la mise en service de 68 nouvelles stations d'ici 2030 dans des zones actuellement sous-desservies. Piloté par la Société du Grand Paris (SGP), ce programme inclut des appels à projets annuels pour encourager l'innovation dans l'aménagement des services et des espaces publics à proximité des gares. Par ailleurs, des observatoires territoriaux ont été mis en place pour suivre les dynamiques urbaines et garantir la cohérence entre les investissements en transport et les objectifs de développement urbain durable (OCDE, 2020[59]).

Graphique 2.26. Environ 43% of travailleurs de la zone métropolitaine de Paris se rendent sur leur lieu de travail en transports publics

Part des navetteurs par mode de transport (%), 2022 ou dernière année disponible

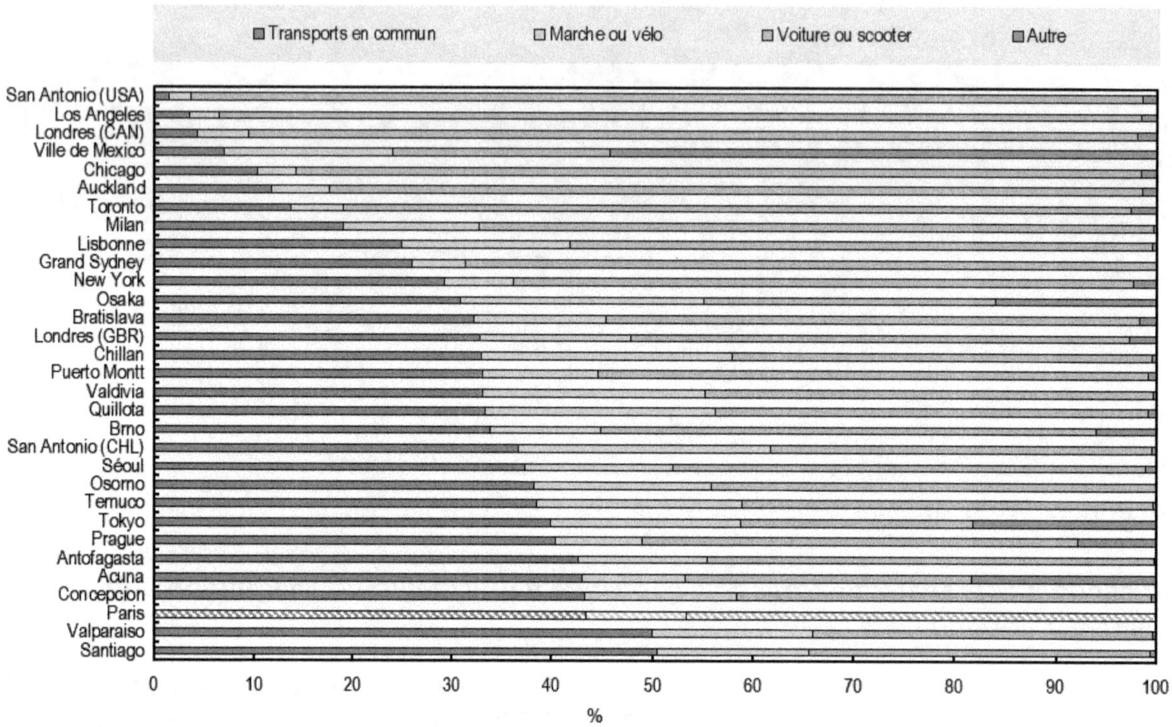


Source : OECD Local data portal (2025) https://localdataportal.oecd.org

### *Tirer profit d'une meilleure coordination territoriale*

**La fragmentation administrative dans la métropole parisienne peut accentuer les inégalités socio-économiques et compliquer la mise en œuvre de politiques publiques inclusives.** Paris fait partie d'une mosaïque de 3 858 communes, et elle-même est divisée en 20 arrondissements aux profils socio-économiques très contrastés : les plus aisés (7e, 8e, 16e, 6e) coexistent avec des territoires marqués par la pauvreté et le chômage, comme le 18e, le 19e ou la Seine-Saint-Denis (Murtin et Fadic, 2024[61]). Cette organisation morcelée, reposant sur une multitude d'administrations locales, peut entraîner une inégalité d'accès aux services, aux infrastructures et aux opportunités d'emploi, en particulier lorsque le financement dépend des ressources fiscales locales (OCDE, 2015[62]). La fragmentation favorise aussi des pratiques comme le zonage restrictif, freine la construction de logements abordables et limite l'intégration territoriale. Dans les transports publics, malgré le rôle central d'Île-de-France Mobilités, la diversité des opérateurs (RATP, SNCF, entreprises locales) et la séparation des compétences compliquent la coordination entre Paris et sa périphérie : celles-ci peuvent générer des ruptures de service aux frontières administratives, une couverture inégale, et un accès restreint au marché du travail pour les zones défavorisées (OCDE, 2019[63]) (ITF, 2022[64]). Ces effets sont particulièrement marqués dans les zones urbaines où les déplacements domicile-travail traversent fréquemment les limites communales (OCDE, 2019[63]). Ainsi, la fragmentation territoriale ne fait pas que nuire à l'efficacité de l'action publique : elle peut aussi entretenir une exclusion spatiale persistante dans l'ensemble de la région métropolitaine.

**Les services publics de l'emploi (SPE) jouent un rôle central dans le système de compétences et d'emploi en France, mais leur efficacité dépend d'une coordination renforcée entre les différentes échelles administratives.** La fragmentation institutionnelle des SPE peut limiter leur accessibilité et nuire à la mise en œuvre cohérente des politiques de l'emploi. À l'échelle de l'OCDE, l'accès aux services publics de l'emploi reste inégalement réparti sur le territoire, avec une proximité souvent corrélée au niveau de revenu des habitants (Almeida et al., 2024[65]). À Paris, 11 *Points Paris Emploi* sont répartis dans les 1er, 3e, 6e, 10e, 11e, 13e, 14e, 15e, 18e, 19e et 20e arrondissements. Ces structures proposent des services d'accueil, d'aide à la recherche d'emploi et d'orientation professionnelle. En parallèle de France Travail, plusieurs opérateurs tiers interviennent à l'échelle locale : la Mission locale de Paris (accompagnement des jeunes), l'EPEC (gestionnaire du Plan local pour l'insertion et l'emploi – PLIE) et l'École de la 2e Chance (E2C) de Paris (Ville de Paris, 2025[66]).

**Comparée à des modèles plus intégrés comme ceux du Danemark, de la Suède ou de la Catalogne (Espagne), la structure française de l'accompagnement vers l'emploi apparaît plus fragmentée, avec une multiplicité d'acteurs fonctionnant sans cadre unifié de responsabilité.** Ce morcellement institutionnel, conjugué à des pratiques limitées de partage de données et à une coordination opérationnelle insuffisante, freine l'efficience, complique le parcours des usagers et entrave le suivi de la performance (Ministry of Economy Finance and Industrial and Digital Sovereignty, 2023[67]). Face à ces enjeux, les autorités françaises développent actuellement un « réseau de l'emploi » plus intégré autour de France Travail, en réunissant acteurs de l'emploi et de l'insertion (OCDE, 2024[68]). Renforcer l'articulation entre les services publics de l'emploi locaux et les autres instances de gouvernance dans les domaines de l'emploi et des compétences sera essentiel pour améliorer la coordination et favoriser l'inclusion sur les marchés du travail locaux.

**La gouvernance des politiques de formation professionnelle à Paris et en Île-de-France est d'autant plus complexe que de nombreux acteurs interviennent dans l'offre et le financement de la formation**. Neuf parties prenantes principales — dont l'État et ses opérateurs, le Conseil régional, la Ville de Paris, ainsi que les Opérateurs de compétences (OPCO) et les chambres consulaires — sont chargées de structurer et de financer le système via des dispositifs variés. Cette gouvernance multi-niveau participe au développement d'une politique de formation riche et diversifiée, mais elle engendre également une fragmentation de l'offre qui complique la coordination et la planification stratégique. En Île-de-France, plus de 25 000 organismes de formation sont répertoriés, dont environ 10 000 à Paris, soulignant l'ampleur et la complexité du paysage régional de la formation (Chapitre 4).

**La mise en place d'une gouvernance coordonnée au sein d'une zone métropolitaine comme celle de Paris offre la possibilité de limiter la fragmentation institutionnelle et ainsi de renforcer significativement la productivité.** Les zones métropolitaines caractérisées par une gouvernance locale morcelée tendent à afficher une productivité du travail plus faible. Par exemple, doubler le nombre de municipalités dans une métropole est associé à une baisse de la productivité d'environ 6 %. Ce chiffre résiste au contrôle avec d'autres facteurs liés à la productivité du travail : la taille de la ville, le niveau d'éducation moyen, ou le statut de capitale, par exemple. Ce constat suggère que les effets négatifs de la fragmentation peuvent contrebalancer les externalités positives offertes généralement par les villes (OCDE, 2019[63]). Cet effet est néanmoins réduit presque de moitié lorsqu'une structure de gouvernance métropolitaine est en place. Ces instances favorisent une bonne coordination entre les politiques publiques, notamment en matière d'aménagement du territoire, d'infrastructures et de services. Dans les villes très denses comme Paris, où les externalités liées aux décisions locales sont particulièrement fortes, une gouvernance métropolitaine efficace est essentielle pour relever les défis partagés, éviter les redondances administratives et garantir une cohérence des actions publiques (OCDE, 2015[62]). Réduire la fragmentation à Paris implique donc une action concertée entre institutions, politiques d'infrastructure et instances de planification territoriale (Encadré 2.7).

### Encadré 2.7. Leviers politiques pour répondre aux enjeux de fragmentation administratives

**La fragmentation administrative est fréquente dans les grandes zones métropolitaines, où de nombreuses communes coexistent au sein d'un même espace urbain fonctionnel.** Si la décentralisation permet une meilleure réactivité locale, une fragmentation excessive peut entraîner des inégalités d'accès aux services de l'emploi, la duplication ou la mauvaise coordination des dispositifs de formation, ainsi qu'une déconnexion entre les lieux de résidence, d'emploi et de formation. Pour remédier à ces limites, des mécanismes de gouvernance coordonnée et des cadres de planification coordonnés sont nécessaires pour permettre aux métropoles de fonctionner comme des systèmes cohérents et efficaces.

**Plusieurs leviers politiques sont disponibles pour réduire la fragmentation et à renforcer la coordination :**

- **La mise en place d'instances de gouvernance métropolitaine et l'adoption d'outils de coordination** : la création d'organismes de gouvernance à l'échelle métropolitaine peut faciliter l'alignement des politiques entre les différentes institutions locales. Ces instances, souvent dotées de compétences limitées, jouent un rôle clé comme espaces de dialogue institutionnalisé. Dans le domaine de l'emploi et des compétences, cela inclut la coordination des services publics de l'emploi, le partage de données entre opérateurs et l'alignement des investissements en formation avec les besoins du marché du travail métropolitain.
- **Le développement d'une offre de transport public à l'échelle métropolitaine** : des réseaux de transport coordonnés améliorent la mobilité entre communes, facilitent l'accès à l'emploi et renforcent l'efficacité du système de transport. Les villes peuvent mettre en place des autorités régionales de transport ou conclure des accords intercommunaux pour assurer la continuité des services au-delà des limites administratives, éviter les doublons ou les zones non desservies, et simplifier la tarification et les horaires pour les usagers.
- **La mise en œuvre d'une planification sectorielle coordonnée** : le développement de politiques d'aménagement, de transport et d'urbanisme coordonnées permet de réduire les déséquilibres spatiaux entre l'habitat, les emplois et les services. Des cadres de planification conjoints et des réglementations harmonisées entre juridictions contribuent à optimiser l'efficacité des infrastructures, à résoudre les conflits d'usage et à garantir un accès plus équitable au logement et aux services à l'échelle régionale.

Source : OCDE (2015[62]).

## Références


Ahrend, R. et al. (2023), « Expanding the doughnut? How the geography of housing demand has changed since the rise of remote work with COVID-19 », *OECD Regional Development Papers*, n° 54, OECD Publishing, Paris, https://doi.org/10.1787/cf591216-en. [51]

Almeida, V. et al. (2024), « Geographic inequalities in accessibility of essential services », *OECD Social, Employment and Migration Working Papers*, n° 307, OECD Publishing, Paris, https://doi.org/10.1787/12bab9fb-en. [65]

Apur (2025), *La location meublée touristique à Paris en 2024*, https://www.apur.org/sites/default/files/note272-locations_meublees_touristiques_paris.pdf?token=o3uMhdho. [69]

Apur (2023), *Les logements inoccupés à Paris*, https://www.apur.org/sites/default/files/logements_inoccupes_paris.pdf?token=gawNyquE. [56]

Apur (2022), *Les inégalités femmes/hommes à Paris*, https://www.apur.org/fr/nos-travaux/inegalites-femmes-hommes-paris. [33]

Barreto, C. et al. (2025), « L'Emploi à bas salaire en France : Une perspective transnationale », *Documents de travail de l'OCDE sur les questions sociales, l'emploi et les migrations*, n° 313, Éditions OCDE, Paris, https://doi.org/10.1787/8b481c6b-fr. [26]

Bpifrance (2024), *Qu'est-ce qu'une startup ?*, https://bpifrance-creation.fr/moment-de-vie/quest-ce-quune-startup#:~:text=Ce%20terme%20d%C3%A9signe%20une%20entreprise,mod%C3%A8le%20%C3%A9conomique%20sur%20son%20march%C3%A9. [70]

Brun-Schammé, A. et M. Rey (2021), « A new approach to skills mismatch », *OECD Productivity Working Papers*, n° 24, OECD Publishing, Paris, https://doi.org/10.1787/e9563c2a-en. [43]

CAF (2022), *Restitution des résultats de l'enquête nationale « pénurie de*, https://solidarites.gouv.fr/sites/solidarite/files/2023-01/Restitution%20des%20r%C3%A9sultats%20de%20l%E2%80%99enqu%C3%AAte%20nationale%20p%C3%A9nurie%20de%20professionnels%20dans%20les%20%C3%A9tablissements%20d%27accueil%20du%20jeune%20enfant.pdf. [34]

Campus France (2025), *Comparaison des conditions de séjour post-études*, https://www.campusfrance.org/fr/ressource/comparaison-des-conditions-de-sejour-post-etudes. [19]

CCI Paris Île-de-France (2025), *Chiffres-clés de la région Île-de-France 2024-2025*, https://www.cci-paris-idf.fr/sites/default/files/2024-06/CC2024-HD_1.pdf. [9]

CCI Paris Île-de-France (2024), *Une mobilité des touristes au service de l'attractivité économique de Paris Île-de-France*, https://www.cci-paris-idf.fr/sites/default/files/2025-04/Mobilit%C3%A9%20des%20touristes%20-%20nov%202024%20-%20MAJ%20avril%202025.pdf. [16]

CCI Paris Île-de-France, Choose Paris Region, Instutut Paris Region (2025), *Paris Region Facts & Figures 2025*, https://www.cci-paris-idf.fr/sites/default/files/2025-03/PRFF2025%20WEB.pdf. [2]

CEDEFOP (2012), *Prévenir l'obsolescence des compétences*, https://www.cedefop.europa.eu/files/9070_fr.pdf. [36]

Choose Paris Region (2023), *Global Cities Investment Monitor 2023*, https://www.chooseparisregion.org/sites/default/files/pdf/About%20us/Publications/20231128%20GCIM%20Assises%20Attractivite%CC%81%20.pdf. [8]

Criscuolo, C. et al. (2020), « Workforce composition, productivity and pay: the role of firms in wage inequality », *OECD Economics Department Working Papers*, n° 1603, OECD Publishing, Paris, https://doi.org/10.1787/52ab4e26-en. [22]

Dijkstra, L., H. Poelman et P. Veneri (2019), « The EU-OECD definition of a functional urban area », *OECD Regional Development Working Papers*, n° 2019/11, OECD Publishing, Paris, https://doi.org/10.1787/d58cb34d-en. [1]

Dromundo, S., M. Lüske et M. Tuccio (2023), « Innovative approaches to tackle long-term unemployment », *OECD Social, Employment and Migration Working Papers*, n° 300, OECD Publishing, Paris, https://doi.org/10.1787/e1f7e16e-en. [31]

Euromonitor (2024), *Top 100 City Destinations for 2024*, https://www.euromonitor.com/press/press-releases/december-2024/euromonitor-international-reveals-worlds-top-100-city-destinations-for-2024 (consulté le  June 2025). [15]

European Commission (2023), *SMEs and skills shortages*, https://europa.eu/eurobarometer/surveys/detail/2961. [41]

Eurostat (2025), *Population au 1er janvier par tranche d'âge et par sexe - zones urbaines fonctionnelles*, https://doi.org/10.2908/URB_LPOP1. [52]

Eurostat (2024), *Population structure indicators by NUTS 2 region*, https://ec.europa.eu/eurostat/databrowser/view/demo_r_pjanind2$defaultview/default/table. [29]

EY (2025), *Baromètre EY de l'attractivité de la France 2025.* [14]

Fouquet, F. et F. Sari (2023), « Spatial mobility and overeducation of young workers: New evidence from France », *Papers in Regional Science*, vol. 102/5, pp. 945-984, https://doi.org/10.1111/pirs.12755. [40]

France Digitale, Bpifrance Le Hub, le Mouvement Impact France (2025), *Mapping 2025 des startups françaises à impact.* [4]

France Travail (2022), *Comment répondre aux nouvelles attentes des jeunes sur le marché du travail ?*, https://www.francetravail.org/accueil/actualites/2022/comment-repondre-aux-nouvelles-attentes-des-jeunes-sur-le-marche-du-travail.html?type=article. [35]

INSEE (2022), *Les actifs immigrés en Île-de-France : leurs métiers, diplômes et origines*, https://www.insee.fr/fr/statistiques/6546101#titre-bloc-24. [37]

INSEE (2021), *Près de 60% des actifs travaillant à Paris ne résident pas dans la capitale*, https://www.insee.fr/fr/statistiques/5057486. [23]

Insee (2025), *Estimations de population - Ensemble - Ville de Paris*, https://www.insee.fr/fr/statistiques/serie/001760155. [53]

Insee (2025), « Où les Parisiens sont-ils nés ? », https://www.insee.fr/fr/statistiques/8356264#:~:text=Un%20quart%20des%20Parisiens%20sont,'%C3%8Ele%2Dde%2DFrance. [28]

Insee (2024), *Ville de Paris : un portrait de ses habitants*, https://www.insee.fr/fr/statistiques/8274695#consulter. [50]

Insee (2024), *Ville de Paris : un portrait de ses habitants*, https://www.insee.fr/fr/statistiques/8274695. [30]

ITF (2022), *Urban Planning and Travel Behaviour : Summary and Conclusions*, ITF Roundtable Reports, n° 189, OECD Publishing, Paris, https://doi.org/10.1787/af8fba1c-en. [64]

Ministry of Economy Finance and Industrial and Digital Sovereignty (2023), *Comparison of the Public Employment Services in Different European Countries*, https://igas.gouv.fr/sites/igas/files/2024-04/Comparison_of_public-employment_services.pdf. [67]

Murtin, F. et M. Fadic (2024), « Mapping well-being in France », *OECD Papers on Well-being and Inequalities*, n° 23, OECD Publishing, Paris, https://doi.org/10.1787/fffb2de8-en. [61]

OCDE (2025), *What are the key trends in international student mobility?*, https://www.oecd.org/en/publications/what-are-the-key-trends-in-international-student-mobility_2a423a76-en.html. [18]

OCDE (2024), *Education at a Glance 2024: OECD Indicators*, OECD Publishing, Paris, https://doi.org/10.1787/c00cad36-en. [3]

OCDE (2024), *Études économiques de l'OCDE : France 2024*, Éditions OCDE, Paris, https://doi.org/10.1787/a28c2090-fr. [68]

OCDE (2024), *Geography matters: Korea*, https://www.oecd.org/en/about/projects/oecd-geography-matters-series.html. [54]

OCDE (2024), *Job Creation and Local Economic Development 2024 : The Geography of Generative AI*, OECD Publishing, Paris, https://doi.org/10.1787/83325127-en. [25]

OCDE (2024), *Job Creation and Local Economic Development 2024 : The Geography of Generative AI*, OECD Publishing, Paris, https://doi.org/10.1787/83325127-en. [47]

OCDE (2024), *Les adultes possèdent-ils les compétences nécessaires pour s'épanouir dans un monde en mutation ? : Évaluation des compétences des adultes 2023*, Études de l'OCDE sur les compétences, Éditions OCDE, Paris, https://doi.org/10.1787/e8d52c02-fr. [38]

OCDE (2024), *OECD Regions and Cities at a Glance 2024*, OECD Publishing, Paris, https://doi.org/10.1787/f42db3bf-en. [60]

OCDE (2024), *Perspectives de l'emploi de l'OCDE 2024 : Transition vers la neutralité carbone et marché du travail*, Éditions OCDE, Paris, https://doi.org/10.1787/a859bbac-fr. [27]

OCDE (2024), *Perspectives de l'OCDE sur les compétences 2023 : Les compétences au service d'une transition écologique et numérique résiliente*, Éditions OCDE, Paris, https://doi.org/10.1787/fe76e556-fr. [44]

OCDE (2024), *Regards sur l'éducation 2024 : Les indicateurs de l'OCDE*, Éditions OCDE, Paris, https://doi.org/10.1787/1aabb39d-fr. [49]

OCDE (2024), *Supporting start-up globalisation in Ireland through incubation and acceleration*, https://enterprise.gov.ie/en/publications/supporting-start-up-globalisation-in-ireland-through-incubation-and-acceleration.html. [12]

OCDE (2024), *Survey of Adults Skills 2023: France*, https://www.oecd.org/en/publications/survey-of-adults-skills-2023-country-notes_ab4f6b8c-en/france_09034ae3-en.html. [39]

OCDE (2023), *Integrating local services for individuals in vulnerable situation*, https://www.oecd.org/content/dam/oecd/en/publications/reports/2023/06/integrating-local-services-for-individuals-in-vulnerable-situations_a59b8011/1596644b-en.pdf. [32]

OCDE (2023), *Job Creation and Local Economic Development 2023 : Bridging the Great Green Divide*, OECD Publishing, Paris, https://doi.org/10.1787/21db61c1-en. [24]

OCDE (2023), *Job Creation and Local Economic Development 2023 : Bridging the Great Green Divide*, OECD Publishing, Paris, https://doi.org/10.1787/21db61c1-en. [45]

OCDE (2023), *Perspectives de l'emploi de l'OCDE 2023 : Intelligence artificielle et marché du travail*, Éditions OCDE, Paris, https://doi.org/10.1787/aae5dba0-fr. [46]

OCDE (2023), *Perspectives des migrations internationales 2022*, Éditions OCDE, Paris, https://doi.org/10.1787/7244fc44-fr. [20]

OCDE (2022), *L'internationalisation et l'attractivité des régions françaises*, Éditions OCDE, Paris, https://doi.org/10.1787/6f04564a-fr. [55]

OCDE (2022), *L'internationalisation et l'attractivité des régions francaises*. [5]

OCDE (2022), *OECD Regions and Cities at a Glance 2022*, OECD Publishing, Paris, https://doi.org/10.1787/14108660-en. [48]

OCDE (2020), *Improving Transport Planning for Accessible Cities*, OECD Urban Studies, OECD Publishing, Paris, https://doi.org/10.1787/fcb2eae0-en. [59]

OCDE (2020), *Transport Bridging Divides*, OECD Urban Studies, OECD Publishing, Paris, https://doi.org/10.1787/55ae1fd8-en. [58]

OCDE (2019), *OECD Territorial Reviews: Hamburg Metropolitan Region, Germany*, OECD Territorial Reviews, OECD Publishing, Paris, https://doi.org/10.1787/29afa27f-en. [63]

OCDE (2019), *Stratégie 2019 de l'OCDE sur les compétences : Des compétences pour construire un avenir meilleur*, Éditions OCDE, Paris, https://doi.org/10.1787/9789264313859-fr. [42]

OCDE (2016), *OECD Regional Outlook 2016: Productive Regions for Inclusive Societies*, OECD Publishing, Paris, https://doi.org/10.1787/9789264260245-en. [21]

OCDE (2015), *Perspectives régionales de l'OCDE 2014 : Régions et villes : Les politiques publiques à la rencontre des citoyens*, Éditions OCDE, Paris, https://doi.org/10.1787/9789264239739-fr. [17]

OCDE (2015), *The Metropolitan Century : Understanding Urbanisation and its Consequences*, OECD Publishing, Paris, https://doi.org/10.1787/9789264228733-en. [62]

Özgüzel, C., D. Luca et Z. Wei (2023), « The new geography of remote jobs? Evidence from Europe », *OECD Regional Development Papers*, n° 57, OECD Publishing, Paris, https://doi.org/10.1787/29f94cd0-en. [57]

Paunov, C., M. Borowiecki et N. El-Mallakh (2019), « Cross-country evidence on the contributions of research institutions to innovation », *OECD Science, Technology and Industry Policy Papers*, n° 77, OECD Publishing, Paris, https://doi.org/10.1787/d52d6176-en. [6]

Peñalosa, P. et L. Kleine-Rueschkamp (2024), « The geography of green innovation hubs in OECD regions », *OECD Local Economic and Employment Development (LEED) Papers*, n° 2024/09, OECD Publishing, Paris, https://doi.org/10.1787/c48ad2b1-en. [7]

Région Île-de-France (2025), *L'action régionale pour la recherche en Île-de-France*, https://www.iledefrance.fr/decouvrir-le-fonctionnement-de-la-region/la-region-en-action/laction-regionale-pour-la-recherche-en-ile-de-france#:~:text=105.800%20chercheurs%2C%20soit%2040%25%20des,d'innovation%20(9). [11]

Times Higher Education (2025), *World University Rankings 2025*, https://www.timeshighereducation.com/world-university-rankings/latest/world-ranking. [10]

Ville de Paris (2025), *Employment support structures*, https://www.paris.fr/en/pages/employment-support-structures-29416 (consulté le 2025 Juin). [66]

Ville de Paris (2024), *Le Fonds parisien pour l'innovation*, https://www.paris.fr/pages/le-fonds-parisien-pour-l-innovation-25999. [13]

## Notes

[1] En anglais *Functional Urban Area* (FUA)

[2] Le terme startup désigne une entreprise nouvelle et innovante à fort potentiel de croissance et de spéculation sur sa valeur future. Ce modèle d'entreprise récent doit tout d'abord passer par une phase d'expérimentation de son modèle économique sur son marché (Bpifrance, 2024[70]).

[3] Ou la zone de navettage.

[4] Ce rapport porte sur une analyse régionale (TL2/ NUTS2) car ce niveau territorial permet de mieux appréhender l'étendue du bassin d'emploi parisien, ainsi que d'autres villes de l'OCDE. Les suivantes régions sont incluses dans cette revue : Berlin (Berlin), Catalogne (Barcelone), Communauté de Madrid (Madrid), Écosse (Glasgow), État de New York (New York), Greater London (Londres), Hambourg (Hambourg), Île-de-France (Paris), Lombardie (Milan), Massachusetts (Boston), Nord-Ouest de l'Angleterre (Manchester), Oslo and Akershus (Oslo), Région-Capitale (Copenhague), Région de l'Est et du centre de l'Irlande (Dublin), Région du Sud de l'Irlande (Cork), Stockholm (Stockholm), Vienne (Vienne).

[5] Le seuil de pauvreté est fixé à 60 % du niveau de vie médian de France métropolitaine .

[6] Plus de 90 000 annonces sur Airbnb à Paris en décembre 2024. Plus d'informations sur l'évolution de la location meublée sont disponibles dans (Apur, 2025[69]).

# 3 Exploiter le potentiel des transitions verte et digitale pour réduire les inégalités et relancer la croissance

Ce chapitre analyse l'impact des transitions verte et numérique, sur les marchés du travail à Paris et en Île-de-France. Le chapitre présente les mutations engendrées par ces mégatendances, notamment la création et la disparition de certains emplois, l'évolution des compétences requises par les entreprises et les pénuries de ces compétences spécifiques au sein de la force de travail. Il présente de nouvelles données sur l'impact de l'IA sur le marché du travail francilien, qui permettent d'identifier les secteurs les plus particulièrement touchés. Enfin, le chapitre identifie des exemples de bonnes pratiques internationales qui pourraient compléter l'action parisienne dans l'orientation et la formation des publics vulnérables vers les métiers verts et numériques, ainsi que dans l'usage de l'IA pour réduire l'inadéquation des compétences et faire rebondir la productivité.

# En bref

## Des nouveaux besoins en compétences émergent avec l'essor des métiers verts et numériques

- **Les récentes évolutions numériques et technologiques transforment en profondeur le marché du travail, et s'accompagnent de nouveaux besoins en compétences dans tous les secteurs.** En Île-de-France, cette évolution est perceptible : 47 % des emplois exigent désormais des compétences numériques fondamentales, reflétant l'intégration croissante des outils numériques dans un grand nombre de professions. La demande pour des compétences numériques avancées est moins étendue, mais concerne déjà un tiers des emplois dans la région.
- **La demande en compétences digitales est particulièrement forte à Paris.** Les trois métiers les plus difficiles à pourvoir sur le marché parisien exigent des compétences digitales moyennes ou avancées. Cette rareté reflète un décalage entre l'évolution rapide du marché du travail qui exige de plus en plus de compétences numériques et l'offre de formation qui demeure encore insuffisamment adaptés pour répondre à des besoins.
- **Avec près de 30 % d'emplois verts, la Région Île-de-France se distingue au sein de l'OCDE.** La transition verte entraîne une recomposition des compétences et une mobilité accrue des travailleurs vers des métiers qui ont davantage de taches « vertes ». Dans l'approche méthodologique adoptée par l'OCDE, les métiers verts englobent l'ensemble de l'économie et ne se limitent pas uniquement aux secteurs traditionnellement considérés comme verts, tels que l'énergie propre. Selon cette définition, la Région Île-de-France est l'une de régions de l'OCDE avec le plus grand nombre d'emplois verts (30%) ainsi qu'un des taux les plus élevés de femmes employées dans ces métiers (44%).
- **En raison de sa capacité à générer du contenu dans divers formats et secteurs, l'IA dans sa forme générative aura un impact plus large sur le marché du travail que ses précédentes versions.** L'intelligence artificielle (IA) peut compléter et améliorer la productivité des travailleurs hautement qualifiés, mais expose aussi certains métiers à un risque d'automatisation, en particulier ceux pouvant être exercés à distance. Contrairement aux changements technologiques précédents, l'impact de l'IA est plus marqué dans les grands centres métropolitains et pourra affecter davantage les travailleurs qualifiés. En Île-de-France, plus de 40 % des emplois sont considérés comme exposés à l'IA, un des taux les plus élevés en Europe, en raison du poids important des secteurs du numérique et financier dans l'économie locale et d'une proportion élevée de travailleurs qualifiés.
- **Dans le même temps, l'IA peut constituer un levier stratégique pour atténuer les inadéquations de compétences, favoriser l'inclusion et améliorer de la productivité.** L'IA pourrait réduire les pénuries de main-d'œuvre en facilitant l'accès à l'emploi des personnes qui en sont exclues, notamment celles en situation de handicap ou éloignées du marché du travail. Son utilisation croissante par les services publics de l'emploi (SPE) pourrait également à une meilleure adéquation entre l'offre et la demande d'emploi. En automatisant une partie des taches simples, l'IA pourrait permettre le redéploiement des travailleurs vers des taches a plus forte

valeur ajoutée. Dans ce contexte, le développement de dispositifs de formation continue adaptés – sur le modèle des programmes *ParisCode* par exemple - sera essentiel pour doter les individus des compétences nécessaires et tirer pleinement profit des opportunités offertes par l'IA.

## Introduction

**Ce chapitre présente les évolutions récentes sur le marché du travail à Paris et en Île-de-France face aux mégatendances, et notamment la transition verte, la digitalisation et l'IA.** Les marchés de l'emploi des pays de l'OCDE sont profondément transformés par la diffusion rapide de nouvelles technologies, et en particulier de l'intelligence artificielle (IA) générative, ainsi que par les impératifs climatiques. Si cette double transition favorise la création de nouveaux emplois, elle modifie également la nature des compétences requises dans certains secteurs. Ce réajustement peut accélérer l'obsolescence des compétences, aggraver les déséquilibres entre l'offre et demande de compétences et accentuer les inégalités (OCDE, 2024[1]). Pour répondre efficacement à ces changements, les travailleurs doivent aujourd'hui plus que jamais actualiser leurs compétences en permanence (Cedefop, 2022[2]) (OCDE, 2023[3]).

**Les villes et les régions de l'OCDE ont développé plusieurs stratégies pour exploiter le potentiel de cette double transition – verte et numérique – et de la diffusion de l'IA**. Grâce à leur proximité avec les entreprises et leurs résidents, les villes et les régions sont des acteurs privilégiés pour développer des initiatives visant à promouvoir les opportunités liées aux métiers verts et numériques et à former leurs résidents. Dans plusieurs pays de l'OCDE, l'IA a été utilisée récemment comme levier d'inclusion, pour réduire l'inadéquation des compétences, augmenter la compétitivité internationale et relancer la productivité.

**Ce chapitre est divisé en deux parties**. La première analyse l'impact des transitions verte et numérique sur le marché du travail, en identifiant les tendances récentes et les pénuries des compétences, qui constituent l'un de principaux freins à la transition. L'analyse de nouvelles données localisées permet également d'envisager l'impact de l'IA. La deuxième partie du chapitre se concentre sur les bonnes pratiques internationales en matière de formation et orientation des talents vers les métiers verts et numériques. En conclusion, ce chapitre présente des pistes d'utilisation de l'IA pour réduire l'inadéquation entre l'offre et la demande de compétences et contribuer ainsi à une relance durable de la productivité.

## Les évolutions récentes des marchés de l'emploi face à la double transition

### *Impacts, contraintes et perspectives liés à la transition verte*

**La transition verte est une mégatendance mondiale mais son impact sur le marché du travail reste par nature local.** Les impératifs climatiques ont entrainé des profondes transformations sur le marché du travail lieu : d'une part, un nombre croissant de travailleurs ont quitté des emplois à forte intensité d'émissions pour se tourner vers des métiers moins polluants. D'autre part, les compétences requises dans les emplois existants s'orientent progressivement vers la durabilité (LinkedIn, 2023[4]). Ces tendances sont localisées : au sein de l'OCDE, les centres métropolitains affichent généralement une proportion plus faible d'emplois polluants que la moyenne nationale (OCDE, 2023[5]). C'est notamment le cas de la Région Île-de-France et des Régions de Londres, Stockholm, Oslo, et des États de New York et du Massachussetts (Boston). (Graphique 3.1). À l'inverse, les emplois dans les secteurs à fortes émissions se concentrent plutôt dans les zones non métropolitaines. Pour limiter les conséquences économiques et sociales liées à la disparition des emplois dans ces secteurs, l'action des villes en matière de soutien à l'emploi et à la formation professionnelle est donc essentielle, et pour accompagner les travailleurs exposés au risque de chômage ou occupant un emploi précaire, ainsi que les communautés fragilisées à la suite des mutations du marché du travail (OCDE, 2023[5]).

### Graphique 3.1. En Île-de-France, plus d'un emploi sur dix fait partie d'un secteur à fortes émissions

Part d'emplois dans les industries à forte intensité d'émissions de gaz à effet de serre (%)

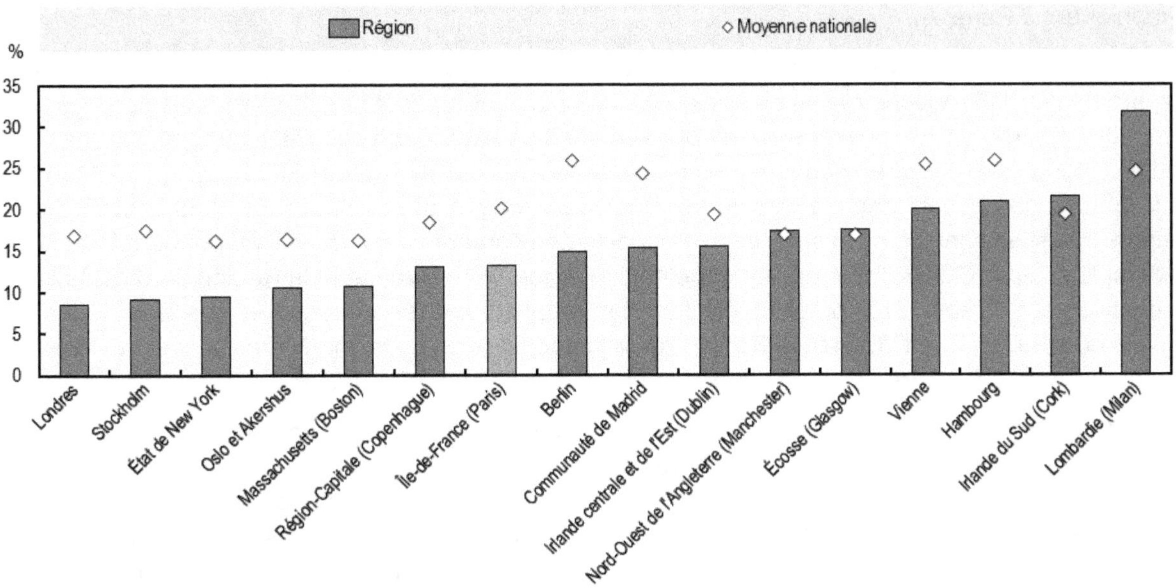


Note: Les données utilisées sont au niveau régionale TL2/NUTS2.
Source: OCDE Twin Transition Tracker https://www.oecd.org/en/data/dashboards/twin-transition-tracker-assessing-regional-resilience.html

### Encadré 3.1. Définition des emplois verts selon l'OCDE

La définition des emplois verts utilisée dans les politiques peut dépendre de l'objectif de l'analyse ou de l'utilisation, des sources de données disponibles et d'autres facteurs. Certaines définitions prennent en compte les emplois dans des secteurs traditionnellement considérés comme verts, tels que l'énergie propre.

Ce rapport, conformément aux travaux antérieurs de l'OCDE, prend en compte l'ensemble des professions qui soutiennent directement le développement durable ou la réduction des émissions de gaz à effet de serre dans tous les secteurs de l'économie. S'appuyant sur le réseau d'information sur les professions (O*NET) du Ministère américain du travail, ce rapport classe les emplois comme "verts" si au moins 10 % de leurs tâches favorisent la durabilité de l'environnement. Les emplois verts couvrent différents secteurs et niveaux d'éducation, y compris des professions qui ne sont pas immédiatement reconnues comme vertes, telles que les urbanistes, les inspecteurs de véhicules et de systèmes, les travailleurs de la gestion des déchets et les plombiers.

Source : (OCDE, 2023[5])

**L'Île-de-France est l'une de régions de l'OCDE avec le plus grand nombre d'emplois verts.** Ces derniers représentent près de 30% des emplois franciliens, plaçant ainsi la Région en tête des comparaisons internationales, juste derrière les Régions de Stockholm et Oslo. Environ trois quarts de ces emplois verts sont occupés par des personnes ayant moins de 50 ans, chiffre qui reflète l'intérêt et la sensibilisation des jeunes travailleurs aux les enjeux environnementaux. Les emplois verts en Île-de-France sont majoritairement des postes hautement qualifiés : 56% d'entre eux sont des emplois de niveau cadres supérieurs ou professions intermédiaires. En s'appuyant sur des programmes comme *ParisFabrik*, (voir Chapitres 4 et 5), la Région offre toutefois un potentiel important de création d'emplois verts pour des profils moyennement qualifiés, notamment dans les filières de l'isolation thermique ou encore la rénovation (Graphique 3.2 Panel A).

**La proportion des femmes occupant un emploi vert est bien plus élevée en Île-de-France que dans le reste de l'OCDE**. Aucune région ou ville de l'OCDE n'atteint la parité hommes-femmes dans les emplois verts (OCDE, 2023[2]). En moyenne, un emploi vert sur trois est occupé par une femme au sein de l'OCDE. Cette tendance s'explique en partie par les résultats récents de l'enquête PISA (Programme international pour le suivi des acquis des élèves) qui révèlent que, malgré de meilleurs résultats scolaires que les garçons, les filles sont moins susceptibles de choisir des carrières dans les STIM, pourtant fortement liés aux emplois verts (OCDE, 2024[11]). Néanmoins, la Région Île-de-France et la Région de Stockholm, avec respectivement 44% et 41% de femmes dans les emplois vert, se situent bien au-dessus des autres régions comparables. A l'inverse, la Région de Milan se situe à l'autre extrémité du spectre, avec moins d'un emploi vert sur quatre occupés par des femmes (Graphique 3.2 Panel B).

**La participation des femmes dans les emplois verts en Île-de-France est plus élevée que la moyenne européenne dans presque tous les secteurs d'activité.** Cet écart est particulièrement marqué dans l'industrie manufacturière (16 points), les activités professionnelles, scientifiques et techniques (14 points) et le commerce de gros et de détail (8 points). Ces trois secteurs représentent 28 % de l'emploi dans la région. En outre, les secteurs de la santé humaine et de l'action sociale et de l'éducation, où les femmes ont tendance à être le plus surreprésentées, ont une part plus élevée d'emplois verts par rapport à la moyenne de l'UE (2,6 et 4,2 points respectivement).

## Graphique 3.2. L'Île-de-France se situe en tête des comparaisons internationales en matière d'emplois verts et de participation des femmes dans ces emplois

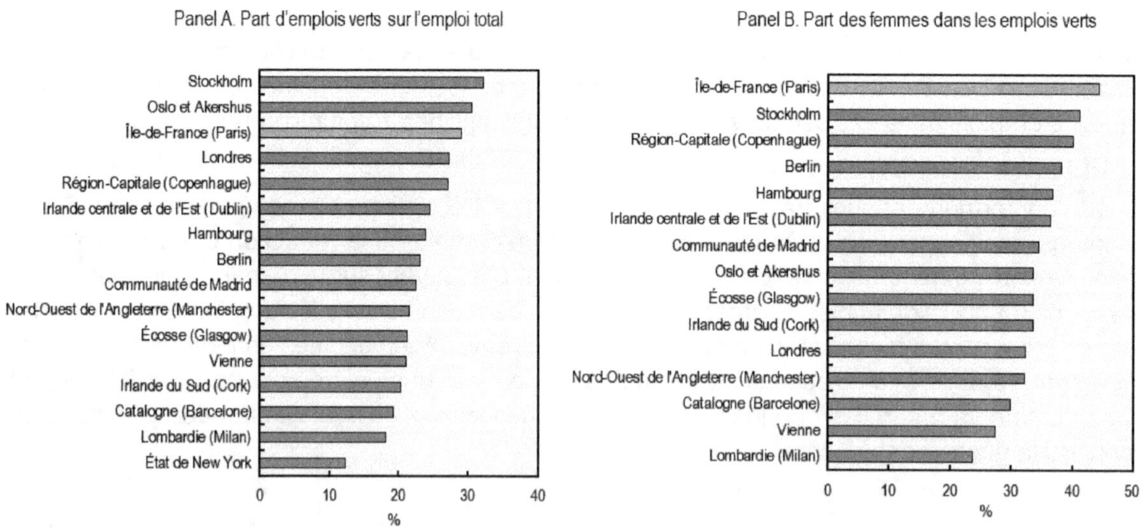


Note : Les données utilisées sont au niveau régionale TL2/NUTS2.
Source : (OCDE, 2023[5])

**Les personnes les plus qualifiées ont davantage des compétences requises dans les emplois verts.** Plusieurs études soulignent que les travailleurs hautement qualifiés occupent plus fréquemment des postes à forte intensité écologique, c'est-à-dire intégrant une proportion significative de tâches liées à la durabilité. Ces emplois, souvent concentrés dans les grands centres métropolitains, offrent souvent des rémunérations jusqu'à 20 % supérieures à celles des emplois non verts avec des exigences similaires en matière d'éducation (Fonds monétaire international, 2022[10] ; OCDE, 2023[2]). Au niveau européen, plus de cinq emplois verts sur dix requièrent une formation supérieure et plus de huit sur dix sont hautement qualifiés.[1] À l'inverse, les personnes ayant suivi un enseignement secondaire inférieur n'occupent qu'un emploi vert sur dix.

**Les professions intégrant une forte proportion de tâches vertes exigent des compétences techniques ainsi que des compétences transversales ou « *soft skills* ».** Une étude récente montre que les emplois verts requièrent en moyenne, un éventail plus large de compétences que les autres métiers (OCDE, à paraître[6]). Les compétences non techniques, ou « soft skills », telles que la capacité à travailler en équipe et à s'adapter aux changements, en plus des compétences techniques, sont souvent considérées comme manquantes chez les travailleurs qui passent d'emplois vulnérables à des emplois verts (OCDE, 2023[3]).

### *La demande en compétences digitales est croissante*

**La numérisation est l'une des mégatendances qui bouleverse l'économie mondiale et la société.** L'impact omniprésent de la technologie est évident sur tous les aspects de la vie, et y compris en ce qui concerne la communication, l'accès aux services et à l'information, l'apprentissage et l'emploi. Dans ce contexte, l'accès à des infrastructures numériques efficaces et le développement de compétences adaptées est essentiel pour faire face à ces changements (OCDE, 2020[7]).

**Les emplois exigeant des compétences numériques sont généralement concentrés dans les villes et dans les régions métropolitaines**. Les compétences digitales fondamentales sont désormais exigées pour un grand nombre de professions et secteurs. Elles couvrent des tâches telles que la recherche d'informations en ligne, l'utilisation de logiciels de traitement de texte ou encore l'analyse de feuilles de calcul. La demande de compétences numériques avancées, comme le codage et la programmation, est néanmoins plus faible, car ces compétences sont principalement associées à des métiers technologiques hautement qualifiés. En Île-de-France, presque la moitié des emplois (47%) exigent des compétences numériques fondamentales, et près d'un tiers des emplois franciliens nécessitent des compétences numériques avancées, situant la Région au-dessus de la moyenne nationale (respectivement 33% et 22% (Graphique 3.3).

**Graphique 3.3. En Île-de-France, près de la moitié des emplois requiert des compétences numériques fondamentales et plus d'un emploi sur quatre requiert des compétences numériques avancées**

Panel A. Part d'offres d'emploi qui requièrent des compétences numériques fondamentales, 2022

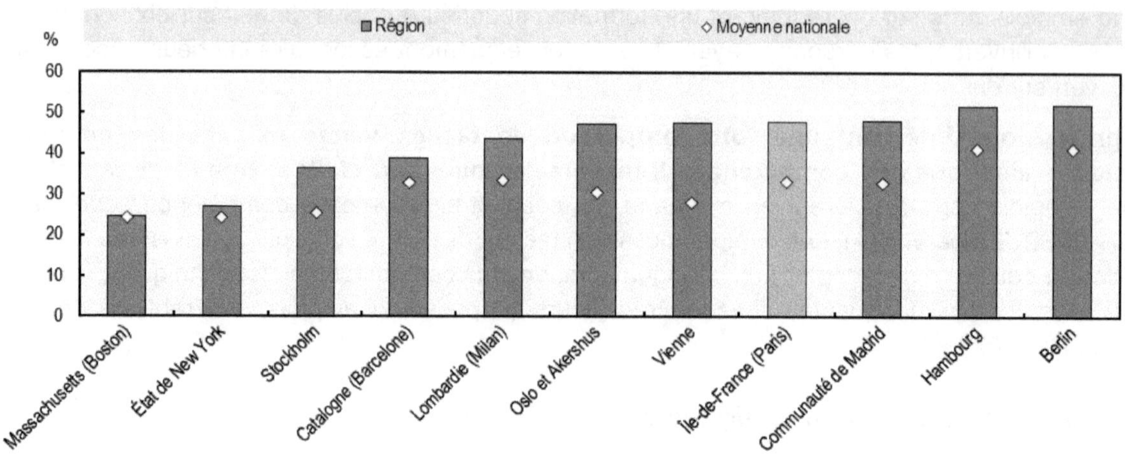


Panel B. Part d'offres d'emploi qui requièrent des compétences numériques avancées, 2022

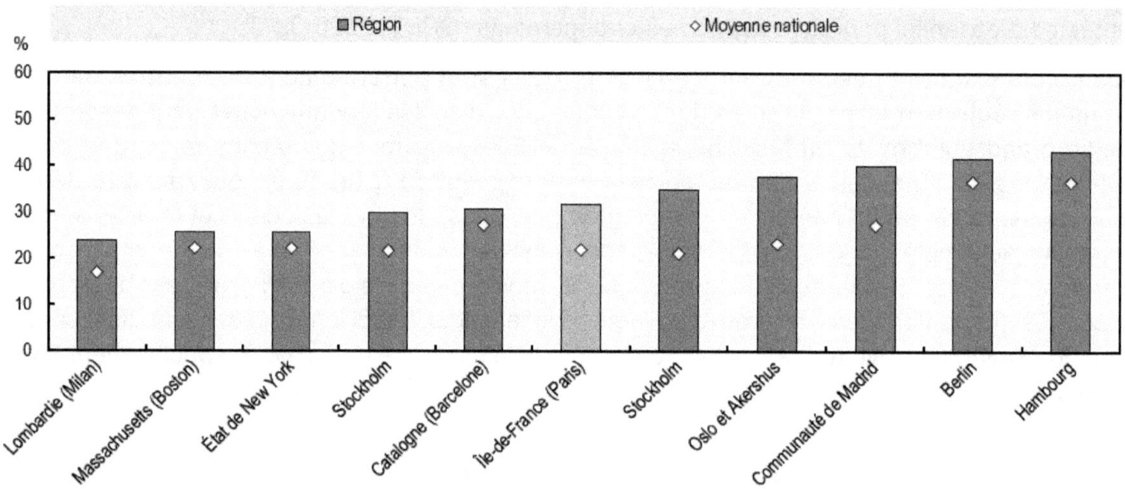


Note : Les données utilisées sont au niveau régionale TL2/NUTS2. Cette figure montre la demande des employeurs en matière de compétences numériques en tant que part des offres d'emploi en ligne qui requièrent au moins une compétence numérique de base (avancée). Les compétences numériques de base comprennent les outils bureautiques (par exemple Microsoft Office), les outils de communication (par exemple Outlook ou Slack) et les connaissances générales en informatique. Les compétences numériques avancées vont au-delà des compétences numériques de base et nécessitent une formation plus spécifique. Il s'agit notamment des outils de veille stratégique (par exemple SAP ou Salesforce), des langages de programmation (par exemple Java ou Python), des compétences en statistiques et en intelligence artificielle (par exemple l'analyse de régression).
Source : Calculs de l'OCDE sur les données Lightcast.

**La main d'œuvre francilienne est qualifiée pour les métiers du numérique**. En Île-de-France, huit travailleurs sur dix ont des compétences numériques fondamentales, valeur qui situe la région au-dessus de la moyenne française (74,5%) mais en dessous des Régions de Londres (96 %), Copenhague (90%) Dublin (89%), Stockholm et Manchester (toutes deux à 87%), et Glasgow (8 ?) (Graphique 3.4).

Graphique 3.4. En Île-de-France, huit travailleurs sur dix disposent des compétences numériques fondamentales

Part de la population âgé de 16 à 74 ans ayant des compétences digitales de base, (%), 2022

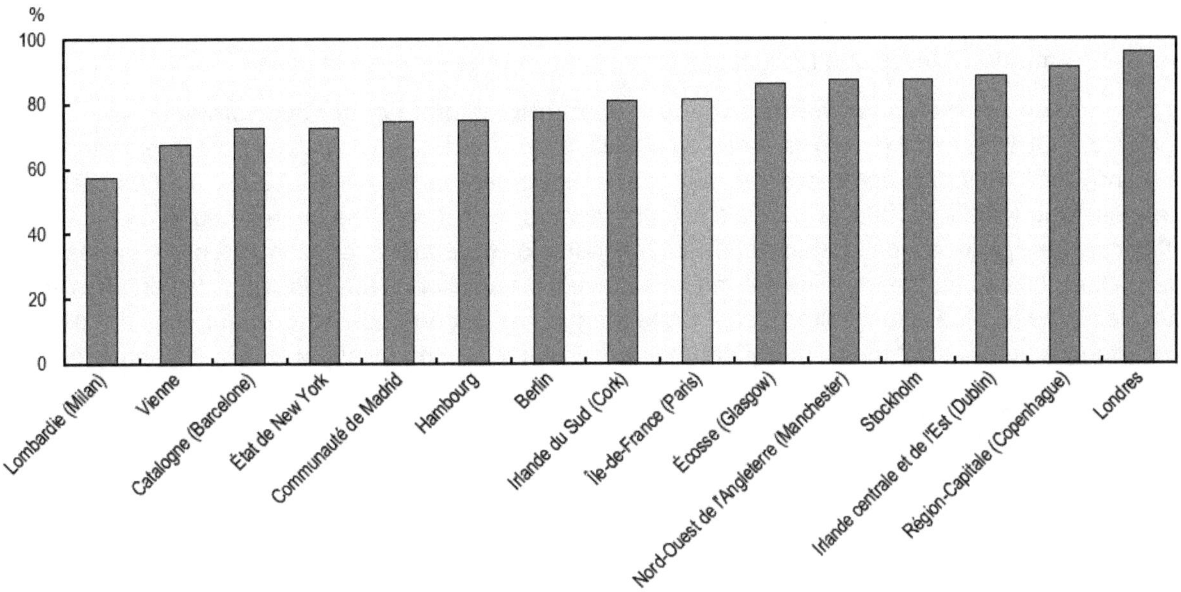


Note : Les données utilisées sont au niveau régionale TL2/NUTS2.
Source : (OCDE, 2024[8])

**Environ 30 % des Américains et 42 % des Européens ne disposent pas de compétences numériques fondamentales.** L'absence de compétences numériques fondamentales pour certaines personnes crée des tensions sur le marché du travail et accentue les inégalités entre ceux qui ont la possibilité d'accéder aux technologies numériques et ceux qui ne l'ont pas (National Skills Coalition, 2023[9] ; European Commission, 2022[10]). En effet, les compétences numériques de base sont souvent un prérequis indispensable, alors que la demande de compétences numériques avancées se limite pour l'instant à certains secteurs et professions.

**Un écart de genre existe dans les emplois nécessitant des compétences numériques fondamentales et avancées**. En Europe, la part d'hommes avec des compétences numériques fondamentales est en moyenne de 3 points de pourcentage supérieure à celle des femmes (parmi la population en âge de travailler). Ce faible écart n'empêche pas une sous-représentation des femmes dans les professions spécialistes du digital en Europe (6,5 % des emplois pour les hommes contre 1,4 % pour les femmes en moyenne). Des disparités importantes entre le nombre d'hommes et de femmes diplômés en STEM (sciences, technologies, ingénierie et mathématiques) explique cet écart.

### *La pénurie de compétence vertes et digitales adaptées freine l'innovation et compromet la réussite de la double transition*

**Les transitions vertes et numériques sont étroitement liées, comme en témoigne la convergence des pénuries de compétences dans ces deux domaines**. L'analyse de la demande en compétences vertes suggère que les transitions numérique et verte ont souvent un impact simultané. En Europe, plus de 80 % des entreprises font état d'une pénurie de compétences, en particulier de compétences vertes et numériques (EIB, 2023[11]). Dans les régions où les tensions sur le marché du travail pour les emplois exigeant des compétences vertes sont 10% au-dessus de la moyenne régionale, les tensions pour les emplois exigeant des compétences digitales dépassent 18 % (OECD, 2024[12]). Cette relation positive est probablement due au fait que les transitions verte et numérique - et les profils d'emploi qui leur sont associés - se complètent : l'innovation et la mise en œuvre des technologies vertes nécessitent souvent une infrastructure digitale adéquate et une main-d'œuvre qualifiée dans le domaine numérique. Par exemple, les technologies numériques, telles que les compteurs "intelligents", peuvent contribuer à rendre les processus industriels plus efficaces sur le plan énergétique, y compris dans les industries à forte intensité d'émissions, telles que les industries du ciment, de l'acier et de la chimie.

**Le manque de compétences vertes engendre de multiples défis pour l'économie**. Dans plus de neuf régions de l'OCDE sur dix (91 %), la part d'emploi vacants dans les emplois verts est largement au-dessus de la moyenne régionale de postes vacants, tout emplois confondus (OCDE, 2024[13]). Les secteurs des énergies renouvelables, des services environnementaux, de l'industrie manufacturière ou encore de l'efficacité énergétique sont particulièrement exposés aux pénuries de compétences vertes (OCDE, 2023[14]). Au niveau européen, l'Île-de-France fait face à de plus fortes tensions dans les emplois verts que dans les Régions de Stockholm, Oslo, Copenhague ou encore Londres, néanmoins la pénurie de compétences vertes y est moins marquée que dans les Régions de Milan ou Dublin (Graphique 3.5).

### Graphique 3.5. Les tensions sur le marché du travail sont généralement plus marquées pour les emplois exigeant des compétences vertes que la moyenne régionale

Proportion de postes vacants par personne employée dans les emplois nécessitant des compétences vertes par rapport à la moyenne régionale (%), 2022

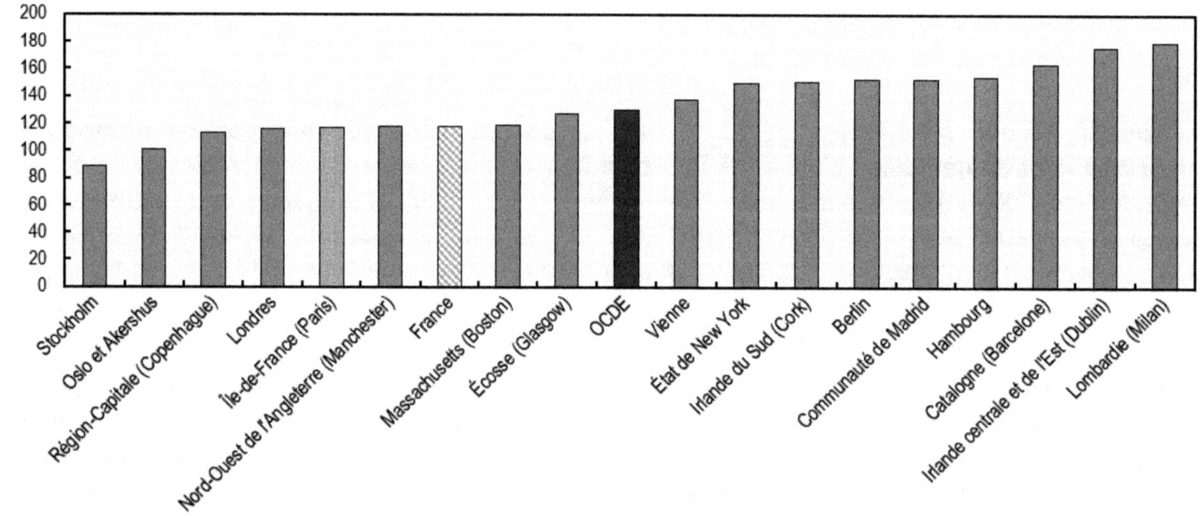


Note: Les données utilisées sont au niveau régionale TL2/NUTS2. Le taux de tension est calculé comme la proportion de postes vacants par personne employée dans une profession donnée. Les chiffres du graphique se réfèrent aux pénuries de main-d'œuvre dans les emplois nécessitant des compétences vertes par rapport à la moyenne régionale des pénuries. Les valeurs supérieures à 100 indiquent que les emplois nécessitant des compétences vertes connaissent des pénuries plus importantes que la moyenne régionale. Les données sont au niveau TL2 et se réfèrent à la région ou à l'État dans lequel la ville est située. Le nombre d'offres d'emploi provient des offres d'emploi en ligne collectées par Lightcast, tandis que les données sur l'emploi sont tirées d'enquêtes sur la main-d'œuvre et de statistiques nationales.
Source: OCDE Twin Transition Tracker https://www.oecd.org/en/data/dashboards/twin-transition-tracker-assessing-regional-resilience.html

**Dans 95 % des régions de l'OCDE, les pénuries de main-d'œuvre dans les secteurs des technologies de l'information et de la communication sont plus importantes que dans les autres secteurs**. Dans ces régions, les tensions sur le marché du travail sont en moyenne deux fois plus marquées dans le secteur des technologies de l'information et de l'information que dans les autres secteurs (OCDE, 2024[13]). En Europe, la proportion d'entreprises confrontées à des difficultés de recrutement pour des postes nécessitant des compétences digitales a doublé au cours de la dernière décennie (Eurostat, 2022[15]). Ces difficultés de recrutement s'expliquent principalement par une pénurie de candidats et un manque de compétences et de qualifications adaptées.

**La Région Île-de-France, les pénuries de compétences sont 25% plus élevées dans les professions qui requièrent des compétences digitales que dans les autres professions de la région**. Pourtant, au niveau international, le taux de tension en compétences digitales en Région Île-de-France est l'un des plus bas. Par exemple, dans les Régions de Madrid et Barcelone, la part de postes vacants dans les professions qui requièrent des compétences digitales est plus de deux fois et demie plus élevée que leurs moyennes régionales, toutes professions confondues (Graphique 3.6). À l'échelle de Paris, les trois métiers avec le plus de difficultés de recrutement requièrent des compétences numériques moyenne ou avancées.[2] La rareté des "talents" numériques pourrait être le signe d'une forte inadéquation des compétences, résultat d'une transformation structurelle du marché du travail qui ne s'est pas encore accompagnée des changements nécessaires dans les systèmes d'éducation et de formation.

### Graphique 3.6. En Île-de-France, la pénurie des compétences digitales est moins marquée que dans d'autres régions métropolitaines européennes et américaines

Proportion de postes vacants par personne employée dans les emplois nécessitant des compétences digitales par rapport à la moyenne régionale (%), 2022

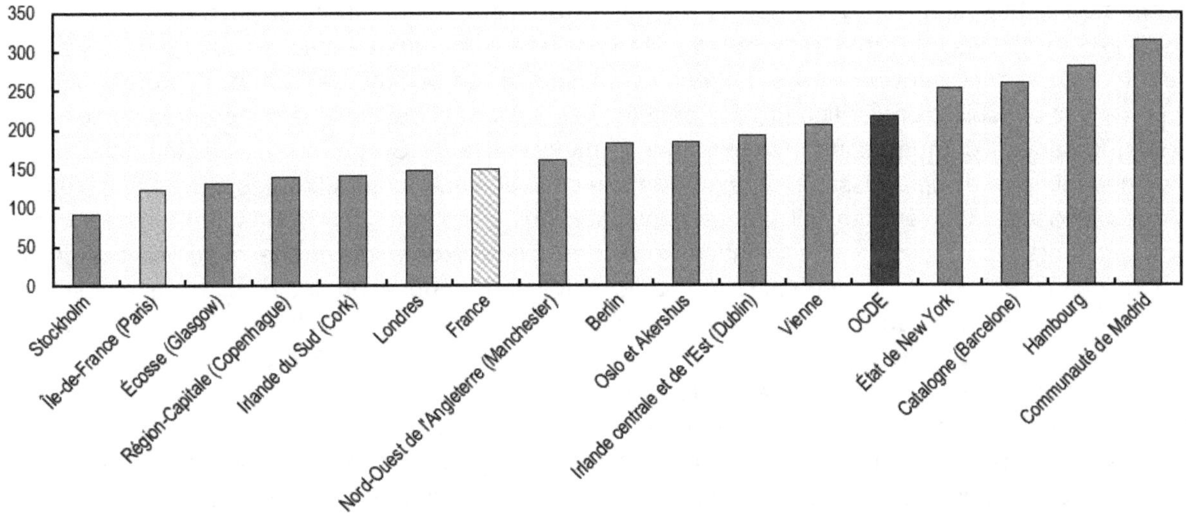


Note: Les données utilisées sont au niveau régionale TL2/NUTS2. Le taux de tension est calculé comme la proportion de postes vacants par personne employée dans une profession donnée. Les chiffres du graphique se réfèrent aux pénuries de main-d'œuvre dans les emplois nécessitant des compétences digitales par rapport à la moyenne régionale des pénuries. Les valeurs supérieures à 100 indiquent que les emplois nécessitant des compétences digitales connaissent des pénuries plus importantes que la moyenne régionale. Les données sont au niveau TL2 et se réfèrent à la région ou à l'État dans lequel la ville est située. Le nombre d'offres d'emploi provient des offres d'emploi en ligne collectées par Lightcast, tandis que les données sur l'emploi sont tirées d'enquêtes sur la main-d'œuvre et de statistiques nationales.
Source: OCDE Twin Transition Tracker https://www.oecd.org/en/data/dashboards/twin-transition-tracker-assessing-regional-resilience.html

## Les villes et régions de l'OCDE développent des programmes prometteurs pour attirer et former les publics vulnérables vers les métiers verts et numériques

**La constitution d'une main-d'œuvre qualifiée, en particulier dans les professions appelées à se développer ou à connaître des pénuries, est nécessaire pour assurer la double transition verte et numérique**. Les zones métropolitaines de l'OCDE sont confrontées à des pénuries de main d'œuvre dans plusieurs secteurs qui ont un impact sur la croissance et le développement économique. Pour répondre à la demande croissante en compétences vertes et digitales et atténuer les pénuries potentielles, il est essentiel de doter la main d'œuvre et les générations futures des compétences recherchées par les employeurs (OCDE, 2023[14]). En particulier, l'accompagnement des publics éloignés du marché du travail dans le développement de nouvelles compétences est essentiel pour éviter que l'inadéquation des compétences ne devienne un obstacle à la croissance et à la productivité (OCDE, 2024[16]).

**Les femmes, les travailleurs âgés et ceux avec un faible niveau d'éducation sont largement sous-représentés dans les emplois verts et numériques**. Les secteurs dans lesquels les hommes sont traditionnellement sur-représentés, comme par exemple les métiers de la construction, de la rénovation énergétique et du numérique, peuvent offrir des opportunités professionnelles aux groupes sous-représentés dans le cadre de la transition verte. Le développement d'un ensemble de compétences, liées aux transitions actuelles et futures, mais aussi les compétences transversales ou « soft skills », sera nécessaire pour permettre à ces travailleurs de s'adapter aux changements du marché du travail, (OCDE, 2023[3]).

## *Plusieurs actions locales peuvent contribuer à réduire la pénurie de compétences vertes et digitales*

### *Sensibiliser et adapter l'orientation professionnelle vers les métiers verts et du numériques*

**La sensibilisation aux métiers verts et du numérique sur l'ensemble du parcours éducatif peut ouvrir aux étudiants de nouvelles opportunités professionnelles.** La mise en œuvre de collaboration avec des entreprises peut permettre aux écoles, universités et centres de formation professionnelle de proposer des conseils d'orientation professionnelle, des ateliers et des séminaires centrés sur les emplois verts et le secteur du numérique. Par exemple, la municipalité de Sønderborg, au Danemark, a mis en place une initiative d'apprentissage appelée "Maison de la science" pour attirer les élèves et les étudiants vers les sciences, tout en sensibilisant la population aux questions climatiques, à l'innovation et à la durabilité (Larsen, 2018[17]). Cette initiative se déploie en collaboration étroite avec les entreprises et acteurs locaux, encourageant une approche participative dans l'éducation des plus jeunes à la science et aux objectifs de développement durable. Les salons de l'emploi, les stages et les programmes de mentorat peuvent également contribuer à accroître l'intérêt pour les carrières vertes. Par exemple, *Relay Education* au Canada mène des activités de sensibilisation et des ateliers d'orientation professionnelle dans les écoles et offre des possibilités de formation adressées aux communautés sous-représentés (Encadré 3.2). La Ville de Paris pourrait s'inspirer de ces exemples pour élargir les activités proposées par *l'Académie du Climat* et développer des nouveaux partenariats avec un plus grand nombre d'acteurs, y compris les employeurs

**Encadré 3.2. Relay Education : des programmes innovants pour promouvoir les carrières vertes au Canada**

*Relay Education* est une organisation caritative canadienne dédiée à l'éducation sur les énergies renouvelables, la conservation et les carrières vertes. Elle propose des programmes interactifs pour les élèves du primaire et du secondaire, incluant des ateliers pratiques sur l'énergie éolienne, solaire et le biogaz, visant à stimuler l'intérêt pour les sciences et la durabilité.

En partenariats avec les entreprises locales, *Relay Education* offre aux élèves du secondaire des ateliers d'exploration de carrières dans le domaine du développement durable, aidant les étudiants à aligner leurs compétences et intérêts avec les opportunités existantes dans les métiers verts. L'organisation collabore également avec les communautés autochtones pour co-développer des programmes éducatifs adaptés, et renforcer ainsi les compétences locales en matière d'énergie renouvelable.

De plus, l'organisation offre des formations professionnelles, telles que l'*Académie des compétences vertes*, visant à doter les participants des compétences requises dans le secteur des énergies durables. Ces formations sont destinées principalement aux jeunes adultes et aux personnes en reconversion.

Source : https://relayeducation.com/

**L'orientation professionnelle des adultes peut être un outil de sensibilisation aux nouvelles compétences et professions qui émergent dans le cadre de l'économie verte et numérique**. Le manque d'information – et non l'absence d'une offre adéquate - sur les formations appropriées aux besoins des adultes est souvent évoquée comme l'une des raisons pour lesquelles ils ne se forment pas. Les services d'orientation professionnelle sont un levier pour accompagner les travailleurs à mieux naviguer parmi l'offre de cours et choisir celle qui leur permettra d'augmenter leur employabilité. En moyenne dans les pays de l'OCDE, 40 % des adultes ont échangé avec un conseiller d'orientation professionnelle au cours des cinq dernières années, mais la participation aux activités d'orientation professionnelle diffère toutefois selon les travailleurs : elle est notamment est plus faible chez les travailleurs âgés, les habitants des zones rurales et les travailleurs avec un faible niveau d'éducation (OCDE, 2021[18]). La prise en compte de la double transition et de ses enjeux dans l'orientation professionnelle pourrait permettre de sensibiliser et orienter les travailleurs et les demandeurs d'emploi vers des formations appropriées.

### *Anticiper les besoins des entreprises et identifier les pénuries de compétences*

**La prise en compte des futurs besoins liés à la double transition dans l'évolution de l'offre de formation pourrait permettre d'éviter les pénuries de compétences.** L'ajustement des offres de formation n'étant pas immédiat, l'inadéquation de compétences risque de générer à moyen terme un nombre important de postes vacants (pénuries de compétences) et un ralentissement de la productivité du fait d'une adoption moindre des nouvelles technologies. L'analyse des données disponibles sur le marché du travail pourrait permettre aux autorités locales et nationales d'anticiper les besoins de compétences et d'adapter les systèmes d'éducation et de formation des adultes avant que les situations de pénuries n'adviennent. En particulier, l'identification des futures professions en tension et des nouveaux métiers liés à la transition verte seraient des indicateurs utiles pour ajuster et compléter l'offre de formations existantes selon les évolutions à venir sur le marché du travail. La construction des cursus proposés pourrait s'appuyer également sur l'analyse des tâches professionnelles et des évolutions induites par la double transition, pour garantir la bonne adéquation entre les compétences développées et les besoins du marché.

**Une cartographie des compétences serait utile pour identifier les besoins de main d'œuvre dans différents secteurs, et valoriser les compétences existantes.** En s'appuyant sur la collaboration entre agences publiques, associations sectorielles, et établissements d'enseignement et de formation, la réalisation d'une cartographie de compétences permettrait de définir clairement les besoins en compétences et les potentiels parcours de carrières qui peuvent être envisagés par les travailleurs. Cet outil est utile pour faciliter l'accès des employeurs à une main-d'œuvre qualifiée et encourager la reconversion des travailleurs. En Australie, par exemple, la cartographie des compétences développée par la Région de Gippsland en collaboration avec les entreprises et les centres de formation a permis de recenser les projets d'énergies renouvelables en cours dans la Région, et les compétences existantes et requises pour ce projet. Cet outil a nourri la conception de dispositifs de formation pensés spécifiquement pour préparer la main-d'œuvre aux besoins du secteur. En France, une cartographie des métiers a été réalisée en amont des Jeux Olympiques et Paralympiques de 2024 pour identifier les besoins en compétences spécifiques à l'organisation des Jeux et anticiper les besoins en formation. Cette analyse a directement contribué au succès des JOP tout en favorisant l'insertion professionnelle des publics spécifiques. Un travail similaire pourrait être effectué pour les métiers verts et du numérique afin d'identifier les compétences disponibles et les besoins des entreprises, et de développer des actions ciblées. Ce travail pourrait s'appuyer sur l'exploitation des données de *l'Enquête Besoins en Main-d'œuvre* et la mise en place d'un partenariat avec France Travail.

### Encadré 3.3. Identification des besoins en main d'œuvre et des pénuries dans la Région de Gippsland, Australie

Dans la Région de Gippsland (Victoria, Australie), le *Gippsland Regional Skills Network* (GRSN) a été mis en place par la Federation University et formalisé par un partenariat avec TAFE Gippsland (un centre de formation professionnelle), afin de fournir un forum d'échange et de communication entre les établissements d'enseignement supérieur de la région et les principaux acteurs de l'industrie. Le GRSN est un organe consultatif qui vise à améliorer les résultats en matière d'éducation et d'emploi dans la région grâce à des partenariats plus étroits entre l'industrie et le secteur éducatif, stimuler les collaborations en recherche pour favoriser l'innovation et enrichir l'offre de formation dans la Région de Gippsland.

Par ailleurs, ce réseau facilite la sensibilisation aux parcours de formation et renforce les opportunités de stages pour les étudiants, leur permettant d'acquérir une expérience professionnelle en lien avec l'enseignement professionnel et supérieur, en vue de mieux les préparer à leurs futures carrières. Le GRSN soutient cinq secteurs industriels clés : la santé, l'énergie, l'agroalimentaire et les fibres naturelles, le secteur public et la fabrication.

Le Comité consultatif de l'industrie de l'énergie (Energy Industry Advisory Committee) a joué un rôle déterminant dans l'élaboration et la mise en œuvre des recommandations issues du rapport sur la cartographie des compétences dans le secteur de l'énergie à Gippsland, qui évalue les besoins en compétences dans ce secteur au niveau régional. Le rapport identifie les compétences existantes, les pénuries de main-d'œuvre qualifiée et les besoins en formation dans les domaines de l'énergie renouvelable et de la transition énergétique, et propose des recommandations pour combler les lacunes en compétences afin de mieux préparer la région à la transition vers des sources d'énergie plus durables.

Depuis la publication du rapport, plusieurs résultats concrets ont été obtenus, notamment : i) un financement pour la création d'un Centre des énergies propres sur le campus de Morwell de TAFE Gippsland, un établissement destiné à offrir des formations pour la reconversion et la montée en compétences des travailleurs en lien avec les emplois futurs dans le secteur de l'énergie propre ; et ii) la création du Centre de formation aux énergies renouvelables Asie-Pacifique (APRETC) sur le campus de Gippsland de Federation University.

Source : Victoria Governmen, (2024[19]), Community Power Agency (2023[20]), TAFE Gippsland (2023[21]).

*Faciliter la requalification de compétences et les évolutions professionnelles*

**La requalification et l'amélioration des compétences sont des leviers pour accompagner les travailleurs des secteurs en transition**. Ces initiatives devraient privilégier la flexibilité afin de réduire les obstacles à la participation pour les apprenants qui ont des contraintes professionnelles ou familiales. La mise en place de partenariats avec des établissements d'enseignement et des employeurs permettrait également de garantir la pertinence et la qualité des formations proposées. La mobilisation d'organismes consultatifs sectoriels, sur le modèle des comités professionnels sectoriels au Danemark, ou les Forums régionaux des compétences (*Regional Skills Fora*) en Irlande, peut jouer un rôle clé pour aligner le contenu des programmes de formation aux besoins spécifiques de chaque secteur. Une autre approche consiste à faire appel à des prestataires de formation tiers qui collaborent avec les employeurs pour proposer des formations qualifiantes favorisant la progression professionnelle des travailleurs.

**L'analyse détaillée des compétences existantes dans les parcours de requalification et de reconversion peut également faciliter une transition plus efficace des travailleurs vers les professions vertes**. La réalisation d'un « passeport pour l'emploi » tel que celui réalisé dans le cadre de l'initiative *Passport4Work* à Eindhoven (Pays-Bas) pourrait aider les demandeurs d'emploi parisiens à mettre en valeur l'ensemble de leurs compétences tout en fournissant des informations plus précises sur leur besoin en formation aux conseillers référents. L'approche adoptée dans le cadre de l'initiative *Career Causeways* de Nesta (Royaume-Uni) permet d'identifier les métiers alternatifs qui nécessitent des compétences proches de celles déjà possédées par la personne. Elle permet d'anticiper les risques liés à la suppression des postes et par conséquent de limiter les périodes de chômage (Encadré 3.4).

### Encadré 3.4. Faciliter la requalification et les transitions professionnelles

**Career Causeways de Nesta, Royaume-Uni**

L'initiative *Career Causeways* développée par Nesta, une fondation basée au Royaume-Uni, accompagne les travailleurs dont les emplois sont menacés par l'automatisation et les transformations du marché du travail en identifiant des parcours professionnels alternatifs. L'approche méthodologique de ce projet repose sur la science des données, le *machine learning* et l'intelligence artificielle pour cartographier les similitudes entre près de 1 600 professions, principalement au Royaume-Uni, en France, en Allemagne et en Italie. En analysant les compétences et activités associées à chaque métier, cette cartographie met en évidence les emplois dont les compétences et les activités professionnelles se recoupent, facilitant ainsi les transitions professionnelles. Le projet analyse également les caractéristiques démographiques et la localisation géographique des travailleurs concernés pour anticiper l'impact des transitions selon les contextes spécifiques.

En mettant en évidence des métiers alternatifs qui nécessitent des compétences proches tout en offrant un niveau de rémunération et de stabilité de l'emploi comparables, ce projet permet d'orienter les travailleurs vers de nouvelles opportunités professionnelles et de mieux faire face aux risques de suppression d'emploi. *Career Causeways* permet également d'identifier les travailleurs dont les compétences sont difficilement transférables à d'autres secteurs et qui, par conséquent, nécessiteraient un accompagnement spécifique dans leur processus de reconversion. Pour garantir des recommandations concrètes et adaptées aux réalités locales, Nesta collabore avec des organismes de formation, des services publics de l'emploi, des syndicats et des décideurs politiques.

**Passport4Work à Eindhoven, Pays-Bas**

L'initiative *Passport4Work* développée à Eindhoven, aux Pays-Bas, entend améliorer l'adéquation entre les compétences des demandeurs d'emploi et les attentes des employeurs grâce au développement d'un passeport de compétences intersectoriel. Cette initiative repose sur une approche novatrice permettant aux travailleurs d'évaluer, développer et valoriser leurs compétences à travers une expérience interactive. Ce passeport centralise les informations professionnelles des travailleurs et facilite leur orientation, en leur permettant par exemple d'indiquer leurs compétences techniques et comportementales, dépassant la simple évocation de leur niveau de diplôme.

L'un des aspects les plus innovants de *Passport4Work* est son format basé sur la gamification, développant une approche plus ludique et interactive de la valorisation et de l'évaluation de compétences. Ce format permet aux demandeurs d'emploi d'acquérir progressivement les compétences nécessaires pour accéder à de nouvelles opportunités professionnelles, tout en rendant l'apprentissage plus engageant. Grâce à ce système, chaque individu construit son "Passeport pour l'emploi", qui centralise toutes les informations liées à son développement professionnel.

À travers un langage commun et standardisé des compétences, cette initiative permet une meilleure structuration des programmes de formation et facilite la mise en relation entre travailleurs et employeurs en aidant ces derniers à identifier les candidats en fonction de leurs compétences réelles, plutôt que de se limiter aux diplômes et expériences professionnelles.

Source : (Nesta, 2020[22]) (Nesta, 2020[23]) (Passport for Work, s.d.[24]) (The Innovation in Politics Institute, s.d.[25]) (Lievens, 2020[26])

**La formation sur le lieu de travail peut faciliter l'évolution de carrière vers les métiers verts.** La formation sur le lieu de travail – financée en France par les OPCO - permet d'acquérir une expérience, de développer des compétences concrètes, mais aussi de minimiser le temps et les ressources financières que les travailleurs consacrent à la formation externe. En s'appuyant sur leur propre connaissance des besoins en main d'œuvre, les employeurs peuvent orienter le contenu des programmes de formation, y compris vers les carrières vertes. La *Low Carbon Academy* au Royaume-Uni, par exemple, propose des cours aux entreprises qui souhaitent former leurs employés dans des secteurs comme la rénovation énergétique. La ville de Copenhague au Danemark a aussi développé des stratégies visant à développer les compétences vertes de sa main d'œuvre (Encadré 3.5). Ces exemples montrent l'importance de partenariats solides avec les employeurs pour renforcer le système de compétences. Actuellement, la Ville de Paris engage les employeurs de manière efficace grâce aux *Pactes Parisiens pour l'Emploi*. Ce dialogue pourrait être poursuivi en développant une stratégie employeurs déclinable selon les différents secteurs économiques, y compris ceux qui contribuent à une transition verte et numérique plus inclusive (Chapitre 4).

**Encadré 3.5 Former les travailleurs aux métiers verts**

**The Low Carbon Academy, Manchester (Royaume-Uni)**

Créée en 2013 dans la Région du Grand Manchester, la *Low Carbon Academy* forme des travailleurs aux métiers de la rénovation énergétique en proposant des formations financées par des fonds publics. Implantée dans le Nord-Ouest de l'Angleterre, une Région marquée par la désindustrialisation, elle répond à la forte demande en main-d'œuvre qualifiée pour la transition écologique du secteur du bâtiment.

L'Académie facilite les transitions vers les emplois verts en adoptant plusieurs actions. Elle mène des actions de sensibilisation, notamment à travers des ateliers et des séminaires, pour informer les travailleurs sur les opportunités et aider les entreprises à identifier les formations disponibles. Elle mise également sur la valorisation des compétences existantes, en formant les travailleurs du bâtiment pour leur permettre d'obtenir des certifications en rénovation énergétique. L'Académie propose aussi des programmes accélérés et des boot camps, offrant aux participants un entretien garanti avec un employeur local à l'issue du parcours. Enfin, elle intègre les apprentissages en situation de travail, qui incluent des modules pratiques et en collaborant avec les entreprises pour certifier et requalifier leurs employés. Ces dernières peuvent également accéder à des financements pour couvrir les coûts de formation.

En structurant ses formations selon les objectifs gouvernementaux en rénovation énergétique, la *Low Carbon Academy* favorise l'insertion professionnelle tout en répondant aux exigences de la transition écologique. Son approche pratique et accessible en fait un modèle efficace pour former rapidement des travailleurs et répondre aux besoins du marché de l'emploi vert.

**Combler les lacunes en matière de compétences vertes à Copenhague (Danemark)**

Pour soutenir la croissance et le développement durables, la ville de Copenhague a collaboré avec un panel d'acteurs locaux et régionaux pour élaborer une stratégie ambitieuse visant à combler les pénuries de compétences vertes. Cette stratégie comprend plusieurs initiatives structurées autour de trois axes :

1. **La demande de main-d'œuvre qualifiée et non qualifiée hautement spécialisée**. Ces initiatives visent à : identifier les possibilités de carrières vertes offertes par les établissements d'enseignement professionnel pour attirer les jeunes ; améliorer l'orientation professionnelle sur "l'éducation verte" pour les jeunes ; augmenter la participation des femmes dans les professions concernées ; et soutenir les entreprises dans la requalification de leurs employés.
2. **La demande de nouvelles compétences vertes.** Ces initiatives visent à développer des cours de perfectionnement écologiques ; collaborer avec des entreprises pour proposer des stages écologiques aux chômeurs ; orienter les chômeurs vers des cours de perfectionnement et des stages écologiques.
3. **La demande dans l'économie de l'expérience verte.** Ces initiatives visent à encourager la reconversion et l'amélioration des compétences des travailleurs licenciés pendant la crise COVID-19, centrées par exemple sur la cuisine verte, la réduction des déchets alimentaires et la redéfinition de l'image de marque de l'industrie pour accroître son attractivité auprès des jeunes.

Source :https://gmgreencity.com/retrofitting-skills-achieve-net-zero-future-greater-manchester/ ; Clean Energy Workforce Development and Training - NYSERDA (Développement de la main-d'œuvre et formation en matière d'énergie propre) ; (OCDE, s.d.[27])

## L'essor rapide de l'intelligence artificielle pourrait transformer significativement le marché de l'emploi

**L'ampleur et la facilité d'accès aux technologies d'IA générative suggèrent qu'elles auront un impact plus étendu sur le marché du travail que les précédentes vagues d'IA**. Contrairement aux générations précédentes d'IA et des autres technologies d'automatisation, souvent conçues afin d'exécuter des tâches spécifiques, l'IA générative a la capacité de générer du contenu dans une multitude de contextes, sujets et formats, comme le texte mais également la parole, les images et la vidéo. Cela lui confère un champ d'application et des objectifs plus larges que les technologies d'automatisation précédentes. En outre, son utilisation peut aller au-delà des intentions initiales de ses créateurs, ce qui élargit considérablement le champ des tâches dans lesquelles elle excelle. Par conséquent, de nombreuses industries et professions peuvent tirer parti de son potentiel (OCDE, 2024[13]).

**La plupart des professions seront impactées par l'IA générative, mais leur degré d'exposition à cette technologie varie considérablement d'un domaine à l'autre**. Lorsqu'elles sont utilisées pour améliorer ou soutenir le travail humain, les technologies d'IA génèrent des effets positifs, notamment pour la création d'emploi et la productivité du travail. Les travailleurs hautement qualifiés ayant des revenus élevés sont en moyenne plus exposés à l'IA, mais présentent également un fort potentiel de complémentarité à cette technologie (Pizzinelli, 2023[28]). Les professions qui requièrent un niveau élevé d'éducation et des compétences avancées sont mieux positionnées pour bénéficier des gains de productivité induits par l'IA tout en étant moins exposés aux risques de pertes d'emplois associés (Eloundou et al., 2023[29]). Une analyse récente classant les professions en fonction de leur potentiel d'augmentation ou de déplacement montre que davantage de professions pourraient être augmentées plutôt qu'automatisées par l'IA générative. Toutefois, il reste une part importante de professions pour lesquelles il existe à la fois un potentiel de déplacement et d'augmentation (Gmyrek, Berg et Bescond, 2023[30]). Si un replacement total par l'IA reste peu probable pour une majorité d'emplois, les professions les plus exposées partagent certaines caractéristiques, comme le fait de pouvoir être exercées à distance.

**L'Île-de-France est la région française la plus exposée à l'IA**. Au sein de l'OCDE, environ un travailleur sur quatre en moyenne est exposé à l'IA générative, c'est-à-dire que au moins 20 % de ses tâches professionnelles pourraient être accomplies deux fois plus rapidement avec l'aide de l'IA générative. En France, comme dans de nombreux pays de l'OCDE, notamment l'Italie, les États-Unis, l'Espagne, la Suède ou encore le Royaume Uni, la région où se situe la capitale est celle avec une exposition plus élevée à l'IA générative. L'Île-de-France, avec plus que 40% emplois exposés à l'IA, se place au-dessus des Régions de Londres (36%) et Madrid (37%) mais en dessous de celles de Berlin (44%), Stockholm (46%) et Bruxelles (48%) et du District de Columbia (Washington) (44%), (Graphique 3.7).

**Les régions avec un risque d'automatisation auparavant relativement faible sont les plus exposées à l'IA générative**. L'exposition à l'IA générative est plus importante dans les régions métropolitaines, pour les travailleurs hautement qualifiés et les femmes, alors que l'automatisation induite par les technologies précédentes a principalement touché les travailleurs peu qualifiés et les hommes (OECD, 2024[12]).

Graphique 3.7. En Île-de-France, plus de 4 travailleurs sur 10 sont exposés à l'IA générative

Part de l'emploi exposé à l'AI générative aujourd'hui, dernière année disponible

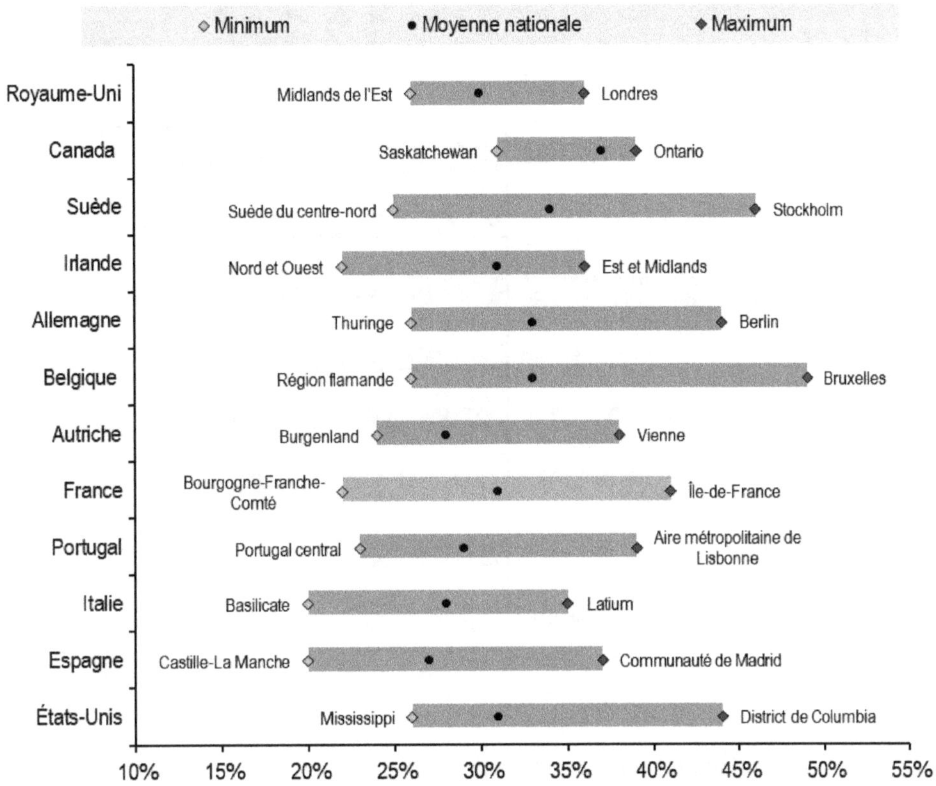


Note : Cette figure montre la part de l'emploi exposée à l'IA générative dans chaque région. L'exposition est définie au niveau de la profession, une profession étant considérée comme exposée à l'IA générative si au moins 20 % de ses tâches peuvent être accomplies deux fois plus rapidement avec l'aide de l'IA générative. Les moyennes de l'OCDE et des pays représentent la moyenne régionale pondérée.
Source : OCDE (2024), Création d'emplois et développement économique local : La géographie de l'IA

**L'exposition du marché du travail à l'IA générative dépend principalement de sa composition sectorielle.** Les secteurs de la construction, de l'hébergement et de l'agriculture – qui reposent sur une utilisation limitée des technologies de l'information et de la communication – ne semblent pas confrontés à des changements significatifs induits l'IA générative. Par exemple, dans les pays de l'Union Européenne seuls 5 % des travailleurs du secteur de l'agriculture sont fortement exposés à l'IA générative. À l'inverse, 71 % des travailleurs de l'industrie de l'information et de la communication sont exposés à l'IA générative, et 5% d'entre eux sont considérés comme très exposés, c'est-à-dire que la moitié de leurs tâches pourraient être considérablement accélérées par l'utilisation de l'IA générative. Dans le secteur de la finance et de l'assurance, la proportion de travailleurs très exposés pourrait être encore plus élevée à l'avenir, atteignant près de 97 %.

**Dans les secteurs de l'information et de la communication et dans les activités financières et d'assurance, presque sept emplois franciliens sur dix sont impactés par l'IA.** Ces deux secteurs, qui sont porteurs de l'économie régionale, sont les plus impactés par l'IA et comptent respectivement 265 000 et 225 000 emplois exposés. En outre, les secteurs du commerce de gros et de détail, transport, hébergement et restauration ; de l'administration publique, défense, éducation, santé humaine et action sociale ; et les activités spécialisées, scientifiques et techniques, activités de services administratifs et de soutien activités de services administratifs et de soutien comptent près d'1,5 million d'emplois exposés à l'IA, soit 60% de l'emploi total de la région.

## Graphique 3.8. En Île-de-France plus de deux millions d'emplois sont exposés à l'IA

Panel A. Part d'emplois exposés à l'IA par secteur, (%), 2023

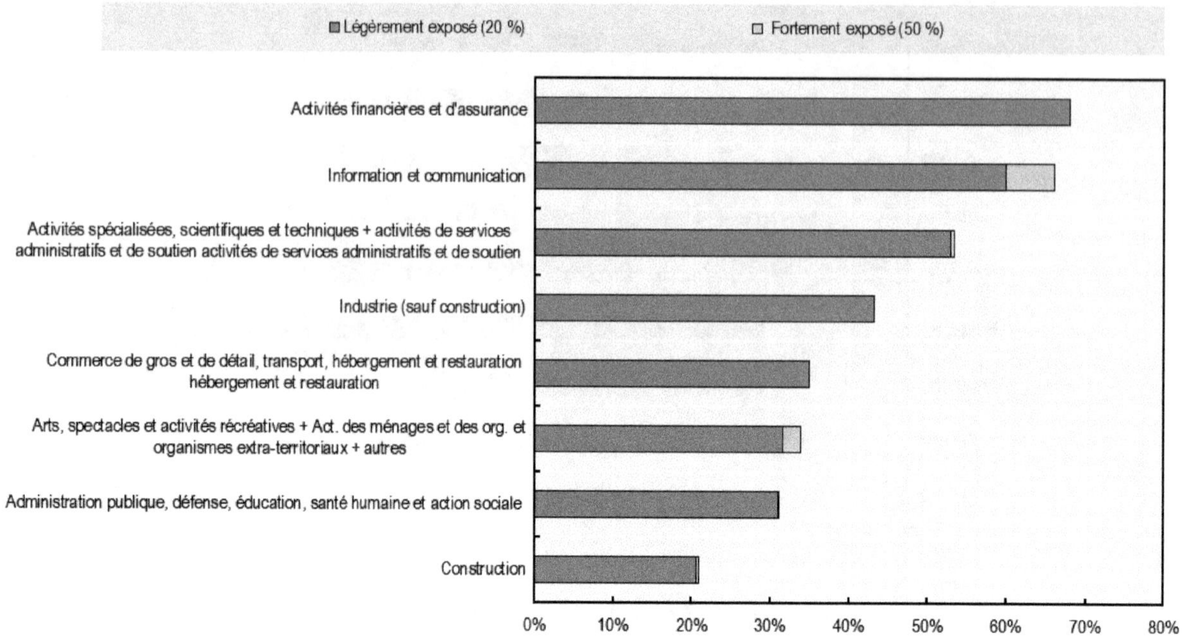


Panel B. Nombre d'effectifs exposés à l'IA par secteur, en milliers, 2023

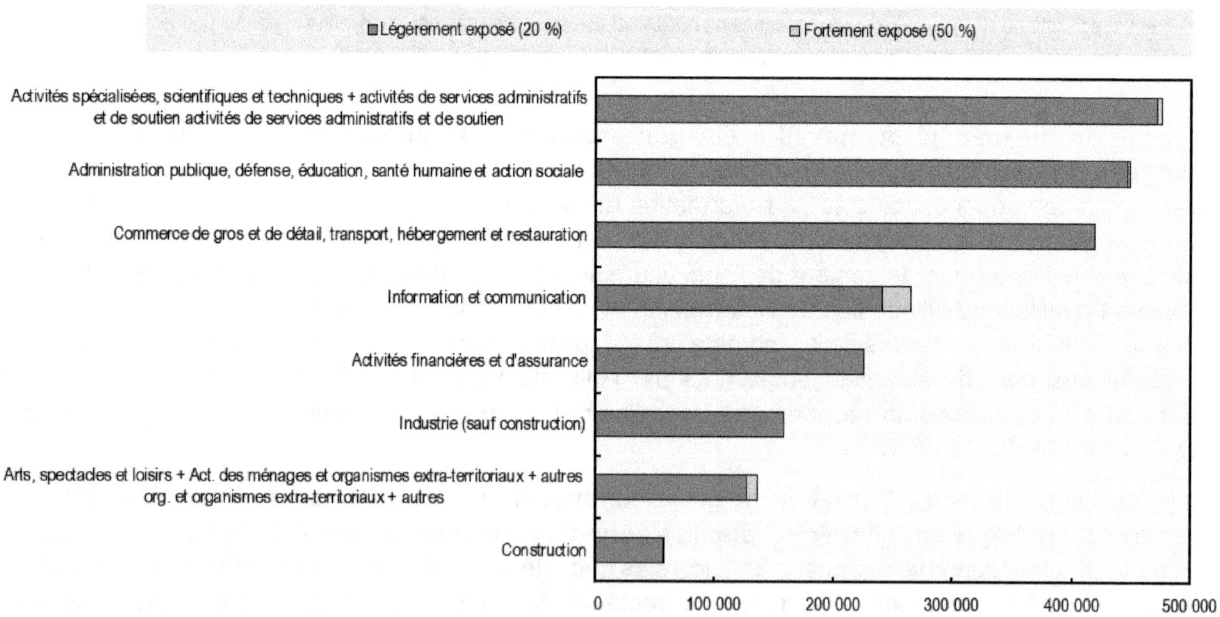


Note : Les graphiques indiquent la part d'emploi et le nombre d'effectifs légèrement exposés (20 % de tâches professionnelles pourraient être effectuées au moins 50 % plus rapidement avec l'aide de l'IA générative) et fortement exposés (50 % de tâches professionnelles pourraient être effectuées au moins 50 % plus rapidement avec l'aide de l'IA générative).

Source : (OECD, 2024[12])

**Encadré 3.6. Paris souhaite s'affirmer comme pôle européen dans le domaine de l'IA.**

La Ville de Paris est bien placée pour tirer pleinement parti de l'intelligence artificielle grâce à des travailleurs globalement hautement qualifiés, d'importantes infrastructures et une volonté affirmée d'occuper un rôle de premier plan dans le développement et la gouvernance de l'IA.

En février 2025, Paris a accueilli le *Sommet pour l'action sur l'IA*, réunissant des chefs d'État et de gouvernement, des dirigeants d'organisations internationales, des représentants de PME, du monde académique, d'ONG et de la société civile. Cet événement a marqué une étape décisive dans la structuration d'une gouvernance mondiale de l'IA, soulignant le rôle central de Paris dans ce domaine.

À la suite du sommet, VivaTech et le World Economic Forum (WEF) ont annoncé la création d'un *Centre européen d'excellence en intelligence artificielle* (CAIE) à Paris. Intégré au réseau mondial du Centre pour la Quatrième Révolution Industrielle (C4IR) du WEF, ce centre rassemblera des acteurs publics et privés pour développer des solutions d'IA adaptées aux spécificités européennes. Il aura pour mission de stimuler l'innovation et la croissance économique en Europe.

Par ailleurs, la Ville de Paris expérimente plusieurs usages de l'IA afin d'améliorer l'efficacité des services municipaux et faciliter le travail des agents publics. Parmi les initiatives en cours se trouvent le test de modèles d'IA pour la facilitation de certaines tâches administratives, telles que la recherche dans les bases de données municipales ou la pré-qualification des demandes des usagers (courriers, appels téléphoniques). Une formation en IA est également en cours de développement pour appuyer le *Plan local d'urbanisme bioclimatique* de la Ville. En ce qui concerne les dispositifs de la Ville de Paris, un parcours de formation pour devenir Développeur IA a été intégré dans le programme *ParisCode* : ce cursus, développé en partenariat avec Simplon, vise à former de jeunes Parisiens avec des bootcamps de 3 mois (soit 400 heures) suivis par des contrats d'apprentissage en entreprise pendant 16 mois.

La Métropole du Grand Paris joue également un rôle clé dans le développement du secteur de l'IA. Elle a adhéré au *Hub France IA*, faisant de la Métropole la première collectivité partenaire de cette association nationale dédiée à la promotion d'une IA éthique et responsable. Elle a également créé le *Club IA Métropolitain*, un espace de sensibilisation et d'échange réservé aux élus pour mieux comprendre les enjeux et opportunités de l'IA.

Source : https://cdn.paris.fr/paris/2024/07/15/catalogue-pariscode-24-25-w1TS.pdf

### *L'IA offre un levier pour atténuer l'inadéquation de compétences et favoriser l'inclusion sur le marché de l'emploi…*

**L'IA peut agir comme un niveleur de compétences, en augmentant les performances des travailleurs peu qualifiés**. Dans un article récent, Dell'Acqua et al.(2023 [16]) ont testé les effets de l'IA sur les performances dans le cadre de tâches complexes et à forte intensité de connaissances. Les participants dont les performances étaient médiocres lors de l'évaluation initiale ont connu la plus forte augmentation de leurs performances (43 %) lorsqu'ils ont pu utiliser l'IA. Les participants les plus performants ont également bénéficié d'une amélioration mais dans des proportions nettement moindres. Les régions qui peinent à attirer des travailleurs hautement qualifiés pourraient donc bénéficier de l'IA pour permettre à des travailleurs peu ou moyennement qualifiés d'occuper des postes qui étaient auparavant hors de leur portée.

**L'IA peut améliorer la participation des personnes handicapées, qui restent largement sous-représentées sur le marché du travail**. En 2019, les personnes handicapées dans les pays de l'OCDE étaient 2,3 fois plus susceptibles d'être au chômage que leurs homologues non handicapés, avec un taux d'emploi inférieur de 27 points de pourcentage (Touzet, 2023[31]). Équiper les lieux de travail d'outils d'IA et aider les travailleurs handicapés à développer les compétences nécessaires pour les utiliser pourrait accroître la main-d'œuvre, combler les écarts en matière d'emploi et promouvoir une plus grande inclusion. Les outils alimentés par l'IA, tels que les véhicules automatisés, peuvent améliorer la mobilité et l'accessibilité des environnements de travail. La mobilisation des solutions d'IA pour la participation des personnes handicapées pourrait être particulièrement pertinente dans les régions où l'accessibilité limitée, ainsi que dans les régions confrontées à des pénuries de main-d'œuvre.

**Paris et sa région pourraient mettre à profit l'IA et les technologies connexes pour relever les défis actuels de son marché du travail et apporter un soutien aux publics éloignés du marché du travail**. Les régions confrontées à des pénuries de main-d'œuvre – et notamment celles qui concentrent un grand nombre métiers en tensions - peuvent bénéficier de l'IA pour améliorer les compétences des travailleurs et pour pourvoir les postes vacants. Pour ces territoires, l'investissement en capital dans l'IA devient une alternative viable, puisque les applications de cette technologie s'élargissent à chaque avancée technologique. Par exemple, l'IA est utilisée pour améliorer la productivité et combler des pénuries très marquées dans le secteur de l'éducation au Chili, et dans la santé au Royaume-Uni et au Japon (OECD, 2024[12]). En outre, les travailleurs peu ou moyennement qualifiés peuvent également bénéficier de cette technologie, car l'IA peut être utilisée comme un outil pour combler leurs lacunes et par conséquent leur offrir un plus grand nombre d'opportunités professionnelles tout en répondant aux besoins du marché.

**Le développement de compétences numériques, et notamment la maîtrise des technologies de l'information ou les connaissances de base des modèles d'apprentissage automatique, sont importantes pour travailler et interagir avec l'IA**. Ces compétences aident les travailleurs à comprendre le fonctionnement de l'IA, ainsi que les capacités, les limites (notamment éthiques et sécuritaires) et la logique sous-jacente de ses systèmes. D'autres compétences cognitives de haut niveau sont également importantes pour comprendre comment l'IA peut s'intégrer dans les tâches spécifiques du travailleur et pour prendre des décisions éclairées sur la base des résultats générés (OCDE, 2023[32]). Pour s'adapter aux systèmes d'IA, les travailleurs peuvent avoir besoin de se perfectionner et de développer des compétences digitales fondamentales, qui pourraient à leur tour accroître la confiance dans l'adoption de l'IA. En outre, l'ambition de Paris de devenir un leader mondial de l'IA repose sur sa capacité à combler la pénurie de talents dans le secteur technologique. Il est donc essentiel de renforcer les compétences numériques pour disposer d'une main-d'œuvre qualifiée et innovante ainsi que d'attirer des talents, ce qui permettra à Paris de rester compétitif sur la scène internationale (Encadre 3.6).

**En Île-de-France, le *Campus des métiers et des qualifications d'excellence intelligence artificielle* a pour ambition de devenir un acteur clé du développement des compétences en IA dans la région**. Grace à la mobilisation de l'ensemble des acteurs de la formation, de l'emploi, de la recherche et du tissu économique, le Campus souhaite renforcer l'offre de formation initiale existante et valoriser les parcours et débouchés professionnels dans ce domaine en s'appuyant sur plusieurs partenariats pour proposer un large panel de formations allant du BAC-3 au doctorat, comme par exemple le dispositif *OpenClassroom*s ou le *Sorbonne Center for Artificial Intelligence* (SCAI). Le Campus souhaite sensibiliser aux opportunités offertes par les métiers de l'IA, à susciter des vocations et à favoriser les rencontres entre apprenants et entreprises via des stages, immersions, job dating et autres dispositifs. Une attention particulière est portée à la féminisation des carrières dans le numérique, alors que les femmes restent sous-représentées dans ce secteur. Le Campus joue également un rôle central dans l'adaptation à l'IA, en formant les enseignants du secondaire et du supérieur pour qu'ils puissent eux-mêmes transmettre ces compétences à leurs élèves (Région Île-de-France, s.d.[33]).Grâce à son rôle d'intermédiaire entre les entreprises et le monde académique, l'*Académie flamande de l'IA* (VAIA) permet d'envisager comment les régions peuvent combler les pénuries des compétences, promouvoir l'apprentissage tout au long de la vie et favoriser l'adaptabilité nécessaire pour travailler avec l'IA (Encadré 3.7 ).

**Encadré 3.7. L'AI Academy (VAIA) flamande : aider les travailleurs à acquérir les compétences nécessaires pour travailler avec l'IA**

Alors que l'IA et les technologies numériques remodèlent le marché du travail, le développement des compétences nécessaires pour travailler avec ces outils devient de plus en plus important pour les travailleurs. La *Flemish AI Academy* (VAIA) en Flandre, en Belgique, constitue un exemple de premier plan pour comprendre comment les régions peuvent accompagner la main-d'œuvre dans ces changements.

Le rôle de VAIA est de renforcer la collaboration entre les établissements universitaires, les entreprises et le gouvernement. Ces partenariats permettent à la VAIA d'aligner ses programmes de formation sur les derniers développements technologiques et les besoins du marché du travail. En adaptant ses offres au contexte économique de la région, VAIA contribue à la création d'une main-d'œuvre numériquement qualifiée, capable de soutenir la position de la Flandre en tant que centre d'innovation

VAIA est une initiative visant à doter les individus des compétences nécessaires pour exploiter le potentiel des technologies liées à l'IA. Elle propose des programmes de formation sur mesure pour divers publics, notamment les chercheurs, les étudiants, les professionnels et le grand public. L'académie s'attache à démystifier l'IA en proposant à la fois des cours techniques, tels que l'apprentissage automatique et la science des données, et des modules plus larges qui explorent les implications sociétales et éthiques de l'IA. Cela garantit que les apprenants comprennent non seulement comment travailler avec l'IA, mais aussi son impact sur le lieu de travail et la société dans son ensemble.

Source : https://www.vaia.be

**L'intégration de l'IA dans les activités professionnelles quotidiennes peut accroître la productivité des travailleurs et alléger leur charge liée aux tâches répétitives, contribuant ainsi à une amélioration de la satisfaction au travail**. Les programmeurs de logiciels qui ont intégré un outil d'IA dans leur travail quotidien, par exemple, sont en mesure de terminer plus de tâches, plus rapidement, et ont déclaré se sentir plus épanouis dans leur travail. En outre, une enquête récente sur le secteur manufacturier et financier a indiqué que près de deux tiers (63 %) des travailleurs ont déclaré que l'IA avait amélioré leur plaisir au travail (OCDE, 2023[32]). Des données expérimentales dans le secteur du conseil montrent que certaines tâches peuvent être effectuées mieux et plus rapidement grâce à l'utilisation d'outils d'IA générative.

**Placer la transparence et la responsabilité au cœur de l'utilisation de l'IA, tout en renforçant le dialogue social, est essentiel pour garantir les droits des travailleurs et favoriser l'adhésion aux technologies**. L'utilisation de l'IA sur le lieu de travail peut également entraîner une augmentation de la pression au travail, du stress et des risques pour la santé mentale et physique. La gestion algorithmique, par exemple, peut également réduire le retour d'information et compliquer les négociations collectives, car il est difficile pour les travailleurs de s'organiser autour d'un système de gestion qu'ils ne peuvent pas percevoir directement ou avec lequel ils ne peuvent pas interagir (CLJE LAB, 2024[34]). Par ailleurs, le manque de transparence entourant l'utilisation de l'IA dans les décisions d'embauche, de promotion ou de licenciement peut entraîner des biais, exposant certains groupes à un risque accru de discrimination.

**L'IA peut faciliter l'orientation professionnelle et la mise en adéquation entre offre et demande d'emploi.** Un service public de l'emploi (SPE) de l'OCDE sur deux a déjà mis en œuvre des solutions d'IA en 2024 (Brioscú et al., 2024[35]). Plus précisément, les SPE ont utilisé l'IA pour comprendre les besoins des demandeurs d'emploi et mieux cibler le soutien apporté, améliorer leur adéquation au marché du travail et leurs services d'emploi, et optimiser leurs propres processus administratifs et la production de connaissances. L'outil d'IA pour le profilage des demandeurs d'emploi au Pays basque et le chatbot alimenté par l'IA au sein des SPE autrichiens sont des exemples inspirants (Encadré 3.8). Les applications de l'IA pourraient être mobilisées par France Travail pour rendre l'accompagnement et l'orientation professionnelle des demandeurs d'emploi plus rapides et efficaces. Toutefois, il est indispensable de former les conseillers afin qu'ils maîtrisent pleinement ces outils. L'intégration de l'IA par France Travail pourrait avoir un impact significatif sur le marché du travail parisien, où l'inadéquation entre l'offre et la demande de compétences constitue un frein à la croissance et à l'inclusion.

## Encadré 3.8. Appliquer l'IA dans les services publics de l'emploi (SPE)

### L'IA pour le profilage des demandeurs d'emploi dans le service de l'emploi basque

Le Pays basque est une communauté autonome du nord de l'Espagne connue pour sa forte base manufacturière et sa main-d'œuvre de plus en plus qualifiée. La Région bénéficie d'un solide système d'enseignement et de formation professionnels (EFP) et d'une variété de programmes qui adaptent la formation aux besoins du marché. La faible qualité des emplois et la demande de compétences contribuent toutefois à la surqualification dans la région.

Récemment, *Lanbide*, le SPE de la Région, a développé un outil d'IA pour faciliter son processus de profilage, qui améliore la gestion des politiques actives d'emploi et soutient les conseillers en carrière. Un processus de profilage implique de classer ou de définir les demandeurs d'emploi en fonction de leur employabilité, fonctionnant comme un outil de diagnostic qui identifie les niveaux de risque des individus en fonction de leurs chances de retrouver un emploi. *Lanbide* a développé une méthodologie qui exploite le big data et automatise la composante analytique du profilage des demandeurs d'emploi.

L'objectif principal de cet outil est de fournir un service (1) plus personnalisé et (2) plus réactif qui aide les professionnels du SPE (3) à mieux faire correspondre les demandeurs d'emploi aux postes vacants et (4) à lutter contre le chômage de longue durée.

Le profil des demandeurs d'emploi est établi en fonction de leur employabilité et est présentée aux conseillers au moyen d'un tableau de bord. Les conseillers peuvent utiliser cet outil lors des entretiens avec les demandeurs d'emploi pour les orienter vers les opportunités les plus appropriées sur le marché du travail. La méthodologie peut être appliquée dans d'autres organisations et peut être adaptée aux besoins locaux, par exemple en la formant sur des ensembles de données spécifiques à une région, comme cela a été le cas dans la région basque. L'outil est actuellement en phase expérimentale et il est prévu d'intégrer des variables supplémentaires, des compétences ESCO et des tendances macroéconomiques dans l'analyse afin d'améliorer encore le modèle de profilage

### Un chatbot d'information sur les carrières alimenté par l'IA dans le service pour l'emploi autrichien

Le SPE autrichien (AMS) a developpé un assistant d'information sur les carrières (Berufsinfomat) est un chatbot alimenté par l'IA générative pour répondre aux demandes de renseignements sur les carrières. Ce chatbot, basé sur la technologie OpenAI, fournit des informations accessibles sur les carrières, l'éducation et les opportunités de formation. L'outil est accessible gratuitement et permet aux utilisateurs de poser des questions sur les carrières par l'intermédiaire d'une interface interactive qui s'adresse à un large public, notamment aux jeunes, aux parents, aux enseignants, aux demandeurs d'emploi, aux personnes qui changent de carrière et à celles qui retournent au travail.

Le chatbot offre des informations sur une variété de sujets liés à la carrière, notamment (1) des descriptions de plus de 2 500 professions, y compris les tâches typiques, les compétences requises et les qualifications, (2) des suggestions de cours, de séminaires et d'autres voies de formation telles que les apprentissages, les écoles et les universités, et (3) des informations sur les salaires de départ, les salaires des apprentis et les salaires prévus par les conventions collectives.

Le format de chat interactif fournit des réponses personnalisées en temps réel. Les utilisateurs n'ont pas besoin de s'inscrire ou de fournir des données personnelles, préservant ainsi leur anonymat. Il peut orienter les utilisateurs vers les bureaux locaux de l'AMS pour une assistance plus spécialisée et en personne. L'assistant d'information sur les carrières est disponible en 90 langues afin de faciliter l'accès à un large public.

Source : (OCDE, 2020[36]), (Lanbide – Basque Employment Service, 2024[37]), (Public Employment Service Austria, 2024[38]).

### *...et ainsi rendre le marché du travail plus productif*

**L'inadéquation des compétences reste très répandue dans les régions de l'OCDE, y compris en Île-de-France, ce qui contribue à la faible croissance de la productivité**. Plus d'un salarié sur trois occupe un emploi qui ne correspond pas à son niveau de compétences dans 24 des 33 pays de l'OCDE. Au cours de la dernière décennie, la plupart des régions n'ont pas connu une amélioration dans l'adéquation entre les compétences des travailleurs et les besoins du marché du travail. L'inadéquation des compétences peut avoir un impact sur les performances économiques et contribuer à une faible croissance de la productivité, car les travailleurs sous-qualifiés ou surqualifiés ne sont généralement pas en mesure d'exploiter pleinement leur potentiel. En raison des nouvelles exigences en matière de compétences, les transitions verte et numérique risquent d'intensifier encore l'inadéquation des compétences à l'avenir (OECD, 2024[12]).

**L'adoption de l'IA et des technologies d'automatisation peut contribuer à accroître la productivité tout en réduisant les coûts de main-d'œuvre**. Le ralentissement de la productivité représente un défi important pour l'économie francilienne. Les tendances récentes témoignent d'une baisse de la productivité depuis la pandémie, expliquée en partie par des effets transitoires mais aussi par les caractéristiques propres aux entreprises, et notamment par une adoption limitée des technologies numériques. Les entreprises qui utilisent l'IA tendent d'ailleurs à être, en moyenne, plus productives que les autres (Calvino et Fontanelli, 2023[39]). Des études montrent par exemple que, dans les entreprises espagnoles, l'utilisation de robots peut entraîner des gains de productivité de 20 à 25 % en quatre ans, une réduction de la part du coût du travail de 5 à 7 points de pourcentage et une création nette d'emplois de 10 % (Koch, Manuylov et Smolka, 2021[40]). Ces résultats s'expliquent notamment par le fait que les entreprises automatisées deviennent plus productives et plus compétitives, ce qui leur permet de réduire le prix de leurs produits, de gagner des parts de marché et, d'augmenter la demande de main-d'œuvre. Cela peut également s'avérer particulièrement utile pour relever les défis démographiques d'une société vieillissante. En effet, à mesure que la population en âge de travailler diminue, l'IA peut contribuer à maintenir la productivité en permettant à moins de travailleurs d'atteindre un rendement plus élevé, soutenant ainsi la croissance économique malgré le déclin démographique. Cela est particulièrement pertinent compte tenu du déclin démographique observe à Paris qui connait un déclin démographique, qui perd en moyenne 12 000 habitants chaque année depuis 2015 (Insee, 2024[41]) (Insee, 2023[42]).

**Toutefois, les gains de productivité ne se matérialisent pas uniquement par l'adoption des nouvelles technologies.** Ils résultent souvent d'une combinaison de facteurs, notamment le fonctionnement de technologies numériques, les ressources de l'entreprise (y compris les compétences de ses travailleurs) et la politique économique. Les entreprises ayant un meilleur accès aux compétences techniques, managériales et organisationnelles ont davantage bénéficié des technologies numériques que les autres entreprises (OCDE, 2019[43]). En Île-de-France, la formation reste encore peu développée comparativement à certaines villes du nord de l'Europe, alors même qu'elle constitue un levier essentiel aussi bien pour les entreprises que pour les travailleurs. Elle permet en effet d'acquérir une meilleure compréhension des modalités d'intégration des nouvelles technologies dans le milieu professionnel tout en saisissant les enjeux éthiques liés à leur usage, afin de s'adapter aux rapides évolutions du marché du travail (OCDE, 2023[44]). En particulier, la formation en entreprise, encore peu mise en œuvre surtout dans les PME, peut être freinée par un manque de fonds, de connaissance des besoins et de temps (OCDE, 2021[45]). Cependant, les PME développent leurs entreprises grâce à des compétences transversales et entrepreneuriales qui peuvent être renforcées en s'appuyant sur les écosystèmes entrepreneuriaux. Il existe de nombreux exemples internationaux de politiques qui offrent aux PME des possibilités de formation et des connexions pour améliorer ces compétences au niveau local (OCDE, 2023[46])

## Conclusion

**La double transition numérique et écologique redéfinit les besoins en compétences à Paris et en Île-de-France**. Les régions métropolitaines de l'OCDE sont particulièrement touchées par une forte demande en compétences numériques, un nombre croissant d'emplois verts et une exposition forte aux technologies d'IA générative. Ces mutations s'accompagnent de pénuries de talents dans certains domaines, notamment numériques, la nécessité d'adapter le système de formation aux exigences d'un marché du travail en constante évolution. Parallèlement, l'intelligence artificielle offre de nouvelles opportunités pour favoriser l'inclusion, améliorer la productivité et réduire les déséquilibres entre l'offre et la demande de compétences.

## Références

Brioscú, A. et al. (2024), « A new dawn for public employment services : Service delivery in the age of artificial intelligence », *OECD Artificial Intelligence Papers*, n° 19, OECD Publishing, Paris, https://doi.org/10.1787/5dc3eb8e-en. [35]

Calvino, F. et L. Fontanelli (2023), « A portrait of AI adopters across countries : Firm characteristics, assets' complementarities and productivity », *OECD Science, Technology and Industry Working Papers*, n° 2023/02, OECD Publishing, Paris, https://doi.org/10.1787/0fb79bb9-en. [39]

Cedefop (2022), *Challenging digital myths: first findings from Cedefop's second European skills and jobs survey*, https://doi.org/10.2801/818285. [2]

CLJE LAB (2024), « Worker Power and Voice in the AI Response », *Center for Labor and a Just Economy at Hardvard Law School*, https://clje.law.harvard.edu/app/uploads/2024/01/Worker-Power-and-the-Voice-in-the-AI-Response-Report.pdf. [34]

Community Power Agency (2023), *Empowering tomorrow's workforce: learnings from Gippsland and Victoria*, https://cpagency.org.au/empowering-tomorrows-workforce-learnings-from-gippsland-and-victoria/. [20]

EIB (2023), *EIB Investment Report 2022/2023 - Resilience and renewal in Europe*, https://doi.org/10.2867/307689. [11]

Eloundou, T. et al. (2023), « GPTs are GPTs: An Early Look at the Labor Market Impact Potential of Large Language Models », https://arxiv.org/abs/2303.10130. [29]

European Commission (2022), *Digital Economy and Society Index (DESI)*. [10]

Eurostat (2022), *Firms with hard-to-fill vacancies requiring ICT specialists*. [15]

Gmyrek, P., J. Berg et D. Bescond (2023), « Generative AI and Jobs: A Global Analysis of Potential Effects on Job Quantity and Quality », *SSRN Electronic Journal*, https://doi.org/10.2139/ssrn.4584219. [30]

Insee (2024), *Ville de Paris : un portrait de ses habitants*, https://www.insee.fr/fr/statistiques/8274695. [41]

Insee (2023), *Projections démographiques pour Paris à l'horizon 2040*, https://www.insee.fr/fr/statistiques/7635715#:~:text=D%E2%80%99ici%202040%2C%20si%20les%20tendances%20d%C3%A9mographiques%20r%C3%A9centes%20se,%C3%A0%20un%20solde%20migratoire%20d%C3%A9ficitaire%20toujours%20aussi%20important. [42]

Koch, M., I. Manuylov et M. Smolka (2021), « Robots and Firms », *The Economic Journal*, vol. 131/638, pp. 2553-2584, https://doi.org/10.1093/ej/ueab009. [40]

Lanbide – Basque Employment Service (2024), « AI-Machine Learning Serving People and Employment – Profiling Jobseekers. », https://bigdatahub.uvt.ro/wp-content/uploads/2023/07/Notes_SEMINAR_Big-Data2_-profiling-jobseekers.pdf. [37]

Larsen, R. (2018), *The Green Transition Starts at School*, https://goexplorer.org/the-green-transition-starts-at-school/. [17]

Lievens, R. (2020), *Passport4Work: Towards a common understanding of skills*, https://www.uia-initiative.eu/en/news/passport4work-towards-common-understanding-skills. [26]

LinkedIn (2023), *Global Green Skills Report 2023*, https://economicgraph.linkedin.com/content/dam/me/economicgraph/en-us/global-green-skills-report/green-skills-report-2023.pdf. [4]

National Skills Coalition (2023), *Closing the Digital Skill Divide*. [9]

Nesta (2020), *Mapping 'career causeways' for workers in the age of automation*, https://www.nesta.org.uk/blog/mapping-career-causeways/. [22]

Nesta (2020), *Mapping Career Causeways*, https://assets.ctfassets.net/txbhe1wabmyx/4usIiISGmckS0Awb7U5uZv/9df60f5c53accb1fce04afb9134264fd/apolitical-mapping-career-causeways-1-2.pdf. [23]

OCDE (2024), *Future-proofing workforces for the green transition: International lessons for local workforce development in the U.S.*, OECD Publishing, Paris, https://doi.org/10.1787/0032844e-en. [16]

OCDE (2024), *Job Creation and Local Economic Development 2024 : The Geography of Generative AI*, OECD Publishing, Paris, https://doi.org/10.1787/83325127-en. [13]

OCDE (2024), *Perspectives économiques de l'OCDE, Volume 2024 Numéro 2*, Éditions OCDE, Paris, https://doi.org/10.1787/0481cf21-fr. [1]

OCDE (2024), *Twin Transition Tracker: Assessing Regional Resilience*, , https://www.oecd.org/en/data/dashboards/twin-transition-tracker-assessing-regional-resilience.html. [8]

OCDE (2023), *Assessing and Anticipating Skills for the Green Transition : Unlocking Talent for a Sustainable Future*, Getting Skills Right, OECD Publishing, Paris, https://doi.org/10.1787/28fa0bb5-en. [14]

OCDE (2023), *Charting the Path in an AI-Powered Workforce: Balancing Skills and Ethics*, https://oecdedutoday.com/charting-the-path-in-an-ai-powered-workforce-balancing-skills-and-ethics/. [44]

OCDE (2023), *Job Creation and Local Economic Development 2023 : Bridging the Great Green Divide*, OECD Publishing, Paris, https://doi.org/10.1787/21db61c1-en. [5]

OCDE (2023), *OECD Skills Outlook 2023: Skills for a Resilient Green and Digital Transition*, OECD Publishing, Paris, https://doi.org/10.1787/27452f29-en. [3]

OCDE (2023), *Perspectives de l'emploi de l'OCDE 2023 : Intelligence artificielle et marché du travail*, Éditions OCDE, Paris, https://doi.org/10.1787/aae5dba0-fr. [32]

OCDE (2023), *Perspectives de l'OCDE sur les PME et l'entrepreneuriat 2023*, Éditions OCDE, Paris, https://doi.org/10.1787/b6b7061e-fr. [46]

OCDE (2021), *Career Guidance for Adults in a Changing World of Work*, Getting Skills Right, OECD Publishing, Paris, https://doi.org/10.1787/9a94bfad-en. [18]

OCDE (2021), *Training in Enterprises: New Evidence from 100 Case Studies*, Getting Skills Right, OECD Publishing, Paris, https://doi.org/10.1787/7d63d210-en. [45]

OCDE (2020), *Digital Transformation in the Age of COVID-19: Building Resilience and Bridging Divides*, http://www.oecd.org/digital/digital-economy-outlook-covid.pdf. [7]

OCDE (2020), *Preparing the Basque Country, Spain for the Future of Work*, OECD Reviews on Local Job Creation, OECD Publishing, Paris, https://doi.org/10.1787/86616269-en. [36]

OCDE (2019), « Transformation numérique et productivité : une histoire de complémentarités », Éditions OCDE, Paris, https://doi.org/10.1787/a70d94ba-fr. [43]

OCDE (à paraître), *The role of skills and geography in career change in the green transition*. [6]

OCDE (s.d.), *Upskilling construction workers to enter the retrofitting industry in North West England*. [27]

OECD (2024), *Job Creation and Local Economic Development 2024 : The Geography of Generative AI*, OECD Publishing, Paris, https://doi.org/10.1787/83325127-en. [12]

Passport for Work (s.d.), *Mijn skills, mijn baan*, https://www.passportforwork.nl/. [24]

Pizzinelli, C. (2023), « Labor Market Exposure to AI: Cross-country Differences and Distributional Implications », *IMF Working Papers*, vol. 2023/216, p. 1, https://doi.org/10.5089/9798400254802.001. [28]

Public Employment Service Austria (2024), « AMS Berufsinfomat », https://www.ams.at/arbeitsuchende/aus-und-weiterbildung/berufsinformationen/berufsinformation/berufsinfomat. [38]

Région Île-de-France (s.d.), *Campus des métiers et des qualifications d'excellence intelligence artificielle Île-de-France*, https://www.iledefrance.fr/sites/default/files/2024-03/Campus_metiers_IA.pdf. [33]

TAFE Gippsland (2023), *Services - Skills and Jobs Centre*, https://www.tafegippsland.edu.au/service/skills_and_jobs_centre. [21]

The Innovation in Politics Institute (s.d.), *Passport4Work*, https://innovationinpolitics.eu/showroom/project/passport4work/. [25]

Touzet, C. (2023), « Using AI to support people with disability in the labour market : Opportunities and challenges », *OECD Artificial Intelligence Papers*, n° 7, OECD Publishing, Paris, https://doi.org/10.1787/008b32b7-en. [31]

Victoria Government (2024), *Case study: Gippsland Regional Skills Network (GRSN)*, https://www.vic.gov.au/training-clean-economy-tafe/tafe-gippsland/case-study-gippsland-regional-skills-network-grsn. [19]

## Notes

[1] Les emplois hautement qualifiés correspondent aux catégories 1 (cadres), 2 (professions libérales) et 3 (techniciens et professions intermédiaires) de la classification internationale type des professions (CITP).

[2] Selon l'enquête Besoins en Main-d'œuvre de 2024 de France Travail, au deuxième trimestre de 2024, ces métiers étaient dans la Comptabilité, l'Études et développement Informatique et le Conseil et maîtrise d'ouvrage en systèmes d'information Plus d'informations sur les besoins en recrutement auprès des entreprises sont disponibles à ce lien : https://statistiques.francetravail.org/bmo.

# 4 Gouverner les politiques de l'emploi et de la formation professionnelle à Paris et dans sa zone métropolitaine

Ce Chapitre analyse la gouvernance des politiques de l'emploi et de la formation professionnelle à Paris, en tenant compte des acteurs de sa zone métropolitaine, et en particulier dans le contexte de la mise en œuvre de la Loi pour le plein emploi (2023). Il dresse le panorama des principaux acteurs des politiques de l'emploi et des nombreuses institutions engagées dans la formation professionnelle. La possibilité d'articuler les politiques de l'emploi et de formation avec les programmes de développement économique, notamment ceux de la Métropole du Grand Paris, y est examinée. Des pistes pour renforcer la collaboration entre la Ville de Paris et les employeurs autour des enjeux en compétences sont également proposées.

# En bref

## Mener une politique d'emploi et de formation professionnelle concertée à Paris et dans sa zone métropolitaine et mobiliser les employeurs autour des compétences

- **Les actions de formation professionnelle et d'accompagnement vers l'emploi menées par la Ville de Paris reposent sur des partenariats avec l'État, ses opérateurs, les employeurs et les acteurs de l'insertion.** Cette approche constitue une base pour structurer une réponse collective aux enjeux de compétences et de formation professionnelle.
- **La multitude d'acteurs qui interviennent dans la formation professionnelle à Paris et en Île-de-France complexifie la gouvernance de ces politiques**. Neufs acteurs principaux structurent et financent l'offre de formation via différents dispositifs, dont l'État et ses opérateurs, la Région, la Ville et les représentants des employeurs (ex. Opérateurs de Compétences - OPCO, chambres consulaires). Le grand nombre d'acteurs impliqués résulte en une offre de formation riche mais fragmentée : en Île-de-France, plus de 25 000 organismes de formation sont référencés, et dont 10 000 à Paris.
- **Le *comité régional pour l'emploi* (CRP) ouvre des possibilités pour renforcer la collaboration stratégique entre la Région et la Ville autour de la formation professionnelle**. Le CRPE réunit l'ensemble des parties prenantes de la formation professionnelle en Région Île-de-France. Ce comité offre un espace propice pour consolider l'action concertée de la Région et la Ville, en s'appuyant par exemple sur la co-construction de plans d'actions pour répondre aux besoins en compétences dans les secteurs stratégiques
- **Les *Pactes Parisiens pour l'Emploi* posent les bases d'un dialogue avec les employeurs qui pourrait intégrer les enjeux des compétences**. Les Pactes sont des engagements réciproques entre la Ville de Paris et une vingtaine d'employeurs en faveur du recrutement de publics vulnérables. Ces engagements ont permis d'initier un dialogue Ville-employeurs régulier qui pourrait être approfondi davantage pour intégrer aussi les enjeux liés aux besoins en compétences. L'étude des cas de Londres (Royaume-Uni) et Montréal (Canada) offrent des idées pour développer une structure de concertation avec les employeurs.
- **Une collaboration approfondie avec les PME pourrait renforcer l'impact des politiques d'emploi et de formation de la Ville de Paris**. Les partenariats entre la Ville et les employeurs mobilisent pour l'instant des grandes entreprises principalement. Des activités conjointes (ex. forums emploi) avec les PME et les TPE, représentant plus de 40 % de l'emploi en Île-de-France et fortement présentes dans les secteurs en tension, permettrait de faire évoluer les politiques de manière adaptée aux enjeux qui leurs sont spécifiques.
- **Une coopération renforcée avec les acteurs de développement économique – telle que la Métropole du Grand Paris et la Région – permettrait d'orienter la main-d'œuvre vers les emplois liés aux projets urbains**. La construction du Grand Paris Express en particulier ouvre des possibilités : le projet devrait générer 18 000 emplois dans le secteur du bâtiment. Cette démarche pourrait s'inscrire dans la continuité de celle des Jeux Olympiques et Paralympiques de Paris 2024 (JOP), durant lesquels la Ville et ses partenaires ont relié des personnes éloignées de l'emploi aux postes créés grâce à des programmes innovants. Paris pourrait aussi s'inspirer de l'initiative du métro de Sydney, où plusieurs stratégies de compétences visent à former et insérer des publics prioritaires dans ces emplois.

## Introduction

**Ce Chapitre présente et analyse le rôle des acteurs chargés des politiques de l'emploi et de la formation professionnelle à Paris et dans sa zone métropolitaine** Par rapport à d'autres métropoles de l'OCDE, la politique de l'emploi et de la formation à Paris mobilise un grand nombre d'acteurs publics, (Tableau 4.1), et nécessite donc une coopération étroite et structurée entre l'ensemble des instances impliquées. France Travail, le service public de l'emploi (SPE), est un interlocuteur central et le guichet principal pour les demandeurs d'emploi et les employeurs. Le ministère du Travail[1] et d'autres services déconcentrés de l'État s'appuient sur la Direction régionale et interdépartementale de l'économie, de l'emploi, du travail et des solidarités (DRIEETS) pour mettre en œuvre les politiques d'inspection du travail ainsi que certaines politiques sociales, de soutien aux entreprises et de formation professionnelle. La Région Île-de-France définit la politique de formation professionnelle francilienne. L'action de la Ville de Paris complète celle de l'État et de la Région, et notamment vis-à-vis des publics éloignés de l'emploi pour lesquels elle a développé des programmes de formation et d'insertion spécifiques. Enfin, la Métropole du Grand Paris contribue activement au développement territorial via la gestion d'un portefeuille d'investissements publics.

**Les acteurs de l'emploi et de la formation professionnelle disposent de nouveaux outils pour faire évoluer le cadre de gouvernance de ces politiques.** La Loi pour le plein emploi (2023), mise en œuvre en 2024 et 2025, prévoit la création de comités territoriaux pour l'emploi (CTPE), dont l'objectif est de renforcer la concertation entre les différentes parties prenantes de l'emploi et de la formation professionnelle. Toutefois, l'efficacité des comités dépend en partie de l'implication de ses acteurs et de leur capacité à s'approprier ces instances pour y formuler des politiques coordonnées. L'organisation des Jeux Olympiques et Paralympiques (JOP) de 2024 a renforcé la collaboration entre la Ville de Paris et les employeurs, notamment à avec la signature de nouveaux *Pactes Parisiens pour l'Emploi*. La concertation engagée à l'aide de ces Pactes est une première étape vers un dialogue régulier et structuré avec les employeurs. À cette fin, Paris pourrait s'appuyer sur la mise en œuvre de structures partenariales plus larges, à l'image de celles mises en place par d'autres métropoles de l'OCDE (ex. Londres) qui recueillent des informations régulières de la part des employeurs sur leurs besoins en matière de compétences.

**Le Chapitre est divisé en trois sections**. La première section présente le rôle des quatre échelons de l'action publique et des partenaires sociaux dans la conception et la mise en œuvre de la politique de l'emploi et de la formation professionnelle à Paris. La deuxième aborde le rôle que pourraient assumer les nouveaux comités territoriaux pour l'emploi (CTPE), mis en place par la Loi pour le plein emploi (2023). Enfin, le Chapitre analyse la collaboration entre la Ville de Paris et les employeurs (Pactes Parisiens pour l'Emploi), et présente des études de cas internationales qui pourraient inspirer la mise en œuvre de partenariats Ville-employeur élargis aux enjeux de l'emploi, des compétences et de la formation.

### Tableau 4.1. À Paris, une concertation doit avoir lieu à quatre niveaux de l'action publique pour mener une politique de l'emploi, de formation et de développement économique coordonnée

Répartition des compétences principales : emploi, formation professionnelle et développement économique

| Échelle d'action publique | National / État (ex. DRIEETS, France Travail) | Région Île-de-France | Métropole du Grand Paris | Ville/Département de Paris |
|---|---|---|---|---|
| Politiques de l'emploi | x | | | x |
| Formation professionnelle | x | x | | x |
| Insertion des publics vulnérables | x | | | x |
| Développement économique | x | x | x | x |
| Économie sociale et solidaire (ESS) | x | x | x | x |

Source : Auteur.

## Les acteurs des politiques de l'emploi et de la formation professionnelle à Paris et en Île-de-France

**Cette section dresse un panorama des principaux acteurs des politiques de l'emploi et des nombreuses institutions impliquées dans la formation professionnelle.** Elle montre que les actions de formation et d'accompagnement vers l'emploi menées par la Ville de Paris reposent sur des partenariats solides avec l'État, ses opérateurs, les employeurs et les acteurs associatifs. Si la collaboration avec la Région – acteur clé en matière de formation professionnelle – existe, elle pourrait toutefois être renforcée. La section commence par une présentation des acteurs des politiques de l'emploi, avant d'examiner l'écosystème de la formation professionnelle. Elle s'intéresse ensuite aux acteurs du développement économique – en particulier la Métropole du Grand Paris – et aux leviers permettant de mieux mobiliser la demande de main-d'œuvre générée par les investissements publics.

### *France Travail et la Ville de Paris collaborent étroitement pour mettre en œuvre les politiques de l'emploi sur le territoire parisien*

**Le service public de l'emploi (SPE), France Travail, est l'un des principaux acteurs des politiques du marché du travail en France**. France Travail opère sur l'ensemble du territoire français pour accompagner les demandeurs d'emploi, les personnes en reconversion ou faisant face à plusieurs barrières socio-économiques à l'emploi, et les entreprises. Les services proposés par France Travail incluent : l'orientation professionnelle, le soutien à la rédaction de CV et à la préparation d'entretiens, le financement de formations ou encore l'aide à la création d'activité ; ainsi qu'un suivi individualisé et adapté au projet de chaque allocataire assuré par un conseiller référent (France Travail, 2024[1]) (France Travail, n.d.[2]) (France Travail, n.d.[3]). France Travail est également responsable de l'indemnisation (par exemple l'assurance chômage) des demandeurs d'emploi, et assure le contrôle des critères définis par la loi pour le maintien du versement des allocations de chômage.

**La Direction régionale et interdépartementale de l'économie, de l'emploi, du travail et des solidarités (DRIEETS) joue également un rôle central dans le marché du travail francilien.** Regroupant plusieurs services déconcentrés de l'État, la DRIEETS pilote et coordonne les politiques publiques du travail mais intervient également dans le domaine des politiques de l'emploi et de la formation professionnelle (DREETS, 2021[4]), et notamment concernant : la mise en œuvre de la politique d'inspection du travail, le financement de certaines filières de formation et la régulation du système de formation et d'apprentissage.

**La Ville de Paris joue un rôle spécifique pour orienter les politiques de l'emploi vers des publics spécifiques, et en particulier les personnes éloignées de l'emploi.** En vertu de la loi du 28 février 2017 sur le statut de Paris et l'aménagement métropolitain, la Ville de Paris est une collectivité territoriale à statut unique, exerçant les compétences de la commune et du département de Paris (Ville de Paris, 2019[5]) (Vie publique, 2024[6]). À cet égard, la Ville dispose de compétences en matière d'insertion socioprofessionnelle, ce qui lui permet de mettre en œuvre des politiques de l'emploi et de formation. La Ville a ainsi développé des politiques d'accompagnement des demandeurs d'emploi et des entreprises et des programmes de formation professionnelle pour cibler en particulier l'emploi des personnes vulnérables et éloignées de l'emploi, et notamment les allocataires du Revenu de Solidarité Active (RSA), les habitants des quartiers populaires, les personnes peu qualifiées, les jeunes, les migrants, et d'autres publics en difficulté[2]. La Ville organise, en partenariat avec des acteurs tels que France Travail, des jurys de sélection chargés de retenir les organismes chargés de mettre en œuvre ses différents dispositifs.

**Depuis les années 2010, l'action publique de la Ville a pleinement investi les domaines de l'accompagnement vers l'emploi et de la formation professionnelle.** Cette démarche proactive dépasse le cadre d'action habituel des communes et départements français : en 2025, l'intégralité des dimensions de politiques actives de l'emploi était couverte par les programmes de la Ville de Paris (voir

Chapitre 5 pour une analyse approfondie des politiques parisiennes en matière d'accompagnement et de formation). Sa politique est axée sur le développement de dispositifs d'accompagnement et de formation sur mesure, conçus avec les acteurs de terrain, tels que la Mission locale ou des acteurs de l'associatif. Cette approche s'inspire largement de l'innovation sociale, qui consiste à élaborer de nouvelles solutions visant à améliorer la qualité de vie des individus et des populations, en renforçant leur bien-être ainsi que leur inclusion sociale et économique (OCDE, 2022[7]). Étant donné que les politiques de l'emploi et de la formation sont partagées avec d'autres échelons de l'action publique, l'action de la Ville repose en grande partie sur des partenariats avec d'autres acteurs, en particulier des entités ou des opérateurs de l'État (France Travail, DRIEETS).

**La Ville de Paris déploie également une politique d'insertion des publics les plus éloignés de l'emploi, étroitement articulée avec l'économie sociale et solidaire (ESS), l'entrepreneuriat social et l'économie circulaire.** En plus des dispositifs d'orientation et de formation, le Plan parisien d'insertion par l'emploi (PPIE), renouvelé pour 2021-2025, définit les actions d'insertion et d'accès à l'emploi de la Ville (Ville de Paris, 2023[8]) (Ville de Paris, 2021[9]). Dans le cadre de ce plan, la Ville de Paris soutient de nombreux parcours d'accompagnement portés par des structures de l'économie sociale et solidaire (ESS) ou de l'insertion, en cohérence étroite avec sa stratégie d'économie circulaire. À titre d'exemple, la Ville de Paris met en œuvre des dispositifs d'insertion par l'activité économique (IAE) complémentaire du soutien de l'État. L'IAE est une modalité d'embauche qui repose sur une mise en activité progressive, un accompagnement socio-professionnel et des actions de formation. Le parcours d'emploi en IAE permet à des entreprises agréées de bénéficier du soutien de la Ville pour recruter et accompagner des personnes éloignées de l'emploi (Code du travail, 2021[10]).[3] La Ville encourage également la création d'activités économiques via le développement de l'entrepreneuriat social.

**La Ville et France Travail collaborent étroitement au sein de l'association Ensemble Paris Emploi Compétences (EPEC).** L'EPEC met en œuvre les politiques de l'emploi à l'échelle locale et agit en cohérence avec les principaux acteurs de l'emploi, tout en s'alignant sur les priorités de la Ville de Paris, de l'État et de France Travail (EPEC, n.d.[11]). L'EPEC met en place trois projets :

1. **Les clauses sociales d'insertion**, un dispositif qui sensibilise les pouvoirs publics et les entreprises aux pratiques d'achats socialement responsables, et favorise ainsi l'insertion professionnelle des publics défavorisés. Les clauses sociales s'inscrivent dans le code de la commande publique français ;
2. **Le Plan Local pour l'Insertion par l'Emploi (PLIE) de Paris**, organisme intermédiaire du FSE+, qui met en œuvre des projets d'insertion sur le territoire parisien ;
3. Deux **Points Paris Emploi**, des centres de ressources pour la recherche d'emploi et la formation destines aux résidents parisiens.

L'EPEC est gouverné par un conseil d'administration composé de 20 membres répartis en trois collèges. Cette instance regroupe des représentants de la Ville de Paris, de l'État (DRIEETS), de France Travail, du Conseil régional, ainsi que des représentants d'entreprises et d'organisations d'insertion.

### *La gouvernance des politiques de formation professionnelle à Paris et Île-de-France mobilise un grand nombre d'acteurs et appelle une coordination renforcée*

#### *Un grand nombre d'acteurs contribuent aux politiques de formation professionnelle en Île-de-France…*

**La Région joue un rôle majeur dans la définition de la politique de formation professionnelle en Île-de-France.** Elle dispose de compétences en matière d'accès à la formation professionnelle et d'accompagnement vers l'emploi (Code du travail, 2022[12]). La Région et l'État définissent ensemble le Contrat de plan régional de développement de la formation et de l'orientation professionnelles

(CPRDFOP), qui régit la politique publique de la formation professionnelle de la région francilienne, y compris les formations initiales pour les jeunes (Conseil régional d'Île-de-France, 2023[13]). En Île-de-France, la Région dispose de plusieurs dispositifs pour faciliter l'orientation et l'accès à la formation : des services d'information sur les parcours et métiers, un programme régional de formation transversale (PRFT), et Programme Régional de Formations pour l'Emploi (PRFE) (Région Île de France, n.d.[14]) par exemple. Le Conseil régional finance aussi le Programme Régional de Formation (PRF), qui prévoit la mise en œuvre d'actions de formation collectives adaptées aux enjeux socio-économiques et aux besoins en compétences du territoire (France Travail, n.d.[15]).

**France compétences et la DRIEETS régulent, contrôlent et financent la formation professionnelle.** France compétences distribue les fonds collectés pour la formation professionnelle et l'apprentissage (France compétences, n.d.[16]), régule la qualité des formations et fixe les règles de prise en charge. France compétences est désignée par le Ministère du Travail pour délivrer, selon plusieurs critères, les certifications professionnelles qui figurent au Répertoire national des certifications professionnelles (RNCP) (Ministère du Travail, de la Santé, des Solidarités et des Familles, 2019[17]) (ONISEP, 2024[18]). La DRIEETS agrée et réalise un contrôle administratif et financier des organismes de formation en région parisienne (DRIEETS, 2022[19]). La DRIEETS finance également certaines filières de formation professionnelle.

**France Travail accompagne financièrement les demandeurs d'emploi souhaitant entrer en formation.** France Travail oriente les demandeurs d'emplois vers différentes offres de formation et permet à certains d'entre eux – selon leur situation – de percevoir une aide économique pendant leur période d'apprentissage. L'opérateur finance également la formation professionnelle grâce à ses Actions de Formation Conventionnées (AFC) (France Travail, n.d.[20]).

**Les Opérateurs de Compétences (OPCO), les chambres consulaires et les employeurs participent aussi au financement de la formation des adultes.** Les onze OPCO reconnus par L'État sont chargés d'accompagner la formation professionnelle et d'apprentissage en lien avec les entreprises, et notamment petites et moyennes entreprises (PME) (Ministère du Travail, 2023[21]). Financés par les entreprises par obligations légales, les OPCO représentent différents secteurs de l'économie : l'OPCO Atlas pour les services financiers et le conseil et l'OPCO Akto pour les entreprises à forte intensité de main d'œuvre, par exemple. Les chambres consulaires se financent elles grâce aux taxes perçues auprès de leurs membres. À Paris, les OPCO et chambres consulaires co-financent certaines filières de formation selon les besoins de leurs secteurs. La CCI, par exemple, forme plus de 500 000 jeunes et adultes par an en France (CCI, n.d.[22]). Les employeurs, à titre individuel, financent également des formations.

**D'autres acteurs publics nationaux participent à la formation professionnelle en région francilienne.** L'Agence nationale pour la Formation Professionnelle des Adultes (AFPA) conçoit les titres de formation professionnelle pour différents ministères, assure des missions de développement de nouvelles formations et assure elle-même des formations à travers plus de 150 centres de formation (AFPA, 2021[23]). Les Académies représentent le ministère de l'Éducation Nationale au niveau régional. Au sein des Académies, la Délégation régionale académique à la formation professionnelle initiale et continue (DRAFPIC) contribue à définir la politique académique en matière de formation professionnelle, ainsi qu'à la gestion des centres de formation pour adultes (les groupements d'établissements publics locaux d'enseignements – GRETA) (Ministère de l'Éducation Nationale, n.d.[24]) (Académie de Paris, n.d.[25]).

**Paris et sa zone métropolitaine ne sont pas des cas isolés parmi les villes et les régions de l'OCDE confrontées à un système de formation professionnelle complexe.** La Région de Bruxelles-Capitale (Belgique) en est un autre exemple (OCDE, 2023[26]). Cependant, le très grand nombre d'acteurs et la coexistence de systèmes distincts (dialogue social, bailleurs publics nationaux et territoriaux, compte individuel de formation, initiatives privées, organismes parapublics) rendent particulièrement difficile la coordination des politiques de formation autour d'objectifs communs.

### *… et aux politiques de formation professionnelle à Paris*

**La Ville est un financeur important de la formation professionnelle à Paris.** La Ville de Paris développe une offre de formation spécifique, à destination des publics les plus éloignés de l'emploi, qui est détaillée de manière plus approfondie au Chapitre 5 (Ville de Paris, n.d.[27]). Elle se compose de formations qualifiantes, qui préparent à des certifications professionnelles, et pré-qualifiantes, qui ciblent plutôt le développement de compétences fondamentales (par exemple : apprentissage de la langue française) pour les publics éloignés de l'emploi. Les formations qualifiantes de la Ville de Paris sont souvent conventionnées par France Travail et dispensées par des organismes subventionnés. La Ville travaille étroitement avec d'autres acteurs de la formation – la Direction régionale et interdépartementale de l'économie, de l'emploi, du travail et des solidarités (DRIEETS), certains Opérateurs de Compétences (OPCO) et branches professionnelles, la Région ou encore certains employeurs – pour co-financer et organiser son offre de formation. La Ville est aussi responsable d'un curriculum de cours municipaux pour adultes au sein de la Direction des Affaires scolaires (DASCO). Les différents rôles qu'assurent les principaux acteurs de la formation professionnelle à Paris sont illustrés dans le Tableau 4.2.

**L'État, la Région, les partenaires sociaux et des employeurs ou des fondations contribuent aussi au financement des programmes de formation professionnelle de la Ville de Paris.** France Travail conventionne l'offre qualifiante de formation professionnelle de la Ville de Paris.[4] DRIEETS de l'État finance également certains programmes. Les OPCO soutiennent des programmes de formations dans leurs domaines économiques respectifs. Certains parcours de formation bénéficient aussi du soutien financier de partenaires privés (entreprises et fondations), cependant ces financements se font dans le cadre de partenariats bilatéraux.

### *Ce paysage institutionnel engendre une offre de formation dense et complexe*

**La multitude d'acteurs compétents pour la formation des adultes en Île-de-France et à Paris se traduit par un nombre élevé d'organismes de formation**. Le système de formation professionnelle français s'appuie sur un vaste réseau de partenaires, majoritairement constitué d'organismes de formation privés à but lucratif (DARES, 2024[28]). L'Île-de-France accueille plus 25 000 organismes de formation, dont plus de 10 000 sont situés à Paris (DRIEETS, 2020[29]), et une partie d'entre eux opèrent sur l'ensemble du territoire français. Quelques acteurs publics ou parapublics contribuent également à l'offre de formation : les GRETA de l'Éducation Nationale proposent par exemple des formations continues pour adultes et des parcours en apprentissage (EDUCSOL, 2023[30]). L'Agence nationale pour la Formation Professionnelle des Adultes (AFPA) gère également un réseau de centres de formation, dont seize en région parisienne (AFPA, n.d.[31]). Enfin, les structures à but non lucratif jouent un rôle important dans le paysage de la formation, notamment à Paris, où la Ville s'appuie largement sur ces acteurs pour la mise en œuvre de ses programmes.

## Tableau 4.2. Neuf acteurs principaux définissent l'offre de formation pour adultes à Paris

Liste d'acteurs en fonction de l'échelon territorial, description du rôle principal, exemples d'organismes de formation

| Échelon territorial | Acteur | Rôle principal dans la formation professionnelle des adultes |
|---|---|---|
| National | L'Agence nationale pour la Formation Professionnelle des Adultes (AFPA) | • Conception des titres du ministère du travail<br>• Formation métiers émergents<br>• Expertise et appui aux opérateurs |
| | Caisse de dépôts – CPF | • Gestion du Compte Personnel de Formation (CPF) |
| | Ministère de l'Éducation Nationale, de l'Enseignement supérieur et de la Recherche – DRAFPIC | • Définition de l'offre de formation continue |
| | France Travail | • Conventionnement de l'offre de formation professionnelle<br>• Orientation et indemnisation des demandeurs d'emploi<br>• Financement |
| | Services déconcentrés de l'État en région parisienne – DRIEETS | • Régulation et contrôle de la formation professionnelle<br>• Financement |
| Infranational | Conseil régional | • Définition de la politique de formation professionnelle<br>• Financement<br>• Orientation des apprenants (Oriane) |
| | Ville de Paris | • Insertion socio-professionnelle des publics éloignés de l'emploi<br>• Financement |
| Partenaires sociaux | Chambres consulaires | • Conseil auprès des membres<br>• Financement |
| | OPCO | • Collecte des taxes des branches<br>• Conseil auprès des branches<br>• Financement |

**Exemples d'organismes de formation et de leur statut juridique (exemple métier : cuisine)**

Public

- GRoupement d'ETAblissements publics locaux d'enseignement (GRETA) des métiers du tertiaire, de l'hôtellerie et de la restauration de Paris (groupements d'établissements scolaires publics)

Privé

- École Internationale du Savoir-faire Français (SAS, société par actions simplifiée)
- Youschool (SAS)

Associatif

- L'école des cuistots migrateurs (association)

Consulaire

- École internationale des artisans de Paris (organisme consulaire)

Source : Auteur sur la base d'informations recueillies dans : (AFPA, 2021[32]), L'Agence nationale pour la formation professionnelle des adultes (AFPA), https://travail-emploi.gouv.fr/lagence-nationale-pour-la-formation-professionnelle-des-adultes-afpa ; (DREETS, 2021[4]), Les champs de compétences et de missions des DREETS, de la DRIEETS et des DEETS, https://dreets.gouv.fr/Les-champs-de-competences-et-de-missions-des-DREETS-de-la-DRIEETS-et-des-DEETS ; (Ministère du Travail, 2023[21]), Les opérateurs de compétences (OPCO), https://travail-emploi.gouv.fr/les-operateurs-de-competences-opco#anchor-navigation-205 ; (Académie de Paris, n.d.[25]), Délégation Régionale Académique à la Formation Professionnelle Initiale et Continue (DRAFPIC).

### *Penser la formation professionnelle en cohérence avec les investissements publics réalisés dans les projets d'aménagement urbain*

**La Métropole du Grand Paris (MGP), créée en 2016, est compétente pour l'aménagement urbain, la politique de l'habitat, le développement économique et la politique de l'environnement**. La MPG est un établissement public de coopération intercommunale (EPCI) à statut particulier et à fiscalité propre (Vie publique, 2024[33]). La MGP regroupe 131 communes de Paris, de la petite couronne (Hauts-de-Seine, Seine-Saint-Denis, du Val-de-Marne) ainsi que de la grande couronne. La MGP est organisé en onze territoires qui prennent la forme d'établissements publics territoriaux (EPT), en plus de la Ville de Paris. Le Conseil métropolitain gouverne la MGP. Le Conseil est composé de 208 représentants élus au suffrage universel direct.

**La MGP coordonne plusieurs projets de développement urbain et de construction de logements de grande envergure**. Elle le fait souvent en apportant un appui aux collectivités concernées. En 2010, la Loi relative au Grand Paris fixait comme objectif de construire 70 000 logements par an sur une période de 25 ans, dont 30% de logements sociaux et une part importante de logements abordables (Préfecture de Paris, 2022[34]; Vie publique, 2024[33]). La MGP investit dans la requalification de sites urbains pour favoriser le rééquilibrage territorial. Le projet *Inventons la métropole du Grand Paris* s'appuie sur un concours d'urbanisme pour réaménager 104 sites de la MGP (Vie publique, 2024[33]). Les projets *Zones d'Aménagement Concerté* (ZAC) et *Opérations d'Aménagement d'Intérêt métropolitain* (OIM) investissent des nouveaux quartiers de gare ou des zones à haut potentiel (MGP, n.d.[35]). La MGP a également participé au développement d'infrastructures sportives pour les Jeux Olympiques 2024.

**Les projets de la MGP vont de pair avec le développement des nouveaux transports du Grand Paris Express**. La Société des grands projets (SGP) pilote le développement du projet *Grand Paris Express,* qui prévoit la construction de 68 gares et 200 km de nouvelles lignes de métro (Vie publique, 2024[33]). Les travaux liés au développement du *Grand Paris Express* devraient créer environ 18 000 emplois dans le bâtiment, et l'ouverture des nouvelles lignes devrait faire croitre la population de l'agglomération d'environ 3,1%, créant environ 168 000 emplois (Chapelle et al., 2017[36]; Préfecture d'Île-de-France, 2022[37]). En 2021, la MGP et la SGP ont signé une convention de collaboration pour permettre aux deux entités d'articuler plus fortement leurs investissements respectifs. Ainsi, la MGP vient apporter son soutien financier au redéveloppement des quartiers gares, y compris par des investissements dans le bâti urbain et dans l'animation culturelle et artistique des lieux (MGP, 2021[38]). Ces investissements génèrent une demande de main d'œuvre conséquente, initialement sous-estimée par la SGP (Cour des comptes, 2017[39]). Dans ce contexte, la Cour de comptes a recommandé en 2024 une évolution de politique de ressources humaines de la SGP visant mieux anticiper les besoins en recrutements liés à ces chantiers (Cour des comptes, 2024[40]).

**Une coopération renforcée entre la Métropole du Grand Paris, la Région, France Travail et la Ville permettrait de mieux anticiper les besoins, former et accompagner la main-d'œuvre vers les emplois liés aux projets urbains.** Cette démarche pourrait s'inscrire dans la continuité de celle développée pour les Jeux Olympiques et Paralympiques de Paris 2024 (JOP). À l'approche des Jeux Olympiques et Paralympiques de 2024 (JOP), des initiatives innovantes comme *Du stade vers l'emploi* et *Toutes Championnes ! Tous Champions !* ont été déployées par la Ville et ses partenaires pour orienter les demandeurs d'emploi vers des postes liés à l'organisation des Jeux. Ces actions viennent compléter un grand nombre d'initiatives déjà engagées, tant au niveau national que local, en faveur de l'héritage et de l'impact social des Jeux Olympiques et Paralympiques de 2024[5]. Dans la même logique, la SGP a dressé une cartographie des métiers les plus demandés par la construction du Grand Paris Express (Grand Paris express, 2021[41]). Ces pratiques pourraient être mises en œuvre sur l'ensemble des projets urbains de la MGP, et s'articuler également avec les services de formation de la Région ou de la Ville. À Sydney, en Australie, un plan d'action a été développé pour anticiper les besoins de main d'œuvre liés à la construction du métro (Encadré 4.1). Ce plan prévoit des actions de formation ciblées vers des publics spécifiques, et en particulier les personnes issues de groupes sous-représentés ou en situation de chômage de longue durée, pour faciliter leur accès aux emplois générés par le développement des infrastructures. Un comité de pilotage dédié aux compétences et à l'emploi, et chargé de superviser la mise en œuvre et la coordination des actions, a également été mis en place dans le cadre de cette stratégie.

### Encadré 4.1. À Sydney (Australie), la formation professionnelle est pensée de manière cohérente avec les investissements publics réalisés dans les projets d'aménagement urbain

**Le métro de Sydney a élaboré une stratégie de formation adaptée aux besoins en compétences du projet**

*Sydney Metro* est le plus grand projet d'infrastructure de transport public en Australie. Il prévoit la construction de 4 lignes de métro, couvrant 46 stations et 113 kilomètres de nouvelles voies ferrées. Dans le cadre de ce projet, les priorités stratégiques suivantes ont été identifiées :

- Favoriser la participation de PME et d'entreprises aborigènes dans les marchés publics, ainsi que l'emploi de travailleurs locaux dans les projets d'infrastructures ;
- Encourager le développement de compétences spécifiques aux métiers en tension, mais aussi de compétences transversales ;
- Promouvoir la diversité dans les recrutements ;
- Cibler les jeunes à travers des programmes d'apprentissage et de stage ;
- Inscrire les initiatives de formation dans une démarche partenariale.

Ces priorités se déclinent dans plusieurs plans d'action qui fédèrent les pouvoirs publics à différents échelons territoriaux. Deux plans d'action ciblent la participation des entreprises et des personnes aborigènes dans les projets associés au nouveau métro. Deux autres plans visent plus largement à développer la formation dans des zones géographiques définies.

Par exemple, le *Workforce Development and Industry Participation Plan for – Sydney Metro – Western Sydney Airport* vise à évaluer à la fois la disponibilité des talents et la demande sur le marché du travail générée par le projet *Sydney Metro*. Le plan prévoit de faire évoluer certains programmes de formation professionnelle et définit des actions visant à favoriser l'emploi des groupes sous-représentés, tels que les Australiens Aborigènes, les réfugiés et les anciens combattants. Ce plan a été élaboré par Sydney Metro avec le soutien du gouvernement australien et celui de la Région New South Wales. Il inclut des objectifs adaptés et structurés autour de domaines prioritaires clés

Le *Workforce Development and Industry Participation Plan for the Sydney Metro – West project,* défini des actions complémentaires, en lien avec les projets en cours dans la zone géographique occidentale du projet. Par exemple, ce plan met en lumière les manques de main d'œuvre aiguës à tout niveau de qualification dans le milieu du chemin de fer.

Source : (NSW Government, Sydney Metro, 2021[42]), Workforce development and industry participation, https://www.sydneymetro.info/workforce-development-and-industry-participation.

## La gouvernance efficace des politiques de l'emploi et de la formation professionnelle à Paris et en Île-de-France repose sur une concertation étroite

**Cette section analyse les défis et propose des solutions pour mener une politique de l'emploi et de formation professionnelle plus coordonnée en région francilienne.** La mise en œuvre de la Loi pour le plein emploi (2023) ouvre des possibilités aux acteurs de l'emploi et de la formation pour se concerter plus systématiquement et définir des politiques de formation coordonnées. La Loi prévoit notamment la mise en place de comités territoriaux pour l'emploi (CTPE) à l'échelle régionale, départementale notamment (France Travail, 2024[43]). Les comités pourraient devenir des lieux de concertation privilégiés pour les politiques de l'emploi et de la formation professionnelle en Île-de-France. Cette section présente les enjeux pour l'action publique à l'échelle régionale et départementale, et explore comment les acteurs peuvent tirer parti des nouveaux comités pour renforcer la gouvernance territoriale.

### *Le nouveau comité régional pour l'emploi offre une opportunité pour mener une politique de formation professionnelle plus concertée*

**La Ville collabore étroitement avec les pouvoirs publics nationaux et les partenaires sociaux autour de la formation**. La Ville de Paris travaille avec France Travail pour co-financer, conventionner et sélectionner les organismes qui dispensent les programmes de formation. France Travail participe à l'élaboration des appels à projets qui sélectionnent les actions soutenues par la Ville. De même, la Ville collabore avec les Opérateurs de Compétences (OPCO), la Direction régionale et interdépartementale de l'économie, de l'emploi, du travail et des solidarités (DRIEETS). La Ville associe les services de la Région compétents sur certaines filières du Programme Régional de Formation pour l'Emploi (PRFE) à ses jurys. La coopération avec la Région aborde toutefois de façon relativement plus limitée les questions d'ordre stratégiques, telles que l'approche à adopter vis-à-vis de différents secteurs, ou encore les évolutions en cours sur le marché du travail (par exemple relatives à l'intelligence artificielle).

**Une coopération plus étroite entre la Ville et la Région, à ce jour relativement moins développée, représente une opportunité pour renforcer la formation professionnelle à Paris et en Île-de-France.** La Région travaille avec les partenaires sociaux et l'État au sein du Comité régional de l'emploi, de la formation et de l'orientation professionnelles (CREFOP), une instance chargée de la coordination et de la cohérence des politiques de formation professionnelle à l'échelle régionale.[6] Les CREFOP sont dotés d'un bureau composé de représentants de l'État, du Conseil régional, des organisations professionnelles d'employeurs et des syndicats de salariés (Code du Travial, 2023[44])[7], mais n'incluent pas systématiquement les départements, limitant les opportunités de coopération entre la Région et la Ville dans ce domaine.

**La création du nouveau comité régional pour l'emploi peut renforcer la concertation stratégique entre la Ville et la Région autour de la formation professionnelle et de l'emploi.** La Loi Plein Emploi (2023) instaure un nouveau système de gouvernance territoriale de l'emploi à travers la mise en place de nouveaux comités. Ces instances, déployées aux échelles régionale, départementale et locale[8], coordonnent l'action publique en matière d'emploi, de formation, d'insertion et d'accompagnement des entreprises sur leurs territoires respectifs. À l'échelon régional, la loi prévoit la création de comités régionaux pour l'emploi (CRPE) qui diffèrent des CREFOP préexistants, présidés par le préfet et le président du Conseil régional, et chargés de définir les politiques de l'emploi et de la formation professionnelle. Les CRPE intègrent notamment des représentants des départements et de France Travail :

- Des représentants de l'État, nommés par le préfet de région ;
- Des représentants de la région ;
- Des représentants de l'ensemble des départements de la région ;

- Des représentants de l'ensemble des organisations syndicales de salariés et organisations professionnelles d'employeurs représentatives au niveau national et interprofessionnel ;
- Des représentants de l'ensemble des organisations professionnelles d'employeurs représentatives au niveau national et multi-professionnel ;
- Le directeur régional de l'opérateur France Travail ou son représentant ;
- Le président de l'association régionale des missions locales ou son représentant ;
- Le président du réseau régional des organismes de placement spécialisés dans l'insertion professionnelle des personnes en situation de handicap ou son représentant ;
- D'autres représentants peuvent participer aux travaux du CRPE sur invitation des présidents du comité (Code du Travail, 2024[45]).

**Le nouveau CRPE francilien pourrait être un lieu pour définir des stratégies de formation concertées et intégrant l'expertise et la vision de chaque financeur.** La Région, France Travail, les OPCO, la Ville de Paris et les employeurs investissent, en partie, dans des formations qui concernent les mêmes secteurs de l'économie francilienne (ex. numérique, l'hôtellerie/restauration). La mise en œuvre de groupes de travail au sein du CRPE permettrait par exemple d'envisager une approche sectorielle dans l'élaboration des politiques de formation. Par exemple, un travail sur les possibles impacts du numérique et de l'intelligence artificielle sur le marché du travail, et les besoins en formation associés pourrait être envisagé de manière conjointe par l'État, France Travail, la Région, les partenaires sociaux et la Ville de Paris au sein de cette instance. Si mobilisé efficacement, ce comité offre la possibilité de rendre le rôle de chaque acteur plus lisible, ouvrant la voie à une capacité commune renforcée.

### *Dans la Ville de Paris, le nouveau comité départemental de l'emploi ouvre la possibilité de développer des liens plus étroits avec les petites et moyennes entreprises*

**Le nouveau comité départemental pour l'emploi (CDPE) formalise les acteurs impliqués dans les politiques d'insertion à Paris.** La Loi pour le plein emploi (2023) et le décret relatif aux comités territoriaux pour l'emploi (2024) définissent la composition et le fonctionnement du nouveau CDPE. Le CDPE a comme objectif la définition de politiques publiques pour l'insertion des publics vulnérables. Le CDPE est également doté d'une commission spécialisée pour fixer la politique de la Ville en matière d'insertion par l'activité économique. Les comité locaux, CLPE, ne sont pas mis en place à Paris. En plus de ses présidents (Préfet et président du conseil départemental), le CDPE est composé des membres suivants :

- Un représentant de l'État ;
- Des représentants de la région ;
- Des représentants du département ;
- Des représentants des communes du département et de leurs groupements ;
- Des représentants de l'ensemble des organisations syndicales de salariés et professionnelles d'employeurs représentatives au niveau national et interprofessionnel ;
- Des représentants de l'ensemble des organisations professionnelles d'employeurs représentatives au niveau national et multi professionnel ;
- Le directeur départemental de l'opérateur France Travail ;
- Un représentant de l'une des missions locales du département ;
- Un représentant de l'un des organismes de placement spécialisés dans l'insertion professionnelle des personnes en situation de handicap du département ;
- D'autres représentants peuvent participer aux travaux du CRPE sur invitation des présidents du comité (Code du Travail, 2024[45]).

**Le CDPE ouvre de nouvelles possibilités de collaboration avec les partenaires sociaux.** Actuellement, la Ville travaille avec des chambres consulaires comme la Chambre de Commerce et d'Industrie (CCI) de Paris et la Chambre des Métiers et de l'Artisanat de façon bilatéral. Ce comité permettrait de poursuivre dialogue engagé par la Ville de Paris avec les employeurs, par l'intermédiaire de leurs représentants, ainsi de mieux répondre à la forte demande en compétences dans des secteurs clés. Ce comité pourrait aussi permettre d'approfondir la collaboration avec les organisations syndicales de salariés. Le CDPE – auquel la CAF sera aussi associée - offre un cadre propice à l'émergence de nouveaux partenariats.

**Le CDPE est un outil intéressant pour développer des liens réguliers avec les représentants des petites et moyennes entreprises (PME).** La mobilisation des PME et les TPE dans les politiques d'emploi est stratégique compte tenu de leur poids sur le marché du travail local : elles représentent 40% de l'emploi salarié en Île-de-France, et sont fortement représentées dans des secteurs en tension à Paris et en Île-de-France (par exemple, la restauration). Aujourd'hui, la collaboration de la Ville avec les entreprises concerne surtout les grandes entreprises, notamment dans le cadre des *Pactes Parisiens pour l'Emploi* qui sont étudiés dans la dernière partie de ce Chapitre. Ce dispositif a été pensé pour les grandes entreprises, qui disposent de services ressources humaines à forte capacité. La possibilité d'explorer des approches plus adaptées aux petites et moyennes entreprises (PME) et aux très petites entreprises (TPE) existe donc, en tenant compte de leurs spécificités (faible capacité en ressources humaines) et de leurs besoins (identification de candidats, fidélisation des talents).

**Le CDPE est un lieu adapté pour renforcer la collaboration avec des organisations représentatives de PME**. En effet, les représentants des organisations professionnelles d'employeurs représentatives au niveau national et interprofessionnel participent au CDPE, et notamment la Confédération des petites et moyennes entreprises (CPME) (Code du Travail, 2024[45]). Les membres du comité pourraient commencer un travail de réflexion avec les PME autour des freins à l'embauche pour les publics vulnérables. De nouveaux dispositifs pourraient être développé ensemble pour créer des parcours d'insertion pour les publics éloignés de l'emploi vers des emplois dans le milieu des PME/TPE. Les partenariats pourraient également se développer autour de la formation. À Turin (Italie), par exemple, l'initiative « Cluster des Usines Intelligentes » a permis l'implication des PME, aux côtés des institutions de formation, dans la conception des cursus dans des secteurs clés de l'économie régionale (OCDE, 2021[46]).

## Renforcer l'implication des employeurs pour aligner compétences et besoins du marché

**Cette section analyse les liens entre la Ville de Paris et les employeurs en matière d'emploi et de compétences.** Actuellement, la Ville s'appuie sur plusieurs outils et partenariats pour mobiliser les employeurs, illustrés par exemple par les *Pactes Parisiens pour l'Emploi*, et le programme *ParisCode*. Les Pactes posent des bases prometteuses, pour la constitution d'une collaboration approfondie sur les enjeux d'accès à l'emploi et des compétences. Une structuration plus systématique de la concertation avec les employeurs, ainsi qu'un élargissement des échanges autour des enjeux de compétences, seraient des pistes à explorer. Cette section commence par présenter et décrire le fonctionnement des *Pactes Parisiens pour l'Emploi*, avant d'analyser les moyens par lesquels la Ville pourrait mieux structurer cette collaboration, l'élargir et renforcer l'engagement des employeurs.

### *Les Pactes Parisiens pour l'Emploi ont instauré un cadre de concertation durable avec un réseau d'employeurs engagés*

**Les Pactes Parisiens pour l'Emploi sont des engagements réciproques entre la Ville de Paris et certains employeurs pour le recrutement de personnes éloignées de l'emploi.**[9] Les Pactes sont signés entre la Ville de Paris (Bureau des partenariats entreprises, Direction de l'attractivité et de l'emploi) et une entreprise donnée (Ville de Paris, 2024[47]). Les employeurs sont incités à s'engager dans les Pactes, non seulement pour recruter des profils recherchés, mais aussi dans une démarche de responsabilité sociale d'entreprise. France Travail et d'autres partenaires, tels que la Mission locale de Paris, l'association Ensemble Paris Emploi Compétences (EPEC) ou encore CAP Emploi, sont associés aux Pactes en tant que signataires. Les signataires des Pactes s'engagent à prendre des actions en faveur de l'emploi des personnes vulnérables autour d'objectifs partagés. Les Pactes sont établis sur une durée de trois ans, peuvent être renouvelés et sont non-contraignant juridiquement. La Ville a signé plus de vingt Pactes, avec majoritairement des grandes entreprises, comme par exemple EDF, Leroy Merlin, Sodexo ou Westfield. Les Pactes concernent des actions menées par la Ville, et donc généralement dans son périmètre territorial.

**Les Pactes engagent les signataires à mettre en œuvre des actions concrètes de recrutement ou de pré-recrutement**. L'objectif principal des Pactes est le recrutement de publics cibles, y compris les allocataires du Revenu de Solidarité Active (RSA), les résidents des quartiers prioritaires, les jeunes de 18-25 ans ou peu qualifiés, les personnes âgées de plus de 45 ans, les personnes reconnues en tant que travailleur handicapé, les personnes en parcours d'insertion et les jeunes diplômés d'université. Les engagements établis dans chaque Pacte varient en fonction des secteurs et des priorités de l'entreprise. Les orientations définies dans les Pactes sont déclinées à l'échelle opérationnelle dans une programmation annuelle. Les actions menées par la Ville dans le cadre des Pactes comprennent :

- L'organisation de forums emploi généralistes et thématiques (par exemple : Paris, métropole pour l'Emploi des jeunes ; forum pour l'insertion des réfugiés)
- La pré-sélection de candidats et l'insertion direct auprès des entreprises (alternance, embauche) ;
- La mise en relation entre l'entreprise et des acteurs de terrain (ex. associations, structures d'insertion) ;
- La coordination de visites de sites d'entreprises pour un public cible et de rencontres avec des professionnels ;
- L'accompagnement dans la démarche de Responsabilité sociale d'entreprise (RSE) de l'entreprise.

**Réciproquement, les entreprises s'engagent à soutenir les actions de la Ville de Paris et de ses partenaires**. Le Pacte pour l'emploi parisien signé avec l'entreprise ACCOR (hospitalité) prévoit par exemple des actions pour encourager l'embauche de candidats issus du partenariat avec la Ville (Ville de Paris/ACCOR, 2024[48]). Le groupe participe aux forums et aux différentes sessions de recrutement organisées par la Ville, et s'engage à accorder une attention particulière aux candidatures issues du partenariat. La Ville s'appuie sur ses partenaires (Mission locale, EPEC, et autres) afin de mettre en œuvre les différentes actions de pré-recrutement, notamment dans la programmation des *Points Parisiens pour l'Emploi* (PPE). France Travail est associé à la démarche à la fois pour soutenir l'entreprise dans le recrutement et accompagner les candidats intéressés. Certains Pactes sont dirigés par des comités techniques (CoTech), au sein desquels siègent des représentants des signataires. Pour mesurer l'impact des Pactes sur le recrutement des publics cibles, un compte rendu « retour à l'emploi » identifiant les embauches ayant eu lieu grâce à une session de recrutement peut être communiqué.

**Les Pactes Parisiens pour l'Emploi sont principalement conçus pour les grandes entreprises, qui disposent de services ressources humaines à forte capacité.** Cela ouvre la possibilité d'explorer des approches mieux adaptées aux petites et moyennes entreprises (PME), en tenant compte de leurs spécificités et de leurs besoins. Les Pactes pourraient se développer avec les branches professionnelles dans lesquels les PME sont fortement représentées, tel que la Chambre des Métiers et de l'Artisanat (CMA). Des Pactes avec les groupements de PME permettraient ainsi d'organiser des activités adaptées à la petite et moyenne entreprise (par exemple : forums dédiés). **Ces partenariats pourraient se développer au sein du CDPE, qui réunit les organisations représentatives des PME, analysé ci-dessus.**

### *Le dialogue entre la Ville de Paris et les employeurs pourrait évoluer pour suivre les besoins en compétences et ajuster les besoins en formations*

**La mise en place d'une structure de concertation avec les employeurs permettrait à la Ville d'orienter ces programmes de formation au plus près des besoins du marché.** La collaboration avec les employeurs aborde de manière limitée la question de la demande de compétences et la formation. Les Pactes offrent la possibilité d'un dialogue renforcé et plus régulier avec les employeurs à ce sujet. En s'appuyant sur une structure de concertation dédiée, les échanges avec les employeurs permettraient de prévoir l'évolution de la demande sur une période annuelle, et ainsi d'anticiper les besoins de recrutement. Ils offrent aussi la possibilité d'orienter les programmes de formation en fonction des compétences recherchées et de l'adéquation des programmes existants pour y répondre. Les jurys de sélection des organismes de formation intègrent déjà un dialogue autour des besoins en compétences, mais la mise en place d'une instance de concertation formalisée permettrait d'approfondir et de structurer davantage cette démarche.

**Plusieurs villes de l'OCDE offrent des exemples intéressants de structures de concertation mises en place avec les employeurs**. Dans les métropoles de Londres (Royaume Uni) ou Montréal (Canada), des structures de concertation des employeurs, syndicats de salariés et acteurs de la formation ont été mises en place pour mieux aligner la demande et l'offre d'emploi (Encadré 4.2). Par rapport aux Pactes, qui se concentrent sur le recrutement, la *Jobs and Skills Business Partnership* de Londres vise à recueillir des informations actualisées sur les offres d'emploi afin de faire évoluer le système de formation londonien. À Montréal, le *Conseil emploi métropole* (CEM) aborde un ensemble encore plus large de sujets : son plan stratégique 2021-2024 mentionne, par exemple, le développement de secteurs stratégiques ainsi que le renforcement de la dimension métropolitaine des politiques de l'emploi. Paris pourrait s'inspirer de ces exemples pour développer son propre système de consultation vis-à-vis des employeurs, en y intégrant par exemple les signataires des Pactes.

**Le dialogue pourrait également être élargit afin de développer une politique vis-à-vis des profils qualifiés et de l'innovation**. La région francilienne dispose d'une agence, ChooseParisRegion, pour l'attraction de talents et d'investissements étrangers, mais la Ville et sa région n'ont pas mis en place de politique publique ou de programmes pour le développement de talents hautement qualifiés locaux (ChooseParisRégion, 2025[49]). Certaines métropoles de l'OCDE ont développé ce type de politique (ex. Barcelone) afin à la fois afin d'attirer des talents internationaux, mais aussi de développer, d'insérer et de fidéliser des talents locaux (Barcelona, 2019[50]). Le dialogue avec les employeurs permettrait de recueillir les besoins des employeurs pour des personnes qualifiées. Le dialogue pourrait également impliquer des syndicats dans lesquels les cadres sont fortement représentés, comme la Confédération française de l'encadrement (CFE-CGC) ou la Confédération française démocratique du travail des cadres (CFDT cadres).

**Une concertation approfondie avec les employeurs permettrait également à la Ville de communiquer des informations aux employeurs sur les profils disponibles.** La Ville et ses partenaires échangent régulièrement avec les demandeurs d'emploi parisiens dans le cadre des politiques de l'emploi et de la formation professionnelle. En respectant l'anonymat des demandeurs d'emploi et les réglementations sur les données privées, la Ville pourrait réaliser une cartographie annuelle des profils professionnels demandeurs d'emploi parisiens recenses dans ses programmes, et s'appuyant un échantillon représentatif. La Ville pourrait par exemple observer la récurrence de certains profils dans le cadre de ces programmes de formation, ou des activités des PPE. Dans le cadre d'un dialogue avec les employeurs, ces informations permettraient aux recruteurs de réfléchir à des moyens d'adapter ou de mieux tirer profit l'offre de profils existante.

**Ce dialogue entre la Ville et les employeurs engagés peut compléter les échanges menés par les Comités territoriaux pour l'emploi (CTPE).** Les CTPE, instaurés par la loi pour le plein emploi de 2023, prévoient une concertation entre les pouvoirs publics et les organisations représentatives des employeurs, et non avec des employeurs pris individuellement.

**À terme, la démarche engagée par les Pactes pourrait aboutir à la mise en œuvre de partenariats sectorialisés pour structurer la collaboration avec plusieurs employeurs d'un même secteur.** Différentes villes de l'OCDE ont développé des stratégies qui mobilisent les employeurs sur un ensemble de sujets. La Ville de New York a par exemple développé des stratégies sectorielles (*Industry Partnerships*) qui abordent non seulement les enjeux de recrutement mais aussi la formation, l'inclusion et l'innovation (Encadré 4.3). Le partenariat newyorkais *Tech Talent Pipeline* crée par exemple des partenariats avec le milieu universitaire et les employeurs du secteur technologique. À Manchester, le *Employer Integration Board* (EIB) organise un dialogue sectorialisé avec les employeurs. Lorsqu'un certain nombre d'employeurs signataires est réuni au sein des Pactes, la Ville pourrait profiter de cet espace pour organiser des groupes de travail qui portent sur des secteurs en tension, comme le numérique ou encore l'hôtellerie et la restauration. Ces groupes pourraient impliquer aussi les partenaires de l'emploi de la Ville de Paris (ex. France Travail, Mission locale), des institutions de formation professionnelle ou d'enseignement supérieur, voir des syndicats de salariés, comme c'est le cas à New York.

### Encadré 4.2. Londres et Montréal ont développé des structures de concertation dédiées entre les pouvoirs publics, des employeurs et des syndicats de salariés autour de la formation

#### Londres et la Jobs and Skills Business Partnership

Londres a mis en place un partenariat avec un groupe d'emploi pour travailler autour des questions de compétences et de formation. Le groupe est constitué d'employeurs, de la chambre de commerce et d'industrie de Londres et d'un représentant d'un syndicat de salariés. Ses membres se réunissent environ quatre fois par an avec le maire adjoint. L'objectif principal du partenariat est de mieux aligner la formation professionnelle avec les besoins du marché du travail, et notamment en renforçant l'accès à l'enseignement supérieur à la suite d'une formation professionnelle. Ce groupe accompagne aussi le maire de Londres pour mieux articuler les besoins de formation en lien avec le budget de la Ville, développer des données sur les besoins de main d'œuvre, améliorer le système de formation de la Ville, augmenter les investissements privés dans la formation et faire le lien avec les autres instances compétentes en matière de formation professionnelle à Londres.

#### Montréal et le Conseil Emploi Métropole (CEM)

Le CEM regroupe des représentants de différents secteurs économiques, de l'enseignement supérieur, de syndicats de salariés, du milieu associatif ainsi que de la Communauté métropolitaine de Montréal (CMM). Le CEM définit les grands enjeux du marché du travail de Montréal et conseille le ministère de l'Emploi et de la Solidarité du Québec sur la stratégie de formation et d'emploi à adopter, notamment pour améliorer l'adéquation entre offre et demande d'emploi, ou encore attirer des talents, par exemple. Le Conseil assure également un lien avec différentes instances métropolitaines et ministérielles. Le plan stratégie 2021-2024 du CEM établit trois priorités : favoriser l'adéquation entre l'offre et la demande de compétences pour améliorer la productivité métropolitaine, rehausser les compétences des cadres et accentuer la dimension métropolitaine des politiques publiques.

Source : (City of London, 2022[51]), Jobs and Skills Business Partnership, https://www.london.gov.uk/programmes-strategies/jobs-and-skills/governance-and-partners/jobs-and-skills-business-partnership. (Conseil emploi métropole, 2021[52]), Plan stratégique 2021-2024,. https://www.emploi-metropole.org/plan-strategique/.

**Encadré 4.3. La Ville de New York (États-Unis) et Manchester (Royaume Uni) adoptent une approche sectorielle vis-à-vis des employeurs**

**Les Industry Partnerships de New York City**

À travers un dispositif de partenariats sectoriels, la Ville de New York vise à anticiper les besoins en main-d'œuvre, améliorer l'adéquation entre l'offre et la demande d'emploi, renforcer les opportunités de formation pour les habitants et faciliter l'accès des entreprises aux talents locaux. La *NYC Tech Talent Pipeline (TTP)* est dédié au développement d'une main-d'œuvre technologique dynamique et inclusive à New York. Lancé en 2014 et coordonné par la Ville, ce programme réunit acteurs publics, entreprises et établissements de formation pour stimuler la croissance économique en élargissant l'accès aux carrières technologiques. TTP intègre désormais une réflexion stratégique sur l'impact de l'intelligence artificielle (IA) sur les parcours professionnels techniques. L'attention est portée notamment sur les premiers emplois, les plus exposés aux mutations induites par l'IA. L'objectif est d'accompagner les jeunes actifs dans un environnement technologique en mutation, en identifiant les opportunités dans des secteurs variés au-delà des seules entreprises du secteur technologique.

La *New York Alliance for Careers in Healthcare* (NYACH) constitue un partenariat structurant qui associe employeurs, organismes de formation et institutions publiques pour répondre aux principaux défis liés aux ressources humaines en santé. NYACH s'appuie sur une expertise sectorielle couvrant les hôpitaux, les soins de longue durée et la santé mentale, afin de catalyser des investissements et des stratégies visant à élargir l'accès à des carrières de qualité dans la santé, avec une attention particulière portée aux communautés sous-représentées. Parmi ses actions phares, NYACH pilote un programme de résidence pour jeunes infirmiers qui combine formation spécialisée, accompagnement et mentorat. En 2024, le Bureau du développement de la main-d'œuvre du Maire de New York a lancé un nouveau partenariat sectoriel dédié *aux industries manufacturières durables et à la construction*, dans le but de réaligner les initiatives existantes avec les exigences de la transition écologique. Ce rapport trace une trajectoire de croissance à la fois inclusive et durable dans les secteurs émergents. Il identifie notamment les métiers appelés à connaître une forte croissance d'ici 2040. Le nouveau partenariat sectoriel s'appuiera sur ces données pour structurer ses coopérations avec les entreprises industrielles, les syndicats de salariés et les prestataires du bâtiment et les acteurs associatifs.

**Le *Employer Boards* à Manchester (Royaume Uni)**

La *Greater Manchester Combined Authority* (GMGCA), en partenariat avec la Chambre de commerce du Grand Manchester, a mis en place un *Employer Integration Board* (EIB), rassemblant des dirigeants d'entreprises issus de sept secteurs stratégiques : créativité, culture et sport ; numérique et technologies ; construction et économie verte ; finance et services professionnels ; santé et services sociaux ; industrie manufacturière et ingénierie ; éducation et petite enfance. L'initiative *Employer Boards* vise à renforcer l'adéquation entre l'offre de formation et les besoins du marché du travail local en mobilisant les entreprises pour partager leurs connaissances sectorielles et améliorer le système local de formation. Ses membres apportent leur expertise, notamment en facilitant les connexions avec les acteurs des réseaux professionnels. L'EIB s'inscrit dans une approche plus large visant à structurer le plan local d'amélioration des compétences du Grand Manchester, en plaçant les entreprises comme acteurs clés dans la formation de la main d'œuvre.

Sources : (New York City Office of Talent and Workforce Development, n.d.[53]), Industry Partnerships, https://www.nyc.gov/site/wkdev/industry-partnerships/industry-partnerships.page (Greater Manchester Combined Authority, 2023[54]) (Greater Manchester Combined Authority, n.d.[55]), Embedding Employer Voice, https://greatermanchester-ca.gov.uk/what-we-do/work-and-skills/technical-education-city-region/employer-boards.

## Références


Académie de Paris (n.d.), *Délégation Régionale Académique à la Formation Professionnelle Initiale et Continue (DRAFPIC)*, https://www.ac-paris.fr/delegation-regionale-academique-a-la-formation-professionnelle-initiale-et-continue-drafpic-121462#:~:text=La%20d%C3%A9l%C3%A9gation%20r%C3%A9gionale%20acad%C3%A9mique%20%C3%A0%20la%20formation%20professionnelle,vie%20en%20liaison%. [25]

AFPA (2021), *L'Agence nationale pour la formation professionnelle des adultes (AFPA)*, https://travail-emploi.gouv.fr/lagence-nationale-pour-la-formation-professionnelle-des-adultes-afpa#anchor-navigation-296. [23]

AFPA (2021), *L'Agence nationale pour la formation professionnelle des adultes (AFPA)*, https://travail-emploi.gouv.fr/lagence-nationale-pour-la-formation-professionnelle-des-adultes-afpa. [32]

AFPA (n.d.), *Trouvez un établissement*, https://www.afpa.fr/recherche-centre. [31]

Barcelona (2019), *Medida de gobierno "Barcelona, ciudad de talento"*, https://www.barcelonactiva.cat/documents/20124/49139/MG_BCN_TalentBalan%C3%A7_CAT.pdf/ad17fe6f-4a40-861a-e376-93f2062cb945?t=1665741522553. [50]

CCI (n.d.), *Formation*, https://www.cci.fr/ressources/formation. [22]

Chapelle, G. et al. (2017), *Impact du Grand Paris Express sur le marché du travail et le marché du logement, [Rapport de recherche] Laboratoire interdisciplinaire d'évaluation des politiques publiques*, https://www.sciencespo.fr/liepp/fr/recherche/projet/grand-paris-express-impact-sur-le-marche-du-travail-et-le-marche-du-logement/. [36]

ChooseParisRégion (2025), *Nous connaître*, https://www.chooseparisregion.org/fr. [49]

City of London (2022), *Jobs and Skills Business Partnership*, https://www.london.gov.uk/programmes-strategies/jobs-and-skills/governance-and-partners/jobs-and-skills-business-partnership. [51]

Code du Travail (2024), *Décret n° 2024-560 du 18 juin 2024 relatif aux comités territoriaux pour l'emploi*, https://www.legifrance.gouv.fr/jorf/id/JORFTEXT000049746070. [45]

Code du travail (2022), *Titre II : Rôle des régions, de l'Etat et des institutions de la formation professionnelle (Articles L6121-1 à L6123-14)*, https://www.legifrance.gouv.fr/codes/section_lc/LEGITEXT000006072050/LEGISCTA000006160817/. [12]

Code du travail (2021), *Chapitre II : Insertion par l'activité économique (Articles R5132-1 à R5132-47)*, https://www.legifrance.gouv.fr/codes/section_lc/LEGITEXT000006072050/LEGISCTA000018494516/. [10]

Code du Travial (2023), *« Section 2 : Comité régional de l'emploi, de la formation et de l'orientation professionnelles (Article L6123-3) »*, https://www.legifrance.gouv.fr/codes/section_lc/LEGITEXT000006072050/LEGISCTA000021340260/. [44]

Conseil emploi métropole (2021), *Plan stratégique 2021-2024*, https://www.emploi-metropole.org/plan-strategique/. [52]

Conseil régional d'Île-de-France (2023), *Contrat de plan régional de développement de la formation et de l'orientation professionnelles (CPRDFOP)*, https://data.iledefrance.fr/pages/publication-des-actes-fiche-detail/?q=%27CR2023-004%27. [13]

Cour des comptes (2024), *La Société du Grand Paris*, https://www.ccomptes.fr/fr/publications/la-societe-du-grand-paris-0. [40]

Cour des comptes (2017), *La société du Grand Paris*, https://www.ccomptes.fr/sites/default/files/2018-01/20170117-rapport-societe-grand-Paris_1.pdf. [39]

DARES (2024), *Sous-traitance, CPF, Qualiopi : quels enjeux pour les organismes de formation depuis la réforme de 2018 ?*, https://dares.travail-emploi.gouv.fr/publication/sous-traitance-cpf-qualiopi-enjeux-organismes-ormation-depuis-reforme-2018. [28]

DREETS (2021), *Les champs de compétences et de missions des DREETS, de la DRIEETS et des DEETS*, https://dreets.gouv.fr/Les-champs-de-competences-et-de-missions-des-DREETS-de-la-DRIEETS-et-des-DEETS. [4]

DRIEETS (2022), *Guide à l'usage des organismes de formation professionnelle franciliens: DRIEETS d'Ile-de-France*, https://idf.drieets.gouv.fr/sites/idf.drieets.gouv.fr/IMG/pdf/guideof2022_v2.pdf. [19]

DRIEETS (2020), *La formation professionnelle en Ile-de-France : tous les chiffres*, https://idf.drieets.gouv.fr/La-formation-professionnelle-en-Ile-de-France-tous-les-chiffres. [29]

EDUCSOL (2023), *L'essentiel sur le réseau des GRETA*, https://eduscol.education.fr/1480/l-essentiel-sur-le-reseau-des-greta. [30]

EPEC (n.d.), *Qui sommes-nous ?*, https://www.epec.paris/qui-sommes-nous. [11]

France compétences (n.d.), *Le rôle de France compétences*, https://www.francecompetences.fr/comprendre-lecosysteme/le-role-de-france-competences/. [16]

France Travail (2024), *Les évolutions de la loi pour le plein emploi qui entrent en vigueur en janvier 2025*, https://www.francetravail.org/accueil/communiques/2024/les-evolutions-de-la-loi-pour-le-plein-emploi-qui-entrent-en-vigueur-en-janvier-2025.html?type=article. [43]

France Travail (2024), *Nos missions*, https://www.francetravail.org/francetravail/mission/nos-missions.html?type=article. [1]

France Travail (n.d.), *L'Action de Formation Conventionnée par France Travail (AFC) facilite le retour rapide à l'emploi*, https://www.francetravail.fr/candidat/en-formation/mes-aides-financieres/laction-de-formation-conventionn.html. [20]

France Travail (n.d.), *Le Programme Régional de Formation (PRF)*, https://www.francetravail.fr/candidat/en-formation/mes-aides-financieres/le-programme-regional-de-formati.html. [15]

France Travail (n.d.), *Le rôle du conseiller*, https://www.francetravail.fr/candidat/pole-emploi-et-vous/le-role-du-conseiller.html. [3]

France Travail (n.d.), *Quels services pour vous ?*, https://messervices.francetravail.fr/catalogue-services. [2]

Grand Paris express (2021), *Les métiers du Grand Pari Express*, https://media-mediatheque.sgp.fr/pm_12814_159_159044-plhjbnbxav.pdf. [41]

Greater Manchester Combined Authority (2023), *Business leaders across key sectors in Greater Manchester have been appointed to join a new board*, https://greatermanchester-ca.gov.uk/news/new-employer-board-appointed-to-drive-forward-technical-education-ambitions/. [54]

Greater Manchester Combined Authority (n.d.), *Embedding Employer Voice*, https://greatermanchester-ca.gov.uk/what-we-do/work-and-skills/technical-education-city-region/employer-boards. [55]

MGP (2021), *La Société du Grand Paris et la Métropole du Grand Paris signent une convention pour l'aménagement du territoire métropolitain*, https://www.metropolegrandparis.fr/fr/actualites/la-societe-du-grand-paris-et-la-metropole-du-grand-paris-signent-une-convention-pour. [38]

MGP (n.d.), *Opérations d'Intérêt Métropolitain (OIM) et ZAC*, https://www.metropolegrandparis.fr/fr/operations-dinteret-metropolitain-oim-et-zac. [35]

Ministère de l'Éducation Nationale (n.d.), *Les régions académiques, académies et services départementaux de l'Éducation nationale*, https://www.education.gouv.fr/les-regions-academiques-academies-et-services-departementaux-de-l-education-nationale-6557. [24]

Ministère du Travail (2023), *Les opérateurs de compétences (OPCO)*, https://travail-emploi.gouv.fr/les-operateurs-de-competences-opco#anchor-navigation-205. [21]

Ministère du Travail, de la Santé, des Solidarités et des Familles (2019), *France compétences*, https://travail-emploi.gouv.fr/france-competences. [17]

Mon Parcours Handicap - Gouvernement (n.d.), *SIAE : Structure d'insertion pour l'activité économique*, https://www.monparcourshandicap.gouv.fr/glossaire/siae. [56]

New York City Office of Talent and Workforce Development (n.d.), *Industry Partnerships*, http://services d'utilité publique,. [53]

NSW Government, Sydney Metro (2021), *Workforce development and industry participation*, https://www.sydneymetro.info/workforce-development-and-industry-participation. [42]

OCDE (2023), *Promouvoir les talents à Bruxelles, Belgique*, Revues de l'OCDE sur la création locale d'emplois, Éditions OCDE, Paris, https://doi.org/10.1787/c1f728f8-fr. [26]

OCDE (2022), *Recommendation of the Council on the Social and Solidarity Economy and Social Innovation, OECD/LEGAL/0472*, https://legalinstruments.oecd.org/en/instruments/OECD-LEGAL-0472%20. [7]

OCDE (2021), "Local entrepreneurship ecosystems and emerging industries: Case study of Cambridgeshire and Peterborough, United Kingdom", *OECD Local Economic and Employment Development (LEED) Papers*, No. 2021/01, OECD Publishing, Paris, https://doi.org/10.1787/044ffc1d-en. [46]

ONISEP (2024), *Les titres enregistrés au RNCP*, https://www.onisep.fr/orientation/l-enseignement-superieur/quelle-reconnaissance-pour-les-diplomes-du-superieur/les-titres-enregistres-au-rncp. [18]

Préfecture de Paris (2022), *Le Grand Paris du logement*, https://www.prefectures-regions.gouv.fr/ile-de-france/Region-et-institutions/Portrait-de-la-region/Institutions-regionales/Le-Grand-Paris/Le-Grand-Paris-du-logement/Le-Grand-Paris-du-logement. [34]

Préfecture d'Île-de-France (2022), *Le Grand Paris de l'emploi et de l'attractivité économique*, https://www.prefectures-regions.gouv.fr/ile-de-france/Region-et-institutions/Portrait-de-la-region/Institutions-regionales/Le-Grand-Paris/Le-Grand-Paris-de-l-emploi-et-de-l-attractivite-economique/Le-Grand-Paris-de-l-emploi-et-de-l-attractivite-economique. [37]

Région Île de France (n.d.), *L'action régionale pour la formation professionnelle*, https://www.iledefrance.fr/decouvrir-le-fonctionnement-de-la-region/la-region-en-action/laction-regionale-pour-la-formation-professionnelle. [14]

Vie publique (2024), *Grand Paris : un projet de développement pour une métropole de rang mondial*, https://www.vie-publique.fr/eclairage/19461-grand-paris-projet-de-developpement-dune-metropole-de-rang-mondial. [33]

Vie publique (2024), *Paris, collectivité territoriale spécifique*, https://www.vie-publique.fr/fiches/20152-paris-collectivite-territoriale-specifique#:~:text=1%20La%20collectivit%C3%A9%20Ville%20de%20Paris&text=Depuis%20le%201er%20janvier%202019%2C%20une%20collectivit%C3%A9%20unique%20%C3%A0,et%20du%20d%C3%A9partement%2. [6]

Ville de Paris (2024), *L'engagement de la Ville de Paris pour l'emploi*, https://www.paris.fr/pages/le-soutien-de-la-ville-a-l-emploi-6417#les-pactes-pour-l-emploi-parisien-et-les-entreprises-pepe. [47]

Ville de Paris (2023), *Paris renouvelle sa stratégie d'insertion par l'emploi pour 2021-2025*, https://www.paris.fr/pages/paris-refonde-sa-strategie-d-insertion-par-l-emploi-4548. [8]

Ville de Paris (2021), *Plan Parisien de l'Insertion par l'Emploi 2021-2025*, https://cdn.paris.fr/paris/2022/05/23/d66fe00e2d231db0c5e795bc6374dad4.pdf. [9]

Ville de Paris (2019), *La loi sur le statut de Paris promulguée*, https://www.paris.fr/pages/comprendre-le-projet-de-modernisation-du-statut-de-la-ville-de-paris-3224. [5]

Ville de Paris (n.d.), *Formations*, https://www.paris.fr/formations. [27]

Ville de Paris/ACCOR (2024), *Pacte pour l'emploi parisien et les entreprises*. [48]

## Notes

[1] Ministère du Travail, de la Santé des Solidarités et des Familles.

[2] Les dispositifs mis en place par la Ville s'adressent principalement aux personnes résidant à Paris, bien que certains programmes soient également ouverts aux non-Parisiens.

[3] Les quatre types de structures sont les suivantes : ateliers et chantiers d'insertion (ACI), les associations intermédiaires (AI), les entreprises d'insertion (EI), et les entreprises de travail temporaire d'insertion (ETTI) (Mon Parcours Handicap - Gouvernement, n.d.[56]).

[4] Les conventions permettent aux demandeurs d'emploi de continuer à recevoir leurs prestations sociales pendant la durée de la formation, et de bénéficier d'aides supplémentaires pour la mobilité ou d'autres besoins.

[5] Par exemple, la Charte sociale et la Charte de la SOLIDEO (Société de Livraison des Ouvrages Olympiques) pour l'emploi et le développement territorial a offert un modèle de coordination entre différentes parties prenantes pour répondre aux besoins du marché de l'emploi. S'appuyant sur des objectifs quantifiables, ces documents ont permis de favoriser l'insertion professionnelle et d'ouvrir aux TPE-PME et structures de l'économie sociale et solidaire les marchés publics liés aux Jeux. Parallèlement, les efforts conjoints du Comité d'Organisation des Jeux, de la Ville de Paris, de France Travail, de la SOLIDEO et des acteurs régionaux ont permis de fluidifier les processus de formation et de recrutement en lien avec les besoins des Jeux, a l'image de la plateforme EMPLOIS 2024.

[6] La Région et le CREFOP rédigent le Contrat de plan régional de développement de la formation et de l'orientation professionnelles (CPRDFOP), qui régit la politique publique de la formation professionnelle de la région francilienne (Conseil régional d'Île-de-France, 2023[13]).

[7] Le CREFOP est également composé des chambres consulaires et des opérateurs de l'emploi, de l'orientation et de la formation professionnelle.

[8] (1) Les comités régionaux pour l'emploi (CRPE), présidés par le préfet et le président du Conseil régional, sont chargés de définir les politiques de l'emploi et de la formation professionnelle ; (2) Les comités départementaux pour l'emploi (CDPE), présidés par le préfet et le président du Conseil départemental, sont compétents pour les politiques d'insertion des publics les plus éloignés du marché du travail ; (3) Les comités locaux pour l'emploi (CLPE), présidés par le préfet et les représentants des collectivités concernées, fixent des stratégies locales pour l'emploi et sont chargés d'organiser des partenariats pour des projets territoriaux.

[9] Les informations présentées dans cette section se basent sur les éléments recueillis lors d'un entretien entre les équipes de l'OCDE et la Direction de l'attractivité et de l'emploi (DAE) de la Ville de Paris le 17 décembre 2024.

# 5 Les politiques de l'emploi et de la formation professionnelle de la Ville de Paris

Ce chapitre examine les politiques de l'emploi et de la formation professionnelle. L'analyse porte en particulier sur les programmes développés par la Ville de Paris, ainsi que sur les actions déployées localement par l'État, la Région Île-de-France et les partenaires sociaux. Dans un premier temps, le chapitre dresse un état des lieux du marché du travail de Paris intramuros. Une attention particulière est portée aux *Points Paris Emploi* (PPE) et aux dispositifs mis en place pour accompagner les trajectoires professionnelles des Parisiens et Parisiennes. Le chapitre présente ensuite les dispositifs de formation de la Ville de Paris, et souligne leur rôle dans les parcours de reconversion. Enfin, le chapitre analyse les programmes d'insertion et de soutien à la création d'emplois de la Ville, et en particulier dans le champ de l'économie sociale et solidaire (ESS).

# En bref

## Poursuivre et tirer pleinement parti de la politique parisienne en faveur de l'emploi

- **Pleinement engagée dans l'accompagnement vers l'emploi et la formation professionnelle, Paris se positionne comme un acteur majeur des politiques de l'emploi en Île-de-France.** Cette démarche proactive dépasse le cadre d'action habituel des communes et départements. Elle repose sur le développement de dispositifs développés avec des acteurs de terrain (par exemple : France Travail, Mission locale) offrant des solutions adaptées à différents publics cibles.
- **Les inégalités demeurent cependant constitutives du marché du travail de la Ville de Paris, caractérisé par une part importante de demandeurs d'emploi en chômage de longue durée mais aussi de profils qualifiés.** Sur 186 000 demandeurs d'emploi parisiens (2024), près de la moitié sont en situation de chômage de longue durée (48 %), soit six points de pourcentage de plus que la moyenne nationale (42 %). Fait singulier du marché du travail de la Ville de Paris : en 2024, près de 60 % des demandeurs d'emploi disposent d'un niveau Bac+2 ou plus, soit presque deux fois la moyenne nationale (32 %).
- **Ces constats soulignent la nécessité d'accompagner une diversité de publics :** en priorité les personnes peu qualifiées et les plus vulnérables, mais aussi celles disposant de qualifications élevées mais à l'écart de l'emploi et à risque d'exclusion.
- **Pour les publics éloignés de l'emploi, la Ville a mis en place un large panel de politiques d'emploi, de formation et d'insertion.** De manière cohérente avec les enjeux du marché du travail, ces programmes s'adressent aux personnes les plus éloignées de l'emploi : les jeunes, les allocataires du Revenu de Solidarité Active (RSA), les migrants, les personnes en chômage de longue durée, les travailleurs 45+ ou encore les résidents de quartiers prioritaires et populaires. De nombreux dispositifs affichent de bons résultats. La Ville articule étroitement ces dispositifs avec l'économie sociale et solidaire, l'innovation sociale et les structures d'insertion.
- **La reconversion professionnelle est un parcours à amplifier afin d'aider les demandeurs d'emploi qualifiés au sein de la ville à trouver un emploi à leur niveau de qualification.** Par exemple, les programmes *Dynamiques Emploi 2025* et *ParisCode* pourraient poursuivre et élargir leur action en matière de reconversion, notamment vers les métiers du numérique. *L'IT Academy* de la Ville de Barcelone ou la *Tech Talent Pipeline* de New York – qui propose des formations avancées dans les métiers du numérique – pourraient servir de sources d'inspiration.
- **Le Grand Paris Express ouvrira de nouvelles possibilités d'emploi : en s'inscrivant davantage dans le marché de l'emploi métropolitain, des dispositifs tels que les *Points Paris Emploi* (PPE) pourront tirer parti de ces nouvelles opportunités.** En Île-de-France (hors Paris), la demande dans certains secteurs tels que la santé et le travail social, la construction ou encore l'enseignement est plus élevé qu'à Paris. Organiser des activités en lien avec l'offre d'emploi de territoires voisins pourrait multiplier les opportunités d'insertion.
- **L'évaluation plus systématique des dispositifs d'emploi et de formation est un levier qui peut renforcer l'impact des dispositifs proposés par l'ensemble des acteurs.** Actuellement, peu de programmes bénéficient d'un suivi approfondi des apprenants et font l'objet d'évaluations. Les exemples de villes comme Boston ou Utrecht, qui réalisent des évaluations d'impact, pourraient nourrir la réflexion de tous les acteurs de l'emploi.

## Introduction

**L'objectif de ce dernier chapitre est d'analyser les politiques de l'emploi et de la formation professionnelle de la Ville de Paris.** Le chapitre présente également des données plus approfondies sur le marché du travail au sein de la Ville de Paris. La Ville de Paris est dotée d'un statut unique dans le paysage institutionnel français. À la fois commune et département, Paris est également la capitale nationale, et la région francilienne est le centre économique du pays. Depuis plus de dix ans, la Ville de Paris vient renforcer les politiques nationales de l'emploi et les politiques régionales de formation grâce à un ensemble d'actions. Les programmes de la Ville s'articulent étroitement autour de différents publics cibles selon leurs besoins, y compris les résidents de quartiers prioritaires de la Ville (QPV) et les quartiers populaires parisiens, les allocataires du Revenu de Solidarité Active (RSA), les jeunes, les migrants, les personnes de plus de 45 ans ou encore des personnes en situation de chômage de longue durée. Ces programmes visent ainsi à répondre aux vulnérabilités sociales et économiques propres à chaque groupe.

**Paris a développé des programmes qui recouvrent l'ensemble des catégories des politiques actives de l'emploi de l'OCDE/UE, témoignant de la diversité de son action**. La Ville de Paris accompagne les demandeurs d'emploi, met en place des programmes de formation, accompagne l'insertion des personnes dans des emplois adaptés à leurs compétences, soutient directement la création d'es emplois, en tant qu'employeur notamment, et participe à la création d'activités (Tableau 5.1). Grâce à ces programmes, les Parisiens bénéficient d'une offre de service public supplémentaire et sur mesure, en plus des services nationaux (soutien à l'emploi) et régionaux (formation).

**Trois grands facteurs ont modifié le cadre dans lequel s'inscrivent les politiques de l'emploi et de formation à Paris**. (1) L'organisation des Jeux Olympiques et Paralympiques (JOP) 2024 a étendu le champ d'action de la Ville et de ses partenaires. La Ville a été à l'initiative de nombreuses nouvelles collaborations territoriales afin de favoriser l'impact positif des JOP sur le marché du travail local. Les partenariats (État, employeurs, territoires) conclus dans le cadre des JOP demeurent en place pour l'instant en place et pourraient constituer un soutien à l'action publique de la Ville en tant que département. (2) La mise en œuvre de la Loi pour le plein emploi (2023) renforce les dispositifs d'accompagnement des allocataires du RSA, un public spécifique dont la prise en charge relève de la Ville de Paris. La réforme réorganise également la gouvernance des politiques de l'emploi (chapitre 4) à l'échelle territoriale. (3) Enfin, le déploiement progressif du réseau de transport Grand Paris Express, avec ses 200km de lignes nouvelles et 68 nouvelles gares, est un levier majeur pour mieux faire correspondre l'offre et la demande d'emploi sur le territoire francilien.

### Tableau 5.1. Les programmes d'emploi de la Ville de Paris couvrent l'ensemble des catégories de politiques actives du marché du travail

Politiques de l'emploi de la Ville de Paris en fonction des catégories de politiques actives du marché du travail

| Catégorie de politique active | Exemples de dispositifs parisiens |
|---|---|
| **Information, orientation ou accompagnement** | Points Paris Emploi (PPE), Dynamiques Emplois 2025 |
| **Formation** | ParisCode, Parcours Linguistiques à Visée Professionnelle (PLVP), Paris Fabrik, Paris Hospitalités, Paris Emplois à Domicile |
| **Aides à l'emploi** | L'insertion par l'activité économique (IAE) |
| **Emploi protégé, emploi aidé, réhabilitation** | Dispositif Premières Heures : de la rue à l'emploi |
| **Création directe d'emplois** | Territoires Zéro Chômeurs de Longue Durée (TZCLD) |
| **Aides à la création d'entreprise** | Maison des Canaux, et soutien à différentes structures (ex. Chambre des Métiers et de l'Artisanat, Pousses.Paris) |

Source : Auteur sur la base de la classification des programmes du marché du travail par (Eurostat, 2019[1]), statistiques du marché du travail : rapport qualitatif. https://ec.europa.eu/social/main.jsp?catId=1143&langId=en.

**Ce chapitre est divisé en trois parties**. Le chapitre débute par une présentation détaillée des profils des demandeurs d'emploi dans la Ville de Paris ainsi que des offres d'emploi disponibles sur le marché du travail francilien. Cette partie approfondie les statistiques présentées dans le Chapitre 2. Les politiques d'accompagnement des demandeurs d'emploi sont ensuite présentées. Le chapitre analyse les possibilités offertes par une plus forte mobilité des demandeurs d'emploi parisiens vers l'Île-de-France, une perspective d'autant plus réalisable avec le développement du Grand Paris Express. Une deuxième section se concentre sur les initiatives de formation professionnelle de la Ville de Paris. Enfin, le chapitre analyse les initiatives de la Ville pour créer des emplois de proximité et durable grâce à l'économie sociale et solidaire (ESS). Il examine également la mise en œuvre de l'expérimentation Territoires Zéro Chômeur de Longue Durée (TZCLD) dans la Ville de Paris.

## Accompagner les demandeurs d'emploi parisiens dans un marché du travail métropolitain

### *Paris intramuros : un marché du travail à deux vitesses*

**Le demandeur d'emploi parisien est plus qualifié que la moyenne nationale.** Selon les chiffres de France Travail, en 2024, 49 % et 11 % des demandeurs d'emploi enregistrés dans la Ville de Paris disposaient, respectivement, de plus de trois ou deux ans de d'éducation après l'obtention du baccalauréat (Graphique 5.1). Paris intramuros dispose de près de deux fois plus de demandeurs d'emploi qualifiés que la moyenne française : près de 60 % des demandeurs d'emploi à Paris justifient d'au moins deux ans en études post-secondaire, contre seulement 32 % des demandeurs d'emploi en France. En Île-de-France (hors-Paris), 40 % des demandeurs d'emploi a effectué au moins trois ans d'études post-secondaire, une proportion entre la moyenne parisienne et française. Le grand nombre de demandeurs d'emploi qualifiés à Paris, dont une part importante de cadres (29 %), s'explique par la position unique du bassin d'emploi parisien en tant que premier pôle économique du pays.

#### Graphique 5.1. À Paris, la proportion de demandeurs d'emploi qualifiés dépasse la moyenne nationale de plus de 25 points de pourcentage

Profils des demandeurs d'emploi, niveau d'éducation, Paris, Île-de-France et France, 2024

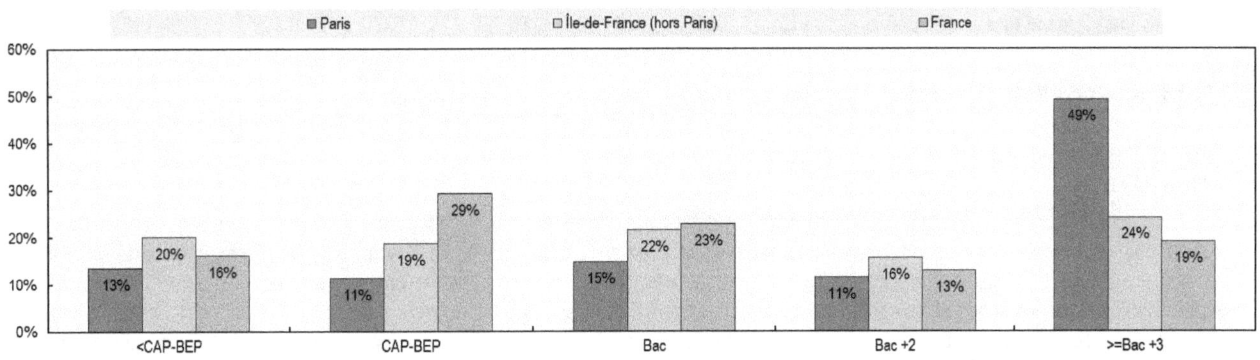


Note : (1) Le calcul prend en compte les demandeurs d'emploi de catégorie A, B, et C au T2 2024. Les catégories des demandeurs d'emploi A, B, et C selon la Direction de l'information légale et administrative (Premier ministre) : (A) Personne sans emploi, devant accomplir des actes positifs de recherche d'emploi ; (B) Personne ayant exercé une activité réduite de 78 heures maximum par mois, devant accomplir des actes positifs de recherche d'emploi ; (C) Personne ayant exercé une activité réduite de plus de 78 heures par mois, devant accomplir des actes positifs de recherche d'emploi ; (2) Le calcul prend en compte les demandeurs d'emploi catégories A, B et C pour lesquels un niveau d'éducation est enregistré en chiffres bruts dans la base de données Data Emploi de France Travail. (3) BEP - Brevet d'études professionnelles, CAP - Certificat d'aptitude professionnelle.
Source : France Travail, Data Emploi, https://dataemploi.francetravail.fr.

**La présence plus importante de personnes en situation de chômage de longue durée distingue également le marché du travail de la ville de la moyenne française et francilienne**. À Paris, près de la moitié (48 %) des demandeurs d'emploi parisiens sont au chômage depuis au moins douze mois (T2 2024), une part plus élevée que la moyenne française de 6 points de pourcentage (42 %), ou encore de celle de la Seine-Saint-Denis de 4 points de pourcentage (44 %) (Tableau 5.2). Une étude met en évidence deux facteurs pour comprendre la durée prolongée du chômage à Paris et dans sa région : d'une part, une inadéquation entre offre et de demande de compétences ; et d'autre part, une inadéquation géographique entre les lieux de résidence et les zones de concentration des offres d'emploi à l'échelle régionale (Sari et L'Horty, 2015[2]). Le Grand Paris Express contribuera à lever une partie de ces obstacles en reliant entre elles des zones d'activité et d'emploi aujourd'hui peu connectées par le réseau ferroviaire.

**L'inadéquation entre offre et demande de compétences et le manque d'opportunités adaptées pourraient expliquer le taux de chômage de longue durée élevé à Paris.** Les statistiques sur les offres d'emploi dont disposent France Travail, bien que limitées, indique que le nombre de demandeurs d'emploi dans la Ville, notamment qualifiés, dépassent le nombre d'offre disponibles sur le marché du travail de la Ville de Paris (Graphique 5.2). Certaines exceptions sectorielles subsistent néanmoins. **Dans le domaine du développement informatique, notamment, le volume d'offres excède celui des candidats disposant des qualifications requises**. Bien que le taux d'inadéquation ait diminué parmi les personnes en emploi en Île-de-France (voir Chapitre 2), ces données suggèrent qu'une inadéquation persisterait chez les personnes sans emploi, portant davantage sur leurs compétences spécifiques que sur leur niveau de diplôme. **Dans ce contexte, les politiques de reconversion professionnelle, tout comme celles visant à aider les employeurs à créer des emplois attractifs et à recruter de nouveaux profils, constituent des réponses complémentaires indispensables**.[1]

## Tableau 5.2. Le taux chômage de longue durée des demandeurs d'emploi est élevé à Paris

Taux de chômage et caractéristiques des demandeurs d'emploi, départements d'Île-de-France, 2024

| | Paris (75) | Hauts-de-Seine (92) | Seine-Saint-Denis (93) | Val-de-Marne (94) | Essonne (91) | Val-d'Oise (95) | Seine-et-Marne (77) | Yvelines (78) | France |
|---|---|---|---|---|---|---|---|---|---|
| **Taux de chômage** | 5,7 % | 6,0 % | 10,2 % | 7,2 % | 6,4 % | 7,9 % | 6,7 % | 6,5 % | 7,3 % |
| **Nombre de demandeurs d'emploi** | 186 050 | 112 910 | 165 700 | 104 760 | 86 790 | 97 470 | 103 250 | 98 190 | 6 010 290 |
| **Part d'allocataires RSA** | 11 % | 12 % | 16 % | 13 % | 11 % | 12 % | 13 % | 12 % | 14 % |
| **Part de chômeurs longue durée (+12 mois)** | 48 % | 41 % | 44 % | 40 % | 35 % | 38 % | 42 % | 43 % | 42 % |

Note : (1) Les catégories des demandeurs d'emploi selon la Direction de l'information légale et administrative (Premier ministre): (A) Personne sans emploi, devant accomplir des actes positifs de recherche d'emploi ; (B) Personne ayant exercé une activité réduite de 78 heures maximum par mois, devant accomplir des actes positifs de recherche d'emploi ; (C) Personne ayant exercé une activité réduite de plus de 78 heures par mois, devant accomplir des actes positifs de recherche d'emploi (2) Le tableau indique la proportion d'allocataires du RSA avant leur intégration dans les données de France Travail (prévu en 2025).
Source : France Travail ; (INSEE, 2024[3]), Taux de chômage localisés au 2e trimestre 2024 Comparaisons régionales et départementales, https://www.insee.fr/fr/statistiques/2012804.

Graphique 5.2. Les métiers du numérique offrent une opportunité de réduire le déséquilibre entre l'offre et la demande d'emploi dans la Ville de Paris

Profils des demandeurs d'emploi et des offres diffusées par les recruteurs, 2024, Ville de Paris

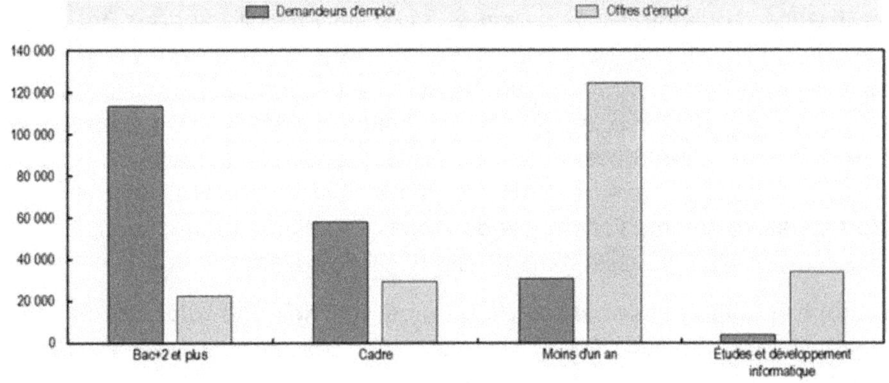


Note : T3 2024.
Source : France Travail.

**La part élevée de personnes en situation de précarité économique dans la Ville de Paris peut aussi expliquer la surreprésentation du chômage de longue durée par rapport à la moyenne nationale**. Le taux de pauvreté au sein de la ville de Paris est en effet supérieur à la moyenne nationale : 15,6 % à Paris contre 14,9 % en France métropolitaine selon les derniers chiffres disponibles (APUR et INSEE, 2024[4]). Les personnes en situation de pauvreté cumulent souvent plusieurs freins à l'insertion professionnelle, tels que l'instabilité du logement, un faible niveau de compétences ou encore des difficultés psycho-sociales qui entravent leur accès à un emploi de qualité. Bien que ces entraves socio-économiques affectent plus fortement les publics moins qualifiés, elles ne se limitent pas à ce groupe et peuvent également toucher des personnes plus diplômées. C'est notamment le cas des étudiants, qui représentent environ 10 % de la population parisienne (Apur, 2024[5]). En 2024, en France, un tiers des jeunes étudiants interrogés dans le cadre d'un sondage déclaraient sauter un repas faute de moyens (IFOP, 2024[6]). Dans ce contexte, le niveau particulièrement élevé des loyers dans la capitale constitue un facteur aggravant de leur précarité économique.

**La mise en œuvre de la Loi Plein Emploi en 2025 va amener un plus grand nombre de Parisiens à s'inscrire chez France Travail.** La mise en œuvre de la Loi Plein Emploi de 2023 vise à créer de nouveaux besoins d'accompagnement. À partir de 2025, cette Loi prévoit que les allocataires du Revenu de solidarité active (RSA), ainsi que les jeunes inscrits en Mission locale et les personnes en situation de handicap soient automatiquement inscrits auprès de France Travail (Ministère du Travail et de l'Emploi, 2024[7]). Cette loi introduit de nouvelles modalités d'accompagnement et de contrôle, afin de renforcer le suivi et l'engagement des bénéficiaires dans un parcours d'insertion professionnelle. Par exemple, cette loi rend obligatoire la signature d'un contrat d'engagement au moment de l'inscription des bénéficiaires à France Travail, définissant les actions à mener et les obligations du bénéficiaire. Elle permet également au président du conseil départemental de déléguer à France Travail la responsabilité du contrôle des engagements pris par les allocataires du RSA dans le cadre de ce contrat.

### *Encourager la mobilité géographique des demandeurs d'emploi parisiens au sein du bassin métropolitain*

**À l'image d'autres grandes villes de l'OCDE, Paris s'insère dans un bassin d'emploi fonctionnel qui dépasse largement les frontières administratives de la ville.** L'Île-de-France concentre environ 23 % de l'emploi en France, 18 % de la population et 31 % du Produit Intérieur Brut (PIB) (CCI de Paris, 2022[8]). Dans ce contexte, l'offre de transport collectif, l'usage de la voiture individuelle et les mobilités douces sont des leviers pour permettre aux demandeurs de la capitale d'étendre leur recherche d'emploi à une aire économique qui dépasse largement les limites de la ville. Ce bassin d'emploi comprend l'ensemble des territoires de la Métropole du Grand Paris, presque l'intégralité des communes de l'Île-de-France (Chapitre 2) et s'étend au-delà des limites administratives de la Région.2 Une zone de navettage autour d'une ville est définie comme l'ensemble des localités qui entourent une ville et dont plus de 15 % de la population de ces localités travaille dans la ville (OCDE, 2021[9]).

**Le bassin d'emploi francilien est constitué de plusieurs zones d'emploi spécialisées, reflétant des orientations sectorielles différenciées :** la zone de Roissy, spécialisée dans le transport et l'entreposage ; la zone de Marne-la-Vallée tournée vers le tourisme ; et celle de Saclay, dédiée à la recherche et l'innovation (INSEE, 2020[10]). Les flux de travailleurs y sont particulièrement denses, mais avec une forte dominance des flux entrants vers la capitale. Selon les dernières estimations disponibles, plus de 60 % des emplois à Paris sont occupés par des non-résidents dans la ville, tandis que 30 % des actifs parisiens exercent une activité professionnelle en dehors de Paris (Chapitre 1). Cette tendance correspond aux flux observés dans d'autres métropoles de l'OCDE. Certaines régions de l'OCDE, telles que Bruxelles, cherchent à mobiliser plus activement les flux de travailleurs sortants pour tirer profit du potentiel économique de leur couronne métropolitaine (Humphrey et al., 2019[11] ; OCDE, 2023[12]).

**L'Île-de-France (hors Paris) offre des opportunités pour les Parisiens et les Parisiennes dans des secteurs qui sont moins implantés à Paris.** Selon un calcul réalisé sur près des 706 000 offres d'emploi publiées en ligne en Île-de-France au cours de l'année 2023, 15 % et 10 % des offres d'emploi parisiennes se concentrent dans les activités spécialisées : activités scientifiques et techniques, les télécommunications et l'informatique respectivement, contre seulement 11 % et 8 % des emplois en Île-de-France (hors Paris). En Région Ile-de-France (hors Paris), les secteurs de l'industrie manufacturière, la santé et l'action sociale, l'enseignement ou encore la construction et le transport et l'entreposage représentent des parts plus importantes dans les offres d'emplois publiées en ligne. Ainsi, au-delà de leur niveau de qualifications, le parcours des demandeurs d'emploi parisiens pourrait être orienté selon le poids respectifs des différents secteurs au sein du territoire francilien. Les données sur le nombre total d'offres d'emploi confirment cette tendance (Graphique 5.3).

**Le développement du réseau de transports Grand Paris Express ouvre de nouvelles possibilités pour rapprocher les Parisiens de l'offre d'emploi francilienne.** Ce projet d'aménagement urbain à grande échelle prévoit notamment l'expansion ou la construction de cinq lignes de métro, de 68 nouvelles gares et de 180 projets urbains (Grand Paris express, 2024[13]). L'un des principaux objectifs du Grand Paris Express est d'améliorer l'accessibilité entre les zones d'habitat (par exemple : Saint-Denis Pleyel, Champigny) et les zones d'emploi en Île-de-France (par exemple : les aéroports, le plateau de Saclay, le Campus Descartes, La Défense, le Stade de France). La réduction des temps de trajets rendue possible par le Grand Paris Express pourrait permettre de gagner en efficacité, avec la création de 168 000 emplois, et une augmentation de la population active estimée à 3,1 % (Chapelle et al., 2017[14]). En améliorant l'accessibilité des zones d'activités, ce projet restructure les possibilités d'emploi pour les demandeurs d'emploi parisiens et franciliens, et au sein des zones d'emploi de Rungis, Orly et divers pôles de la Seine-Saint-Denis deviendront plus accessibles.[3]

## Graphique 5.3. L'Île-de-France offre des opportunités pour les demandeurs d'emploi dans la santé et l'action sociale, la construction ou encore les transports

Offres d'emploi publiées en ligne en région francilienne, 2023

A. Proportion d'offres d'emploi publiées par secteur, sélection, Paris vs. Île-de-France (hors Paris), 2023

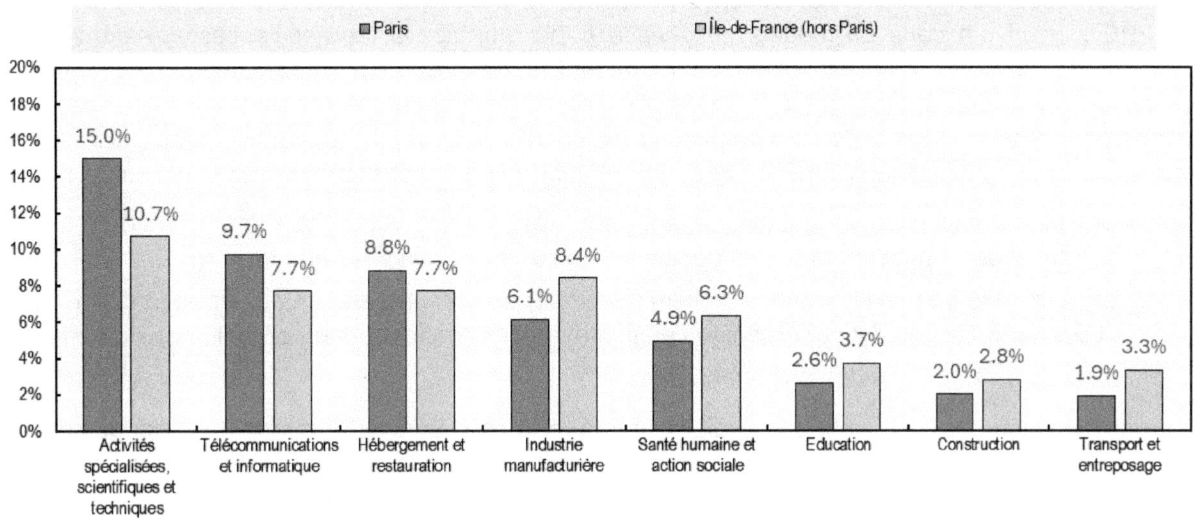


B. Nombre d'offres d'emploi publiées par secteur, sélection, Paris vs. Île-de-France (hors Paris), 2023

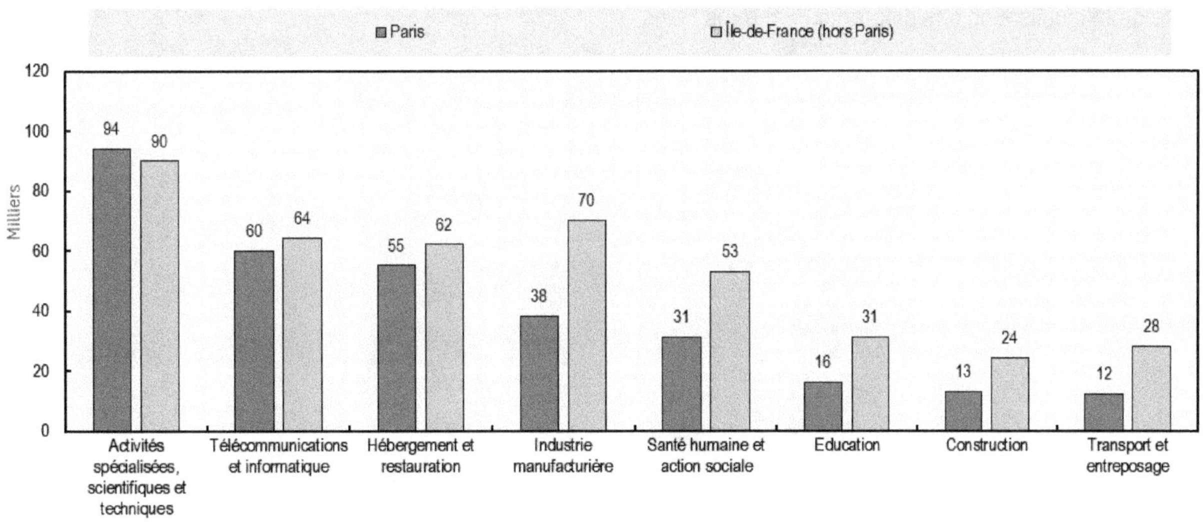


Remarque : Calcul sur 705 689 emplois (302 696 pour Paris, 402 993 pour l'Île-de-France hors Paris) publiés en ligne en Île-de-France au cours de 2023.
Source: Calcul OCDE sur données Lightcast.

### *Favoriser la mobilité grâce aux Points Paris Emploi et poursuivre l'action de Dynamiques Emploi 2025 pour soutenir les reconversions*

**Les Points Paris Emploi (PPE) constituent un dispositif central d'orientation vers l'emploi de la Ville de Paris.** Implantés dans onze arrondissements (Graphique 5.6), les PPE sont des centres ressources dont le rôle est complémentaire à celui des agences parisiennes de France Travail. Ces centres permettent à toute personne d'accéder, sans rendez-vous ni aucune forme d'inscription, à une information qualifiée et une orientation vers un dispositif ou une structure adaptée (Ville de Paris, 2024[15]). Les PPE s'inscrivent dans un modèle de service public qui vise à faciliter l'accès aux démarche en réduisant les barrières d'accès telles que la nécessité de prendre rendez-vous ou les démarches administratives. Alors que les agences de France Travail fonctionnent sur rendez-vous pour assurer un suivi personnalisé aux demandeurs d'emploi sur les questions de retour à l'emploi, et de perception des prestations sociales (ex. allocation chômage), les PPE offrent un accès libre aux services suivants :

- Une information et une orientation personnalisé sans rendez-vous, notamment vers des structures spécialisées comme les Missions Locales, France Travail, ou CAP emploi ;
- La possibilité de participer à des ateliers (rédaction de CV, préparation aux entretiens, formations) et évènements (job dating) organisés en lien avec des employeurs ou organismes de formation ;
- L'accès à des ressources documentaires.

La programmation des PPE contribue également à la mise en œuvre d'une partie des engagements pris dans le cadre des Pactes Parisiens Pour l'Emploi, présentés dans le Chapitre 4. Elle prévoit notamment l'organisation de forums et autres évènements avec les employeurs signataires des Pactes. Les PPE sont gérés par différentes structures associatives soutenues par la Ville de Paris.[4]

#### Graphique 5.4. La Ville de Paris gère onze Point Paris Emploi (PPE) avec ses partenaires

Carte de la localisation des différents PPE dans Paris

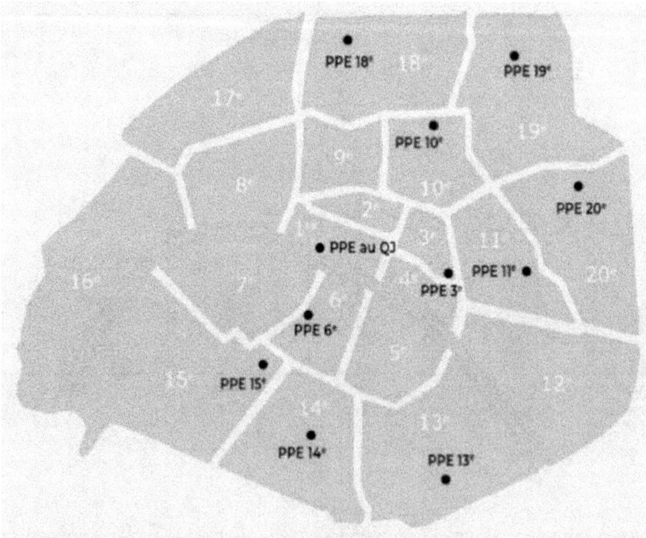


Source : (Ville de Paris, 2024[15]), Les Points Paris Emploi (PPE), https://www.paris.fr/pages/les-points-paris-emploi-ppe-25787.

**La fréquentation spontanée des guichets des PPE pourrait être encouragée afin de faciliter l'accès des Parisiens à l'ensemble des dispositifs d'emploi disponibles.** Ces centres offrent un accès facilité à l'information, à l'orientation et services d'accompagnement disponibles pour l'ensemble des personnes en recherche d'emploi, reconversion ou évolution professionnelle à Paris. En ce sens, les PPE constituent une fenêtre sur l'ensemble de l'offre d'accompagnement et de formation locale. En 2023, ces centres ont accueilli près de 24 000, dont 6 615 se sont présentées à l'accueil sans participer aux activités proposées (Graphique 5.3). 7 865 personnes ont participé aux ateliers et événements organisés par les PPE, un chiffre supérieur à celui des visites spontanées (service d'accueil, d'information, et d'orientation), qui témoigne de l'attractivité de ces ateliers en 2023. Une meilleure communication sur ces lieux pourrait attirer un plus grand nombre de personnes éloignés de l'emploi vers ces lieux. Par exemple, le nouveau comité départemental pour l'emploi (CDPE), présenté au chapitre 4, pourrait constituer un espace pour définir une stratégie de communication renforcée autour de ces guichets, ainsi que de leur appropriation par les acteurs de l'emploi et de l'insertion.

## Tableau 5.3. Les 11 PPE permettent à près de 24 000 personnes de bénéficier d'un service d'information et d'orientation vers l'emploi et la formation

Fréquentation des Points Paris Emploi, 2023

| | Accueil : information et orientation | Ateliers | Évènements | Usage des locaux | **Total** |
|---|---|---|---|---|---|
| Fréquentation | 6 615 | 4 117 | 3 748 | 8 542 | **23 645** |

Source : Direction de l'Attractivité et de l'Emploi (DAE), Ville de Paris.

**En élargissement leur programmation à un plus grand nombre de secteurs, et notamment ceux plus fortement implantés en banlieue, les PPE constituent un levier stratégique pour renforcer l'accès à l'emploi des personnes résidents à Paris**. Actuellement la programmation des PPE prévoit la réalisation d'ateliers thématiques (par exemple, sur la création d'activité), l'organisation de forums sectoriels ou généralistes, et la diffusion d'offres d'emploi sur le site des PPE de la Ville. Cette programmation pourrait être élargie avec par exemple la réalisation de sessions dédiées aux métiers qualifiés ou peu qualifiés dans les secteurs de l'industrie, la santé, l'action sociale, la construction, l'enseignement, pour ouvrir de nouvelles opportunités pour les demandeurs d'emploi parisiens). Des partenariats pourraient également être envisagés avec les collectivités voisines, en s'inspirant par exemple de la Région de Bruxelles-Capitale, qui encourage les demandeurs d'emploi à participer à des salons en Région flamande (Actiris, s.d.[16]).

**Compte tenu de la forte tension qui caractérise les métiers du numérique en Île-de-France, une attention particulière pourrait également être portée à ce secteur par les PPE**. Les métiers du numérique figurent en effet parmi les professions les plus en tension dans la région en 2024 (T4) (France Travail, 2025[17]). Le chapitre 3 met également en lumière la forte demande de compétences numériques avancées dans l'intégralité de l'offre d'emploi francilienne. Il existe donc une réelle opportunité pour les PPE de s'emparer de ces besoins de recrutement. Ainsi, la Ville de Paris et ses partenaires pourraient encourager les entreprises du numérique à établir des partenariats avec les PPE, afin d'y organiser des ateliers thématiques et des sessions de recrutement. La grande diversité des métiers du numérique se prête également à la mise en place de sessions d'orientation à destination des personnes intéressées par ces professions.

**L'initiative *Dynamiques Emploi 2025* complète l'activité d'information et d'orientation des PPE, notamment pour encourager les parcours de reconversion auprès tous les publics.** Mise en place par la Ville de Paris, l'initiative *Dynamiques Emploi 2025* soutient treize structures à Paris qui proposent au total plus de 1000 parcours d'accompagnement gratuits (Ville de Paris, 2024[18]). Les structures partenaires de *Dynamiques Emploi 2025* fournissent trois types de services : (1) l'aide à la construction d'un projet professionnel, (2) un soutien à la reconversion professionnelle pour changer de métier ou de secteur ; et (3) une préparation au retour à l'emploi. Ces parcours s'adressent à différents publics : aux allocataires du RSA, aux personnes âgées de plus de 45 ans, et aux demandeurs d'emploi plus généralement. Les parcours de reconversion *Dynamiques Emploi 2025* présentent une opportunité pour aider les Parisiens, et notamment les publics qualifiés, à mobiliser leurs compétences existantes et à se réorienter vers des métiers en tension, comme ceux du numérique.

## Les dispositifs de formation professionnelle à Paris

### *L'offre de formation disponible à Paris et en région francilienne, dont celle proposée par la Ville, est dense et riche*

**La densité et la diversité de l'offre de formation à Paris et en région sont le résultat de la mobilisation conjointe de plusieurs acteurs institutionnels, en complément de la Ville de Paris** : France Travail, les opérateurs de compétences (OPCO) et la Région d'Île-de-France. L'ensemble de ces offres de formation vise à répondre aux besoins du marché du travail. La Ville de Paris propose des formations qualifiantes et conventionnées, consultables via des plateformes à destination des employeurs (Dokelio, Kairos) et des personnes en recherche d'emploi (emplois.paris.fr, paris.fr, Oriane, ouiform). Le conventionnement des formations permet une prise en charge financière des frais pédagogiques et de l'indemnisation des stagiaires, le cas échéant. La Région Île-de-France, en tant que responsable de la politique de formation professionnelle, finance de nombreuses filières, notamment à destination des jeunes (Code du travail, 2025[19]). Au niveau national, le Compte Personnel de Formation (CPF) est un dispositif qui permet aux actifs d'accumuler des droits à la formation mobilisables tout au long de leur vie, y compris pendant des périodes de chômage (Ministère du travail, de la santé, des solidarités et des familles, 2024[20]). Les opérateurs de compétences (OPCO) interviennent quant à eux au niveau des branches professionnelles pour financer les contrats d'apprentissage et de professionnalisation, et assurer des services de formation auprès des entreprises (Ministère du Travail, 2023[21]).[5] Le rôle de ces acteurs est approfondi dans le Chapitre 4.

**Les données disponibles sur la formation des demandeurs d'emploi sur le territoire de la Ville de Paris permettent d'évaluer la contribution de ces différents acteurs publics à la formation continue**. Ces chiffres ne capturent qu'une partie du financement de la formation à Paris, puisqu'ils couvrent uniquement la population des demandeurs d'emploi entrés en formation en 2023 (un peu moins de 36 000), et non l'intégralité de la population formée (notamment : personnes salariées, jeunes en formation initiale). Les formations financées, ou co-financées, par France Travail et le Conseil Régional, représentent respectivement 23 % et 22 % des entrées en formation dans la Ville de Paris en 2023, contre 34 % et 26 % en France respectivement (Graphique 5.5). Les formations de la Ville de Paris conventionnées par France Travail sont comprises dans l'offre de France Travail. Le CPF, lui, a financé 43 % des entrées en formation en 2023, contre 33 % en France. En considérant la part de demandeurs d'emploi entrés en formation en 2023, les programmes de formation de la Ville de Paris représenteraient un peu plus de 8 % du nombre de demandeurs d'emploi formés[6]. Enfin, les OPCO forment aussi des personnes en emploi, qui ne sont pas représentés dans les chiffres ci-dessous.

## Graphique 5.5. Les formations de France Travail, dont les programmes qualifiants de la Ville de Paris, atteignent 23 % des demandeurs d'emploi en formation à Paris

Entrées en formation par type de formation, demandeurs d'emploi en formation, Paris vs. France, cumul 2023

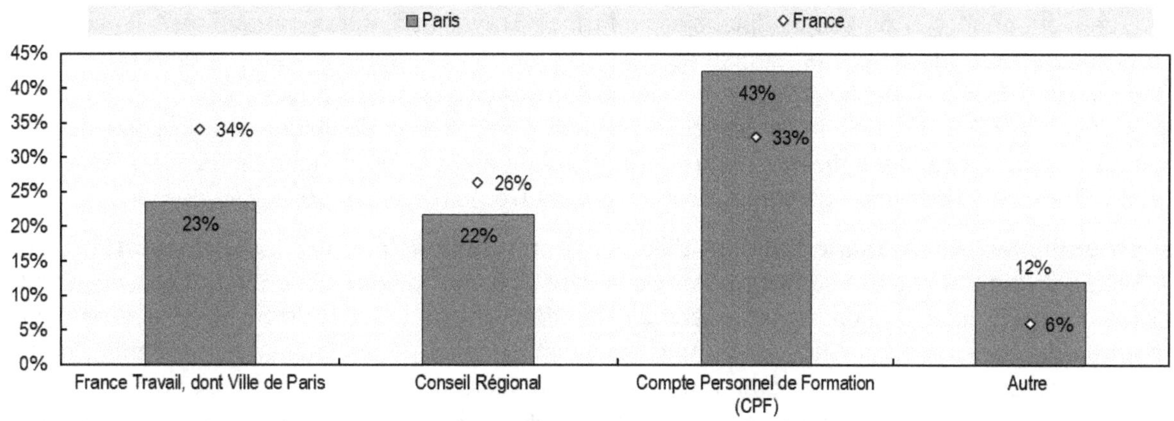


Note : Les données pour l'offre de formation de France Travail comprend les formations suivantes : l'Aide individuelle à la formation (AIF), l'Action de Formation Conventionnée par France Travail (AFC), la Préparation Opérationnelle à l'Emploi individuelle (POE I), la Préparation Opérationnelle à l'Emploi Collective (POEC) et l'Action de formation préalable au recrutement (AFPR). La Ville de Paris cofinance des actions via les dispositifs suivants : AIF, POE I.
Source : (France Travail, 2024[22]), https://statistiques.pole-emploi.org/formation/form?pp=202301-202312&ss=1. ; (France Travail, 2025[23]), https://dataemploi.francetravail.fr/emploi/offre-et-demande/demandeurs/DEP/75.

**Le conventionnement des formations avec France Travail permet de lever une partie des freins économiques**. Le manque de temps et de ressources financières sont parmi les principaux obstacles à la formation cités par les adultes moins qualifiés des pays de l'OCDE (OCDE, 2019[24]). En apportant un soutien financier, le conventionnement de l'offre de formation par France Travail permet de remédier à une partie de ces barrières. Toutes les formations ne peuvent cependant bénéficier de cette solution. C'est le cas des filières pré-qualifiantes telles que les Parcours Linguistiques à Visée Professionnelle (PLVP) de la Ville de Paris, pour lesquelles l'absence de conventionnement freine l'accès ou le maintien en formation des publics bénéficiaires. Les critères établis par France Travail pour le conventionnement des formations sont précisés dans son instrument financier, l'Action de Formation Conventionnée (AFC).

**Une réflexion pourrait être engagée sur la coordination de l'offre de formation prescrite par les acteurs et dispensée par les organismes de formation, à l'échelle francilienne.** La pluralité de l'offre de formation à Paris et en région engendre une complexité qui peut entraver l'accès aux formations. À l'échelle des pouvoirs publics et des partenaires sociaux, le grand nombre d'acteurs (par exemple : France Travail, Région, CPF, OPCO) impliqués dans le financement et la prescription de la formation (Amiel, 2023[25]) nécessite une coordination étroite pour la mise en œuvre d'une politique de formation harmonisée (voir le Chapitre 4). À l'échelle opérationnelle, la multiplicité des acteurs impliqués dans le financement de la formation démultiplie les organismes de formation : selon la DRIEETS, la région francilienne compterait 25 000 prestataires de formation, dont 10 000 à Paris (DRIEETS, 2020[26]).[7] Les acteurs financent un écosystème dense d'organismes privés, associatifs et parapublics, qui forment parfois sur les mêmes filières. Le grand nombre d'organismes et de voies d'entrées dans le système de formation démultiplie les choix de parcours pour les apprenants et complique l'accès à l'offre de formation (OCDE, 2017[27]).

### *Les bons résultats des programmes de formation de la Ville ouvrent la voie au développement de passerelles de reconversion, notamment vers le numérique*

**La Ville de Paris gère six programmes de formation professionnelle via des appels à projets annuels**. À destination des publics éloignés de l'emploi majoritairement, ces programmes (présentés ci-après), peuvent bénéficier du soutien financier de France Travail et d'autres partenaires[8]. Ils sont opérés par des organismes (associations, structures de l'ESS et des entreprises agréées entreprise solidaire d'utilité sociale - ESUS) sélectionnés par la Ville au travers des appels à projets. Ces programmes sont conçus pour répondre aux besoins spécifiques du marché du travail et ciblent des groupes de métiers spécifiques, et notamment les métiers qui exigent des compétences numériques plus avancées (Ville de Paris, 2025[28]). La Ville anime également directement les Cours d'Adultes de la Ville de Paris

**Ces programmes de formation de la Ville de Paris bénéficient de taux d'insertion élevés**. *ParisFabrik,* un programme axé sur les métiers de la transition écologique (fabrication, économie circulaire, mobilités douces, rénovation énergétique, écoconstruction) affiche un taux de 83 % de sorties positives (vers un emploi, une création d'activité ou une nouvelle formation), semblable à Paris Fertile, porté sur l'agriculture durable. *ParisCode*, programme dédié aux métiers du numérique, atteint un taux de sorties positives de 73 %, avec 6 927 entrées en formation cumulées (Tableau 5.4). Sur cinq ans (2019-2023), le programme *Paris Tous En Jeux,* qui a formé aux métiers mobilisés dans le cadre de l'organisation des JOP, a permis à 85 % des apprenants de retrouver un emploi ou d'entrer dans une autre formation professionnelle.

#### Tableau 5.4. 3 000 personnes se forment en moyenne chaque année grâce aux programmes de formation de la Direction de l'Attractivité et de l'Emploi de la Ville de Paris

Formations offertes par la Ville de Paris, nombre d'apprenants (moyenne annuelle) et taux d'insertion (1er semestre 2024)

| | Secteur | Date de lancement | Apprenants (Moyenne annuelle) | Entrées en formation (cumul depuis création) | Sorties positives à 6 mois |
|---|---|---|---|---|---|
| Parcours Linguistiques à visée professionnelle (PLVP) | Parcours pré-qualifiant français à visée d'insertion professionnelle | 2012 | 1 300 | 15 594 | 58 % |
| ParisCode | Numérique | 2016 | 866 | 6 927 | 73 % |
| ParisFabrik | Transition écologique | 2017 | 170 | 1 022 | 83 % |
| Paris Tous en Jeux | JOP 2024 | 2019 | 358 | 1 792 | 85 % |
| Paris Fertile | Agriculture durable | 2021 | 150 | 301 | 83 % |
| Paris Emplois à Domicile | Services à la personne | 2021 | 101 | 303 | 58 % |

Source : Auteur sur la base de données fournies par la Ville de Paris, Direction de l'Attractivité et de l'Emploi (DAE).

**En s'appuyant sur des partenariats avec des acteurs locaux, *ParisCode* forme aux métiers du numérique.** Ce programme propose des formations pré-qualifiantes et qualifiantes gratuites, couvrant un large spectre de compétences métiers comme le développement web et mobile, l'intelligence artificielle, la cybersécurité, le marketing digital ou encore l'e-commerce. Deux types de formation sont proposés : des bootcamps/sessions courtes, d'une durée de trois à quatre mois, offrant d'accéder directement à l'emploi ou de poursuivre sesétudes, et des sessions longues, s'étalant sur six à douze mois.[9] En 10 ans, *ParisCode* a permis à plus de 10 000 Parisiens, dont 47 % de femmes, de se former gratuitement.

**Le programme s'appuie sur un réseau de partenaires tels que France Travail, la Grande École du Numérique, et l'Opco Atlas et Afdas, qui financent des formations**. Grâce aux « Pactes pour l'Emploi & la Formation » (Chapitre 4), des entreprises comme Orange, Cisco, Google, Accenture et Microsoft soutiennent le programme par le biais de mécénat financier et des initiatives de Responsabilité Sociale (RSE), telles que des ateliers sur les soft skills des candidats, des journées découverte des métiers ou encore du mentorat. Les formations *ParisCode* sont déployées par des écoles aux pédagogies innovantes (école 42, Simplon, Social Builder, Ada Tech School, Descodeuses, Konexio, Rocket School, Oreegami, Winside, le Wagon, Ironhack) et implantées au plus près de leurs publics cibles. (Ville de Paris, 2025[29]).

**En capitalisant sur ces bons taux d'insertion, *ParisCode* pourrait intégrer à ses parcours existants des nouvelles passerelles vers des métiers plus qualifiés**. Les métiers liés aux études et développement informatique, à la direction des services informatiques, ainsi qu'à l'expertise et au support en systèmes d'information figurent respectivement aux 2e, 5e et 7e rangs des métiers les plus recherchés par les recruteurs parisiens (France Travail, 2024[30]). Or au premier trimestre 2024, 33 560 offres d'emploi ont été publiées pour des postes de développeurs informatiques, contre seulement 3 840 demandeurs d'emploi (France Travail, 2024[30]).[10] Ces difficultés de recrutement, caractérisées comme « très élevées », sont notamment attribuées au lien formation-métier, et concernent des métiers du numérique qualifiés (Bac+3 ou Bac+5) (France Travail, 2024[30]).[11]

**Un parcours ciblant les profils plus qualifiés dans le domaine du numérique pourrait compléter les dispositifs *ParisCode* existants**. La portée du programme *ParisCode* pourrait être étendue avec la mise en place de passerelles vers des programmes Bac+ 4 ou Bac+ 5 en informatique. Cette démarche permettrait d'encourager la reconversion de certains profils d'apprenants (notamment les jeunes diplômés) vers des métiers du numériques plus qualifiés tout en préservant les parcours *ParisCode* existants, qui s'adressent à un public divers et dont les résultats sont déjà positifs.

**Les programmes de formation d'autres villes de l'OCDE, qui vise également à développer les qualifications numériques les plus avancées, peuvent inspirer la Ville de Paris.** Des villes comme Barcelone (*IT Academy* comprise dans la stratégie *Barcelone : ville de talents*) ou encore New York, via son programme *Tech Talent Pipeline*[12], peuvent servir d'inspiration à ce titre (Encadré 5.1). À Barcelone, la *IT Academy*, soutenue par le service d'emploi de la Ville, *BarcelonaActiva*, est entièrement dédiée au développement de compétences numériques avancées à travers différentes filières de formation intensives. À ce titre, l'académie a noué un partenariat avec l'école 42 de Barcelone, un centre de formation privé dans le numérique, qui prépare en partie à des métiers très qualifiés du secteur. À New York, le programme *Tech Talent Pipeline* repose en partie sur des partenariats avec des universités new-yorkaises, afin de créer des passerelles pour les publics sous-représentés dans les métiers les plus avancés du numérique. Le programme *Dynamique Emploi 2025* de la Ville de Paris est aussi un outil complémentaire pour amplifier les parcours de reconversion vers les métiers du numérique, dans la mesure où il permet de renforcer l'orientation en amont, avant qu'une personne ne s'engage dans une formation ou un parcours, en lui faisant mieux connaître la diversité des métiers du numérique.

## Encadré 5.1. La stratégie « Barcelone, ville de talent » 2019-2023 vise à la fois des objectifs d'inclusion numérique, de développement de talents et d'innovation

**La Ville de Barcelone a mis en place une stratégie qui vise à attirer, développer et fidéliser les talents**

La Ville de Barcelone a établi comme objectifs stratégiques de développer et d'attirer les talents, de contribuer à la compétitivité et à la transformation digitale du tissu économique local, réduire la fracture digitale, de promouvoir les parcours scientifiques et technologiques et de positionner la ville comme « hub » digital en Europe du sud. La Ville a souhaité former 3 0000 personnes dans les métiers du numérique entre 2020 et 2024 dans le cadre de l'IT Academy, décrite ci-dessous. Afin d'atteindre ces objectifs, la Ville de Barcelone a mis en place les dispositifs suivants :

- **La promotion des vocations scientifiques et technologiques**, qui comprend la mise en œuvre d'un « plan STIM (sciences, technologie, ingénierie et mathématiques) », le développement de points STIM dans la ville, le lancement d'un programme numérique au sein des écoles de Barcelone, la création d'une alliance STIM pour accroitre la présence des femmes dans ces secteurs ainsi que le déploiement de « Code.org » pour l'apprentissage du coding dans les écoles.
- La formation technologique, qui comprend trois piliers :
  - **La formation technologique élémentaire,** qui vise à réduire la fracture numérique en déployant différents programmes à la destination des barcelonais ;
  - **La formation technologique spécialisée**, qui a comme objectif le développement de compétences digitales pour les publics à la recherche d'un emploi ou de formation continue. Ce pilier comprend l'ouverture du centre de formation *Cibernàrium,* qui permet aux barcelonais de renforcer leurs compétences technologiques. La Ville organise également le Congrès « Competèncis Digitals » en partenariat avec des universités locales et la Generalitat de Catalogne (gouvernement de la Région). La Ville a également ouvert un parc technologique « Parc Tecnològic Fab Lab », organisé un cycle de « masterclass » et de « meet-ups » sur l'innovation et la technologie et créé un outil d'autoévaluation des compétences digitales ;
  - **La formation technologique avancée**, dont le but est d'aider les barcelonais à se reconvertir et à monter en compétences. Pour ce faire, ce pilier de la stratégie augmente les capacités du centre de formation de la Ville « IT Academy » de plus de 264 %. Ce pilier crée également des partenariats avec le campus de formation numérique 42Barcelona de la Fondation Telefònica.

En 2022, 1 855 personnes ont terminé la formation de reconversion de la *ITAcademy* de la Ville, avec un taux d'insertion de 82 %. Plus de 5 200 personnes ont été formées à la fois dans les filières reconversion et de montée en compétences. Les dispositifs mis en œuvre dans le cadre de la stratégie « Ville de talents », tels que le *Cibernàrium* et la *IT Academy*, poursuivent leurs activités en 2025.

Source : (Ville de Barcelone, 2022[31]), Medida de gobierno "Barcelona, ciudad de talento", https://ajuntament.barcelona.cat/digital/es/impulsamos-emprendimiento-y-talento-digital/medida-gobierno-barcelona-ciudad-de-talento.

*Les secteurs d'activité émergents et fortement implantés en région francilienne sont au cœur du dispositif ParisFabrik*

**Le programme ParisFabrik de la Ville de Paris forme aux métiers liés à la transition écologique et couvre divers secteurs d'activité d'une manière plus générale**. Le programme couvre notamment: la fabrication artisanale, l'économie circulaire, la gestion des ressources naturelles, l'écoconstruction, la rénovation énergétique ou encore les mobilités douces. Les formations proposées (pré-qualifiantes, qualifiantes ou certifiantes) permettent aux participants d'acquérir des compétences techniques a certains métiers comme technicien en rénovation énergétique, installateur thermique, menuisier, mécanicien cycle, agent valoriste de biens de consommation, ou encore réparateur en économie circulaire. Le programme est un levier pour orienter les demandeurs d'emploi parisiens vers secteurs de l'économie francilienne : il s'appuie d'ailleurs sur un réseau de partenaires (associations, des organismes de formation, et autres structures) implantées dans les quartiers populaires de Paris et de ses territoires limitrophes. Le programme bénéficie du soutien de partenaires institutionnels (France Travail, l'OPCO 2i, l'Opcommerce notamment) et des employeurs (par exemple : Enedis, Suez, Lime, Vinci, et Smovengo), et s'appuie sur des organisations professionnelles (Confédération de l'artisanat et des petites entreprises du bâtiment - CAPEB), écoles et instituts de formation pour la mise en œuvre du parcours (Ville de Paris, 2025[32]).

*Paris Tous en Jeux a offert des formations multi-sectorielles liées aux à l'organisation des JOP 2024*

**Le programme Paris Tous en Jeux, initié dans la perspective des Jeux Olympiques et Paralympiques de 2024, a formé et a accompagné vers des métiers en tension liés à cet événement**. Il couvre des secteurs variés tels que la propreté, l'hôtellerie, la restauration, le sport, l'audiovisuel et la logistique. Les formations proposées ciblent des publics divers, y compris les personnes en reconversion professionnelle ou peu qualifiées. Parmi les parcours proposés figurent des formations au CAP cuisine, d'aide-boulanger, aux métiers du BTP, à l'organisation logistique et à la sécurité, ainsi que des formations spécialisées dans l'audiovisuel et le sport telles que le secourisme et l'e-sport. *Paris Tous en Jeux* repose sur des partenariats avec des acteurs institutionnels et professionnels (par exemple : **France Travail, l'Opco AKTO**, et l'**Opco Afdas**), des entreprises (notamment **Sodexo)** et des partenaires régionaux (la Région Île-de-France), qui contribuent à la réussite du programme et aux bons résultats d'insertion professionnelle des apprenants (Ville de Paris, 2024[33]). Le programme *ParisHospitalités* a pris la suite de ce dispositif, en formant aux métiers liés à l'événementiel sportif et culturel (Ville de Paris, 2024[34]).

*Dans le sillon des JOP 2024, Paris Hospitalités opère pour la revalorisation les métiers de l'accueil et de l'événementiel*

**Lancé en 2024, le programme *Paris Hospitalités* a succédé au programme *Paris Tous En Jeux* et forme aux métiers en forte demande à l'occasion de grands événements sportifs et culturels**, tels que dans les secteurs de l'hôtellerie-restauration, le commerce, la logistique, les arts et spectacles, la propreté et les métiers du sport. En s'appuyant sur l'élan des Jeux Olympiques et Paralympiques de 2024 et la création d'emplois qu'ils ont généré, le programme propose des formations pré-qualifiantes, qualifiantes et certifiantes vers des métiers variés comme notamment : employé d'étage, commis de cuisine, réceptionniste en hôtellerie ou encore assistant fleuriste). Ces parcours sont mis en œuvre avec l'appui de France Travail et de la région par des structures implantées à Paris et en banlieue, et sélectionnées via un nouvel appel à projets annuel (Ville de Paris, 2024[35]).

*Paris Fertile forme aux métiers de l'agriculture en lien avec la politique d'alimentation durable de la Ville*

***Paris Fertile* est le programme de la Ville de Paris destiné à la formation vers les métiers de l'agriculture et l'alimentation durables**. Les formations proposées s'adressent à tous les publics, indépendamment de l'âge ou du niveau de qualification, et s'articulent autour de trois volets : découverte des métiers sur des sessions courtes (de 1 à 10 jours), formations pré-qualifiantes ou certifiantes (de 3 à 9 mois), et parcours d'accompagnement à la création d'activité. Le programme repose sur des partenariats avec notamment France Travail, l'Opco Ocapiat, l'École du Breuil, l'Afaup et l'Agence de l'eau Seine Normandie. L'offre de parcours de *Paris Fertile* est variée, et inclut par exemple : un parcours d'immersion pour découvrir le métier de paysan, la création de micro-fermes agroécologiques, et une formation diplômante avec le Brevet Professionnel Responsable d'Exploitation Agricole en fermes agroécologiques urbaines et périurbaines (Ville de Paris, 2024[36]).

*Paris Emplois à Domicile répond à un fort besoin dans les métiers du soin et de l'aide à la personne*

**Le programme *Paris Emplois à Domicile* (PEAD) forme aux métiers des services à la personne, de l'accompagnement et du soin**. Le dispositif PEAD propose des parcours de formation pré-qualifiants et des certifications de niveau 3 qui s'adressent en priorité aux publics éloignés de l'emploi (bénéficiaires du RSA, stagiaires, migrants inscrits à France Travail).[13] Ces formations ciblent des métiers des services à la personne, de l'accompagnement et du soin comme par exemple : aide à domicile, agent de service médico-social, garde d'enfants, animateur et accompagnant éducatif petite enfance. Les formations sont mises en œuvre par des associations et des structures d'économie sociale et solidaire souvent implantées dans les quartiers populaires de Paris. Elles visent à améliorer les compétences professionnelles, la maîtrise du français et l'employabilité des apprenants. En s'appuyant sur un réseau de partenaires (**France Travail**, l'**Opco EP**, les Fédérations professionnelles du secteur), PEAD entend répondre aux tensions de recrutement du secteur. (Ville de Paris, 2024[37]). En effet, les responsabilités familiales (garde d'enfant et aide aux personnes âgées principalement) sont l'une des causes principales d'inactivité. Ce dispositif offre la possibilité de renforcer l'accès à l'emploi des personnes, au-delà du public directement accompagné par PEAD.

*Parcours linguistiques à visée professionnelle (PLVP) est un programme pré-qualifiant pour les publics avec une maitrise partielle de la langue française*

**PLVP cible des publics limités par la langue française dans leur recherche d'emploi, leur insertion ou leur évolution professionnelle**. Ces formations sont souvent cofinancées par des partenaires institutionnels comme la **DRIEETS**, la **Préfecture,** et le **Fonds Social Européen (FSE+).** Ce programme pré-qualifiant est mis en œuvre chaque année par un réseau d'une trentaine de structures, principalement des associations implantées dans ou proches des quartiers populaires de Paris. PLVP combine apprentissage du français, découverte et meilleure compréhension du monde du travail et accompagnement vers un projet professionnel durable. Ces parcours, ouverts en priorité aux habitants des quartiers populaires, proposent des formations variées allant de l'acquisition des bases du français à des modules contextualisés à des secteurs spécifiques tels que l'hôtellerie-restauration, le bâtiment, ou encore la médiation-interprétariat (Ville de Paris, 2023[38]).

### *Renforcer l'évaluation de l'offre de formation francilienne*

**Les programmes de formation de Paris visent l'insertion vers l'emploi, mais aussi la poursuite d'une formation ou la création d'activité.** Les différentes sorties possibles des programmes de formation de la Ville depuis leurs années de lancement varient selon chaque programme (Graphique 5.6). *Paris Tous* *en Jeux*, le programme de formation lié aux Jeux Olympiques et Paralympiques de 2024, affiche le meilleur taux d'insertion professionnelle avec 60 % des bénéficiaires qui accèdent directement à un emploi, reflet de son objectif de réponse aux besoins immédiats liés aux JOP. ***Paris Fertile*** se distingue par une répartition plus équilibrée des débouchés : 38 % des participants trouvent un emploi, 30 % poursuivent une formation, et 15 % créent leur activité. ***ParisCode***, centré sur les métiers numériques, combine une forte insertion professionnelle (52 %), un taux relativement élevé de poursuite en formation (13 %) et une contribution à l'entrepreneuriat (8 %). ***ParisFabrik*** affiche également une dynamique diversifiée : 36 % des participants accédant à un emploi et 18 % d'entre eux lancent une activite. Enfin, ***Paris Emploi à Domicile***, orienté vers les métiers des services à la personne, affiche un bon taux d'accès à l'emploi (46 %).

**Cependant une collecte de données plus approfondie permettrait de produire une évaluation plus fine des programmes, qui affichent déjà des bons résultats d'insertion.** À titre d'exemple, il existe souvent des opportunités pour favoriser l'insertion d'une partie de la population davantage orientée vers l'entrepreneuriat, notamment par le biais du financement et de la formation à l'entrepreneuriat, qui sont des éléments clés des programmes Paris Fertile et ParisCode. Toutefois, au niveau international, on observe d'importantes variations dans l'efficacité des programmes d'insertion par l'entrepreneuriat, liées à leur conception et au public ciblé. On note en particulier de fortes différences dans l'impact des programmes dédiés à l'entrepreneuriat des jeunes (OCDE/Commission européenne, 2023[39]). Le suivi et l'évaluation de l'impact de ces programmes sur le parcours des bénéficiaires est donc essentielle. La Ville pourrait s'informer, par exemple, en collectant des données six et douze mois après la fin de la formation. Ces données permettraient de mieux comprendre leurs parcours (par exemple : type et durée de la formation), la qualité de leur emploi (par exemple : type d'emploi occupé, type de contrat) ou le type d'activité créée.

## Graphique 5.6. Les débouchés des programmes de formation parisiens sont variés

Type de débouchées, programmes de formation de la Ville de Paris, depuis date de lancement

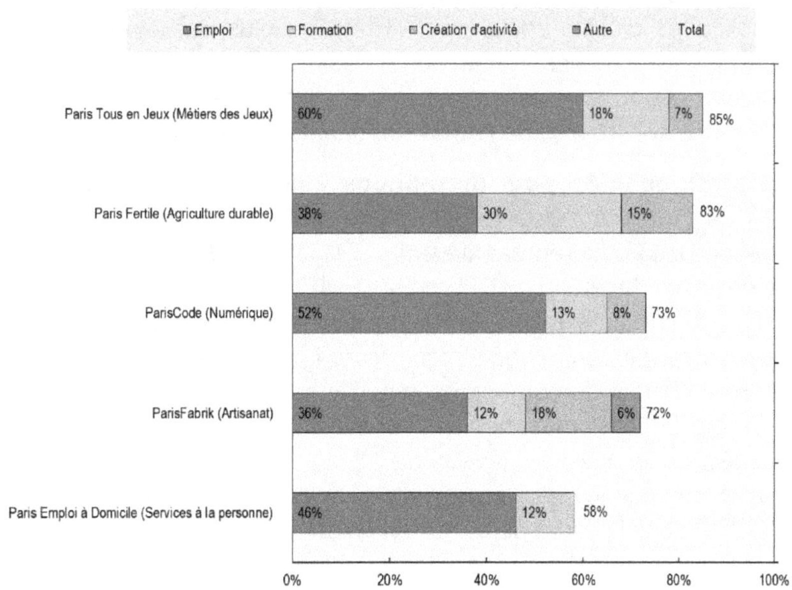


Note : Date de lancement de chaque programme : Paris Tous en Jeux (Métiers des Jeux) : 2019, Paris Fertile (Agriculture durable) : 2021, ParisFabrik (Transition écologique) : 2017 ; ParisCode (Numérique) : 2016, Paris Emploi à Domicile (Services à la personne) : 2021.
Source : Auteur sur la base de données fournies par la Ville de Paris, Direction de l'Attractivité et de l'Emploi (DAE).

**Tous les acteurs de l'emploi et de la formation franciliens – opérateurs, France Travail, Région et Ville – pourraient étudier l'impact d'un plus grand nombre de formations.** Différentes évaluations ont été déployées en France à l'échelon infranational afin de mieux comprendre l'impact de la formation (DARES, 2024[40]). La mise en place de plus d'évaluation d'impact permettrait aux acteurs de la formation à Paris de confirmer la validité externe des programmes, et d'évaluer l'insertion professionnelle en fonction d'un plus grand nombre de critères.[14] Les acteurs parisiens et franciliens de la formation pourraient s'inspirer de la ville de Boston, qui a réalisé une évaluation de son programme *futurBOS* avec un groupe de contrôle en fonction de plusieurs critères d'impact, ou encore la Ville d'Utrecht, qui a analysé l'impact de ses programmes de réinsertion pour les personnes percevant une aide sociale (Université d'Utrecht, 2020[41] ; OCDE, 2024[42]). En 2024, l'analyse de l'impact des formations professionnelles est l'une des recommandations formulées par les Inspections générale des affaires sociales (IGAS) et de l'éducation, du sport et de la recherche (IGESR) lors de leur enquête sur la qualité de la formation en France (IGAS et IGESR, 2024[43]). À la suite notamment d'analyses réalisées par la Cour des Comptes sur l'offre de formation (Cour des comptes, 2023[44]), un effort réglementaire est en cours en France afin de renforcer le système de contrôle de qualité des prestataires (Légifrance, 2023[45] ; Khair, 2024[46]).

## Création d'emploi local et Économie Sociale et Solidaire

### *La Ville de Paris mène une politique de création d'emplois de proximité et d'entreprenariat social adaptée aux publics éloignés de l'emploi*

**L'économie sociale et solidaire (ESS) joue un rôle majeur dans l'économie française — représentant plus de 10 % de l'emploi — et bénéficie d'un cadre juridique développé**. L'ESS est définie par le droit français comme un mode d'entreprendre et de développement économique qui remplit les conditions suivantes : un but autre que le seul partage des bénéfices, une gouvernance démocratique et une gestion conforme au réinvestissement des bénéfices dans le maintien ou le développement de l'activité de l'entreprise ou le non-partage des réserves (Legifrance, 2014[47]). En France, la loi du 31 juillet 2014 définit un cadre légal de l'ESS, qui introduit notamment la notion d'entreprises sociales (entreprises agréées entreprises solidaires d'utilité sociale par l'État), en plus des structures qui composent l'ESS historiquement : coopératives, mutuelles, fondations ou associations (OCDE, 2022[48]). Ce cadre légal est un outil utile pour structurer la gouvernance et pérenniser l'activité de ces structures, qui représentent 2,6 millions de postes en France soit 10,4 % de l'emploi national (OCDE, 2023[49]).

**La Ville de Paris tire profit de l'ESS pour promouvoir à la fois l'économie circulaire et l'inclusion des publics éloignés de l'emploi**. Depuis plus d'une dizaine d'années, l'action de la Ville de Paris s'articule étroitement avec l'ESS, qui représente entre 7 % et 9 % de l'emploi régional (OCDE, 2023[49]). Dans son Plan Parisien pour l'Insertion par l'Emploi (PPIE), la Ville de Paris définit son soutien pour l'économie sociale et solidaire à la fois comme un outil de développement territorial, de transition écologique et d'inclusion pour les personnes éloignées de l'emploi (Ville de Paris, 2021[50]). Ainsi, la Ville complète sa politique de « l'offre » de compétences sur le marché du travail (par exemple : Points Paris Emploi, Dynamiques Emploi 2025, formations), avec des initiatives qui stimulent la « demande » de profils. L'action diverse et variée de la Ville en faveur de l'ESS – comprenant des appuis techniques, des mécanismes de financement ainsi que des activités de mise en réseau – fait écho aux pratiques recommandées par l'OCDE dans le cadre de sa recommandation sur l'ESS (Encadré 5.2). La Ville décline son action autour de différents domaines d'activités (solidarité, transition écologique) ainsi que selon le type d'organisation de l'ESS qui est soutenue.[15]

**Avec des bons résultats d'insertion, les structures d'insertion par l'activité économique (SIAE) constituent une réponse adaptée au chômage de longue durée à Paris**. L'insertion par l'activité économique est une modalité d'embauche reconnue par le code du travail pour accompagner l'insertion professionnelle progressive des personnes éloignées de l'emploi (Direction de l'information légale et administrative (Premier ministre), 2024[51]), et en particulier les personnes rencontrant des difficultés sociales et professionnelles : bénéficiaires du RSA, séniors, femmes, personnes reconnues travailleurs handicapés, personnes ayant le statut de réfugié. Le dispositif s'appuie sur trois leviers pour accompagner le retour à l'emploi : la mise en activité progressive, un accompagnement social et professionnel renforcé et des actions de formation adaptées. L'IAE a été reconnue à de multiples reprises, notamment par la Cour des Comptes, comme l'un des dispositifs les plus efficaces pour le retour à l'emploi (Cour des comptes, 2019[52]). En 2023 à Paris, 64 % des personnes qui sont sorties d'un parcours en IAE ont eu une sortie dite dynamique, principalement une sortie en emploi ou en formation.

**Le soutien de la Ville de Paris permet d'approfondir l'action des SIAE.** En 2023, les SIAE parisiennes ont employé 7 034 salariés en insertion, soit environ 2 728 équivalents temps plein (ETP). En complément des aides aux postes accordées par l'État, les subventions de la Ville de Paris aux SIAE apportent un soutien pour accompagner et à encadrer les salariés en insertion. La Ville de Paris intervient également dans le cadre d'appels à projets thématiques, notamment pour soutenir la transition écologique de ces structures. Au total, en 2024, le budget consacré par la collectivité parisienne à l'IAE s'élève à EUR 8,7 millions. Certains dispositifs pour les SIAE visent également des publics éloignés de l'emploi plus spécifiques. Par exemple, le *Dispositif Premières Heures* : de la rue à l'emploi (DPH) soutient seize Associations Intermédiaires (AI) qui permettent à des personnes sans-domicile, ou qui ont connu une période à la rue, de reprendre une activité à temps partiel adaptée (ex. réparation de vélos, jardinage) (Ville de Paris, 2024[53]).

**Paris soutient également l'alimentation, l'agriculture durable et l'économie circulaire, pour répondre de manière conjointe aux enjeux de transition écologique (circuits cours) et de création d'emploi adaptés aux personnes éloignées de l'emploi**. L'entrepreneuriat social repose sur le développement de solutions innovantes et la mobilisation des publics plus vulnérables. La mise en œuvre de cette démarche dans des filières durables, et en particulier dans l'économie circulaire, est un levier intéressant à la fois pour apporter une réponse aux enjeux d'inclusion et accompagner la transition écologique de l'économie (OCDE, 2022[54]). À Paris, la Ville s'appuie sur différents appels à projets pour soutenir les filières durables : celles de l'économie circulaire, de l'agriculture biologique ou locale, et y compris certaines filières d'alimentation et de production agricole durable implantés en-dehors de Paris (par exemple : bassin de la Seine). Son soutien passe aussi par la mise à disposition de locaux pour les organisations impliquées dans la transformation de l'alimentation sur le territoire parisien (par exemple : l'hôtel d'activité Serpollet) et dans l'économie circulaire (par exemple : manufacture circulaire Berlier), en s'appuyant sur des accords avec des bailleurs sociaux.

**En soutenant l'entrepreneuriat social, la Ville encourage le développement d'initiatives qui emploient ou apportent des services à des publics éloignés de l'emploi.** Plus récemment, le champ de l'ESS s'est élargi en y intégrant des structures commerciales poursuivant une utilité sociale. Ces "entreprises sociales" offrent des solutions innovantes pour répondre à plusieurs enjeux sociétaux, et notamment en lien avec : la forte demande pour les activités d'aide à la personne, le renforcement de la cohésion sociale, les enjeux climatiques et énergétiques, l'accès au logement, l'intégration des personnes migrantes, par exemple (OCDE, 2022[48]). La Ville de Paris soutient l'entreprenariat social par différents moyens : via des appels à projets qui financent directement des initiatives d'entreprenariat social, ou en soutenant directement des associations par exemple. Certaines structures financées par la Ville prennent la forme d'incubateurs, à l'image de l'association Les Canaux, une organisation qui accompagne la création de structures ESS (Les Canaux, 2025[55]). La Ville soutient également la plateforme *Pousses.Paris,* un réseau d'entraide et de conseil pour les entrepreneurs sociaux (Ville de Paris, 2025[56]). Les entreprises sociales ne recrutent pas toujours directement des publics éloignés de l'emploi, mais elles peuvent porter un projet d'utilité sociale ou écologique qui peut se traduire par la création d'emplois ou une offre de services à destination des publics éloignés de l'emploi, notamment dans les quartiers populaires parisiens.

## Encadré 5.2. Recommandation de l'OCDE relative à l'ESS

**L'approche de la Ville de Paris, qui articule étroitement l'ESS et l'insertion, s'inscrit dans les recommandations de l'OCDE en matière d'ESS**

Reconnaissant le rôle croissant de l'ESS pour répondre aux grands défis contemporains, l'OCDE a formulé une recommandation, organisée en neuf axes, pour favoriser le développement de l'ESS à tous les niveaux de gouvernement :

- *Promouvoir une culture de l'économie sociale et solidaire* : en s'appuyant notamment sur une mobilisation renforcée de la société civile pour répondre aux défis économiques et sociaux, la sensibilisation des publics à tout âge, et le développement de réseaux et partenariats intersectoriels.
- *Développer des cadres institutionnels favorables* : et notamment structurer un environnement institutionnel s'appuyant sur la mise en place d'un guichet unique pour faciliter l'accès à l'information et aux dispositifs de soutien, et en clarifiant les rôles de chacune des parties prenantes.
- *Créer des cadres légaux et réglementaires propices* : en consultant l'ensemble des parties prenantes de l'ESS pour adapter les cadres légaux existants aux spécificités de l'économie sociale. Le soutien à l'internationalisation des structures de l'ESS et la mise en place d'une démarche d'évaluation régulière des politiques en vigueur sont aussi des priorités.
- *Faciliter l'accès au financement* : en développant une stratégie globale de financement public, tenant compte des difficultés d'accès aux dispositifs de financements existants auxquels font face les acteurs de l'ESS. Le renforcement de la formation en ce sens est aussi préconisé, ainsi que la mise en avant de solutions de financements alternatives comme : la finance éthique, les coopératives de crédits, les banques sociales et d'épargne, le financement participatif.
- *Améliorer l'accès aux marchés publics et privés* : notamment en facilitant la participation aux marches publics, en intégrant des critères sociaux/environnementaux dans les appels d'offres, en s'appuyant sur la mise en œuvre de partenariats avec le secteur privé.
- *Renforcer les compétences et l'accompagnement* : en facilitant l'accès à des formations dédiées à l'économie sociale, des mentorats et accompagnements individualises, et aux services classiques de développement économique
- *Promouvoir la mesure de l'impact* : en développant des indicateurs d'impact social, des outils et de mesure adaptés au secteur, en appuyant l'allocation de ressources publiques à cette fin, et en encourageant la montée en compétences à ce sujet. La prise en compte des valeurs dans la démarche d'évaluation de performance est également préconisée.
- *Appuyer la production de données* : avec des méthodes communes pour la collecte de données, s'appuyant sur des statistiques officielles et des sources de données complémentaires, et co-produites entre états, chercheurs et acteurs de terrain.
- *Stimuler l'innovation sociale* : l'émergence d'écosystèmes d'innovation sociale pourrait s'appuyer sur une combinaison de politiques d'offre et de demande et le développement d'incubateurs, centres de compétences, formations et coopérations en lien avec les pouvoirs publics. La mobilisation des réseaux locaux, et le développement de l'innovation sociale dans les territoires, notamment en déclin, pourrait être aussi encouragé.

Source : (OCDE, 2022[57]), Recommandation du Conseil sur l'économie sociale et solidaire et l'innovation (OECD/LEGAL/0472), https://legalinstruments.oecd.org/fr/instruments/OECD-LEGAL-0472.

***La Ville soutient de nombreuses structures de l'ESS, mais un appui renforcé aux coopératives pourrait ouvrir une nouvelle voie pour la création d'emplois de proximité***

**L'activité en coopérative peut renforcer l'autonomie économique, y compris celles des publics vulnérables et contribuer à réduire les écarts de salaires qui peuvent exister au sein d'une entreprise privée.** Les coopératives sont des associations autonomes de personnes physiques et/ou morales volontairement réunies pour satisfaire leurs aspirations et besoins économiques, sociaux et culturels communs au moyen d'une entreprise dont la propriété est collective et où le pouvoir est exercé démocratiquement (OCDE, 2023[58]). Le droit français définit des catégories de coopératives de travailleurs (Société coopérative de production ou société coopérative et participative - SCOP, Société coopérative d'intérêt collectif - SCIC)[16] et dont font partie également les Coopératives d'Activités et d'Emploi (CAE), qui s'adressent plus spécifiquement aux travailleurs indépendants. Les coopératives offrent des avantages pour les publics vulnérables par rapport à des entreprises privées : elles donnent accès à des ressources financières collectives, permettent de mutualiser les démarches administratives, accordent une voix égale à chaque travailleur au sein de la gouvernance d'entreprise et, dans certains cas, fournissent une meilleure protection sociale (par exemple, dans le cas du travail indépendant). Les écarts de salaires sont également en moyenne plus resserrés au sein des coopératives par rapport aux entreprises privées (INSEE, 2012[59]).

**Le recours aux coopératives – deuxième forme organisationnelle la plus répandue dans l'ESS après les associations en France – pourrait être renforcé en région francilienne et à Paris**. En 2021, les coopératives comptaient environ 0,6 % des salariés en Île-de-France, 1,9 % d'entre eux en Nouvelle Aquitaine et 1,4 % en moyenne au niveau national (Graphique 5.7). Les coopératives sont également moins représentées au sein de l'ESS en région francilienne : en 2021, elles accueillaient 9 % des effectifs salariés dans tous secteurs de l'ESS en région francilienne, contre près de 12 % en France et environ 14 % dans les Pays de la Loire ou encore 16 % en Nouvelle Aquitaine. Les SCIC pourraient constituer des leviers intéressants pour l'insertion, notamment parce que les collectivités territoriales peuvent s'y associer et contribuer à la mission d'intérêt général qu'elles portent. Cette implication rend les SCIC adaptées aux politiques d'insertion, en permettant aux collectivités de participer directement à leur activité. Elles pourraient ainsi se développer davantage à Paris et en Île-de-France comme des outils d'inclusion.

## Graphique 5.7. Les coopératives sont relativement moins présentes dans l'économie francilienne par rapport à la moyenne française

Part d'effectif salarié coopératif, tous secteurs, 2021

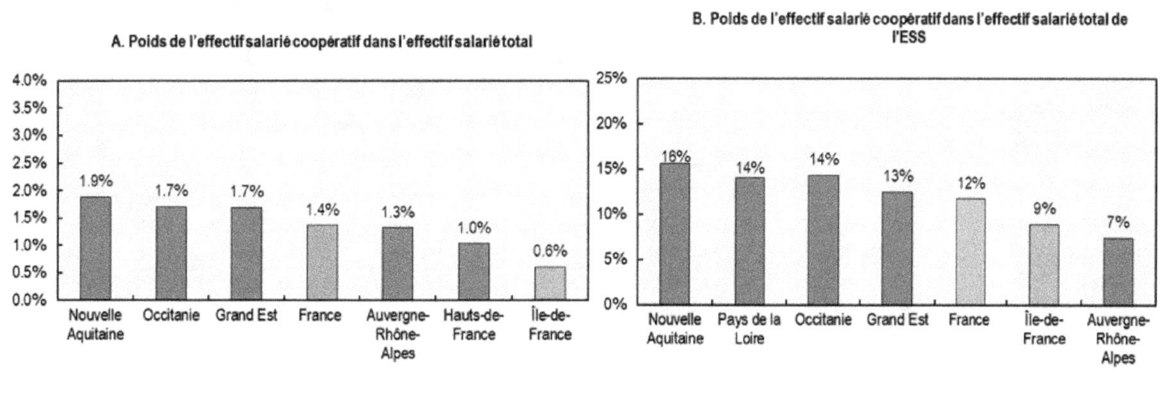


Note : Les régions sélectionnées sont les six régions les plus peuplées de France en 2024. L'Île-de-France comptait 37 327 coopératives tous secteurs confondus.
Source : (INSEE, 2024[60]), L'économie sociale, Effectif salarié de l'économie sociale par famille de l'économie sociale et par secteur d'activité, https://www.insee.fr/fr/statistiques/8259652?sommaire=7636553.

**Les CAE offrent des avantages pour les travailleurs moins qualifiés qui souhaitant exercer une activité indépendante.** Les CAE confèrent un statut « d'entrepreneur salarié », permettant de percevoir une rémunération ainsi que de bénéficier d'un contrat de travail à durée indéterminé et de la couverture sociale d'un salarié classique. Les CAE prennent en charge la gestion administrative des activités, et proposent un accompagnement personnalisé pour structurer et développer les projets (Bpifrance, s.d.[61]) (Entreprendre Service Public, 2024[62]) (France Travail, s.d.[63]). Dans différents pays de l'OCDE, les coopératives aident les chauffeurs, les aides à domicile et d'autres indépendants moins qualifiés à bénéficier de conditions salariales et professionnelles (ex. horaires, formation) plus intéressantes que celles qui sont offertes par les plateformes numériques traditionnelles (OCDE, 2023[64]).

**Cependant, dans les secteurs du commerce, de la restauration et des transports — où les travailleurs indépendants sont très présents, notamment sous la forme d'artisans ou de travailleurs de plateformes** (Urssaf, 2024[65]) **— l'emploi coopératif est nettement plus faible en Île-de-France que la moyenne nationale**. En 2021, les coopératives comptaient uniquement 0,3 % des salariés dans le commerce, les transports, l'hébergement et la restauration en Île-de-France, contre 3,0 % dans les Pays de la Loire et 1,0 % en moyenne au niveau national dans ces mêmes secteurs (Graphique 5.8). Les coopératives sont également moins représentées au sein de l'ESS dans ces secteurs en région francilienne : en 2021, elles accueillaient 50 % des effectifs salariés dans ces secteurs en région francilienne, contre 64 % en France, 77 % dans les Pays de la Loire ou encore 78 % en Nouvelle Aquitaine. Dans la Ville de Paris, la CAE *Coopaname* réunit des travailleurs avec des profils plus qualifiés, par exemple des consultants et psychologues. Dans la même approche, la Ville pourrait favoriser le développement de coopératives de plateforme de livreurs, chauffeurs ou traiteurs sous la forme de CAE.

## Graphique 5.8. Les coopératives sont sous-représentées dans les secteurs du commerce, des transports, de l'hébergement et de la restauration en Île-de-France par rapport à d'autres régions françaises

Part d'effectif salarié coopératif, commerce, transports, hébergement et restauration, régions françaises, 2021

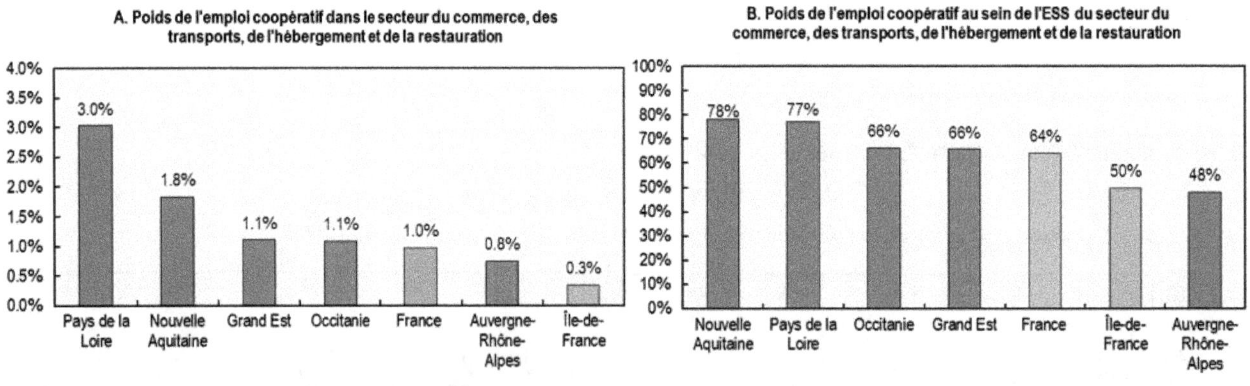


Note : Les régions sélectionnées sont les six régions les plus peuplées de France pour lesquels les données sont disponibles en 2024. L'Île-de-France comptait 37 327 coopératives tous secteurs confondus, et 5 066 dans le commerce, transports, hébergement et restauration.
Source : (INSEE, 2024[60]), L'économie sociale, Effectif salarié de l'économie sociale par famille de l'économie sociale et par secteur d'activité, https://www.insee.fr/fr/statistiques/8259652?sommaire=7636553.

**La Ville de Paris pourrait adapter ses dispositifs existants en matière d'économie sociale et solidaire (ESS) afin de soutenir le développement de coopératives sous différentes formes.** Bien que la Ville soutienne déjà des coopératives dans le cadre de sa programmation, une attention plus spécifique portée au rôle de ces structures dans l'insertion pourrait ouvrir de nouveaux parcours vers l'emploi pour les publics vulnérables. Par exemple, la Ville pourrait adapter ses programmes existants afin de mieux accompagner les demandeurs d'emploi souhaitant rejoindre une SCIC ou développer leur activité en tant qu'indépendants en intégrant une CAE. Un programme pourrait être développé au sein de la Maison des Canaux, située dans le 19e arrondissement, ou du nouvelle espace Laprade (Paris 14e) pour l'incubation ou l'accélération de coopératives, en s'inspirant de villes telles que Barcelone qui a mis en place des centres d'incubation et de soutien pour les coopératives (Encadré 5.3). **Étant donné les difficultés et les risques à soutenir des publics éloignés de l'emploi à créer leur propre activité, la Ville pourrait tester un projet pilote avec un groupe restreint des travailleurs avant d'introduire une initiative plus structurante**.

### Encadré 5.3. Soutenir l'incubation de coopératives : Barcelone (Espagne)

**Bloc4BCN, Barcelone**

Bloc4BCN est un projet public-coopératif de la ville de Barcelone, visant à promouvoir et renforcer l'économie sociale et solidaire (ESS) à travers un centre dédié au développement de coopératives sur des secteurs prioritaires de l'ESS. Financé par la Ville de Barcelone et la Generalitat de Catalogne, le centre offre une plateforme pour l'incubation et l'accélération de plus de 60 coopératives et autres projets liés à l'ESS. Celui-ci met à disposition des espaces de travail, des ateliers, des programmes d'accompagnement personnalisés et des services de conseil. Une attention particulière est placée sur l'intercoopération, l'innovation, et le soutien à des secteurs prioritaires tels que l'agroécologie, le commerce local, l'énergie durable, la culture, et le numérique.

Source : (Bloc4BCN, s.d.[66]), (Ajuntament de Barcelona, 2022[67]) (Bloc4BCN, s.d.[68]).

### *Territoires Zéro Chômeur de Longue Durée : proposer un parcours de formation dédié pour soutenir l'évolution professionnelle*

**Territoires Zéro Chômeur de Longue Durée (TZCLD) est une expérimentation territorialisée, permise successivement par deux lois expérimentales, qui vise à résorber le chômage de longue durée**. TZCLD apporte une solution adaptée aux personnes privées durablement d'emploi, notamment des emplois de proximité en contrat à durée indéterminée (CDI) au sein d'entreprises à but d'emploi (EBE) (DARES, 2024[69]). Les EBE sont des structures de l'ESS habilitées[17], qui ont vocation à porter des activités nouvelles répondant à des besoins non pourvus du territoire, créant ainsi des emplois supplémentaires pour les demandeurs d'emploi de longue durée volontaires.

**TZCLD est un programme pertinent au regard des enjeux du chômage à Paris**. Paris est marqué par une forte proportion de demandeurs d'emploi de longue durée ainsi qu'une pénurie d'emplois pour les personnes moins qualifiées. L'expérimentation répond aux besoins des personnes qui ne disposent ni des compétences, ni de la capacité de s'insérer sur le marché du travail, y compris dans le cadre des parcours d'insertion par l'activité économique existants. Les programmes de garantie d'emploi ont été identifiés par le rapporteur spécial des Nations Unis comme un outil efficace de la lutte contre la pauvreté, notamment pour les publics en situation de chômage de longue durée (Schutter, 2023[70]).

**Quatre quartiers parisiens participent à l'expérimentation TZCLD : Bédier-Boutroux / Oudiné-Chevaleret (13eme), Chapelle Nord (18eme), Rosa Parks (19eme) et Fougères Le Vau (20eme).** L'insertion des personnes privées d'emploi est pilotée par un comité local pour l'emploi (CLE) implanté au sein de chaque collectivité. Les CLE sont composés d'acteurs locaux (mairies d'arrondissement, associations, entreprises, personnes privées durablement d'emploi, etc.) ainsi qu'un représentant de France Travail.

**La démarche TZCLD est parvenue à toucher une part importante de personnes en situation de chômage de longue durée dans les quartiers participant à l'expérimentation.** En 2024, la Ville de Paris comptait 48 % de demandeurs d'emploi de longue durée, six points de pourcentage en plus que la moyenne française de 42 %. Plus de 830 personnes ont été informées de l'expérimentation TZCLD dans les quatre quartiers depuis le lancement de l'initiative en 2017. Selon une estimation de l'Accélérateur Parisien d'Innovation Locale pour l'Emploi (La Pile), qui anime le dispositif aux côtés des mairies d'arrondissements et de la Ville de Paris, cela représente plus de 40 % des personnes concernées.[18] L'âge moyen des profils TZCLD à Paris est de 45 ans. Parmi les personnes informées, 450 se sont portées volontaires pour rejoindre le projet. 315 personnes ont trouvé un emploi, sont entrées en formation ou ont créé leur propre entreprise grâce à TZCLD (Tableau 5.5).

**Bien que la majeure partie des volontaires soient embauchées en EBE, d'autres parcours d'insertion sont en progression et peuvent être soutenus**. Parmi les personnes accompagnées par TZCLD à Paris, 71 % ont été embauchées par une EBE, 20 % ont trouvé un emploi sur le marché du travail traditionnelle et 3 % des personnes accompagnées sont entrées en formation (Tableau 5.5) On voit ainsi que l'entrée dans des parcours de formation pour les volontaires est une piste supplémentaire vers l'exhaustivité sur les territoires, ainsi que l'amélioration des passerelles entre les groupes des volontaires et les emplois proposés par les entreprises hors EBE. Des actions en ce sens sont en cours de développement par la Ville de Paris, en lien avec la Pile et les grands opérateurs des politiques de l'emploi. Les parcours de formation au sein des EBE sont également l'objet de plusieurs travaux en cours sur TZCLD (France Stratégie et Dares, 2024[71]). Définir et ouvrir des possibilités de formation pour les volontaires avant, ou pendant, leur parcours en EBE pourrait aider leur développement professionnel au sein des EBE. Accroitre l'offre de préformation pour les volontaires aiderait également les EBE à développer et à diversifier leurs modèles économiques.

### Tableau 5.5. À Paris, l'expérimentation TZCLD a inséré 315 personnes

| Type de sortie | Nombre de volontaires | % |
|---|---|---|
| EBE | 225 | 71 % |
| Emploi non-EBE | 63 | 20 % |
| Formation | 8 | 3 % |
| Création d'activité | 19 | 6 % |
| Total | 315 | 100 % |

Source : Données fournies par l'Accélérateur Parisien d'Innovation Locale pour l'Emploi (La Pile) en janvier 2025.

## Références

Actiris (s.d.), *Travailler dans une autre région*, https://www.actiris.brussels/fr/citoyens/travailler-dans-une-autre-region/. [16]

Ajuntament de Barcelona (2022), *BLOC4BCN: strengthening the foundations of the SSE in Barcelona*, https://ajuntament.barcelona.cat/economia-social-solidaria/en/actualitat/noticies/1206899. [67]

Amiel, A. (2023), *France Travail : une occasion de réparer l'arrosoir percé de la formation professionnelle ?, Fondation Jean Jaurès*, https://www.jean-jaures.org/publication/reparer-larrosoir-perce-de-la-formation-professionnelle/. [25]

Apur (2024), *Enseignement supérieur et recherche dans le Grand Paris*, https://www.apur.org/fr/nos-travaux/enseignement-superieur-recherche-grand-paris. [5]

APUR et INSEE (2024), « Quelles évolutions de la pauvreté dans la métropole du Grand Paris en dix ans », *Note n258*, https://www.apur.org/sites/default/files/8p258_evolutions_pauvrete_mgp.pdf?token=hMbKzlaT. [4]

Bloc4BCN (s.d.), *Bloc4BCN - Espai Cooperatiu*, https://bloc4.coop/. [66]

Bloc4BCN (s.d.), *Qui Som*, https://bloc4.coop/qui-som/. [68]

Bpifrance (s.d.), *Coopératives d'activités et d'emploi*, https://bpifrance-creation.fr/encyclopedie/differentes-facons-dentreprendre/entreprendre-autrement/cooperatives-dactivites. [61]

Bpifrance (s.d.), *Scic - Société coopérative d'intérêt collectif*, https://bpifrance-creation.fr/encyclopedie/structures-juridiques/entreprendre-less/scic-societe-cooperative-dinteret-collectif. [73]

Bpifrance (s.d.), *SCOP - Société coopérative et participative*, https://bpifrance-creation.fr/encyclopedie/structures-juridiques/entreprendre-less/scop-societe-cooperative-participative. [72]

CCI de Paris (2022), *L'ÎLE-DE-FRANCE*, https://www.cci-paris-idf.fr/sites/default/files/2022-06/CC2022-Ile-de-France_0.pdf. [8]

Chapelle, G. et al. (2017), *Impact du Grand Paris Express sur le marché du travail et le marché du logement, [Rapport de recherche] Laboratoire interdisciplinaire d'évaluation des politiques publiques*, https://www.sciencespo.fr/liepp/fr/recherche/projet/grand-paris-express-impact-sur-le-marche-du-travail-et-le-marche-du-logement/. [14]

Code du travail (2025), *« Section 1 : Compétences des régions (Articles L6121-1 à L6121-2-1) », Sixième partie : La formation professionnelle tout au long de la vie (Articles L6111-1 à L6523-7)*, https://www.legifrance.gouv.fr/codes/section_lc/LEGITEXT000006072050/LEGISCTA000028688073/. [19]

Code du travail (2022), *Titre II : Rôle des régions, de l'Etat et des institutions de la formation professionnelle (Articles L6121-1 à L6123-14)*, https://www.legifrance.gouv.fr/codes/section_lc/LEGITEXT000006072050/LEGISCTA000006160817/. [79]

Combes, P., L. Gobillon et M. Lafourcade (2016), *Gains de productivite statiques et d'apprentissage induits par les phenomènes d'agglomération au sein du Grand Paris, Document de travail n 1602*, https://www.cepremap.fr/depot/docweb/docweb1602.pdf. [77]

Cour des comptes (2023), *Recentrer le soutien public à la formation professionnelle et à l'apprentissage*, https://www.ccomptes.fr/fr/publications/recentrer-le-soutien-public-la-formation-professionnelle-et-lapprentissage. [44]

Cour des comptes (2019), *L'insertion des chômeurs par l'activité économique*, https://www.ccomptes.fr/fr/publications/linsertion-des-chomeurs-par-lactivite-economique. [52]

DARES (2024), *Évaluation du déploiement du Plan d'investissement dans les compétences à l'échelle régionale - Lot n° 1 : Auvergne-Rhône-Alpes, Rapport d'études septembre 2024 N55*, https://dares.travail-emploi.gouv.fr/sites/default/files/058777775bac40d23c9e25d150a582e3/Dares_Rapport_d%27%C3%A9tudes_55_PIC_Auvergne-Rh%C3%B4ne_Alpes.pdf. [40]

DARES (2024), *Expérimentation Territoires zéro chômeur de longue durée : note d'étape du comité scientifique*, https://dares.travail-emploi.gouv.fr/publication/experimentation-territoires-zero-chomeur-de-longue-duree-note-detape-du-comite. [69]

Direction de l'information légale et administrative (Premier ministre) (2024), *En quoi consiste l'insertion par l'activité économique (IAE) ?*, https://www.service-public.fr/particuliers/vosdroits/F2284. [51]

DRIEETS (2020), *La formation professionnelle en Ile-de-France : tous les chiffres*, https://idf.drieets.gouv.fr/La-formation-professionnelle-en-Ile-de-France-tous-les-chiffres. [26]

Élysée (2025), *Faire de la France une puissance de l'IA., Sommet pour l'action sur l'intelligence artificielle*, https://www.elysee.fr/admin/upload/default/0001/17/23058aa82354edfd8a30ff11b57b36f2801504f3.pdf. [76]

Entreprendre Service Public (2024), *Comment tester son activité dans une coopérative d'activités et d'emploi (CAE) ?*, https://entreprendre.service-public.fr/vosdroits/F37875. [62]

Eurostat (2019), *Labour market policy statistics Qualitative report, Belgium 2019*, https://ec.europa.eu/social/main.jsp?catId=1143&langId=en&internal_pagesId=3227&moreDocuments=yes&tableName=INTERNAL_PAGES. [1]

France Stratégie et Dares (2024), *Note d'étape : Deuxième évaluation de l'expérimentation Territoires zéro chômeur de longue durée*, https://dares.travail-emploi.gouv.fr/publication/experimentation-territoires-zero-chomeur-de-longue-duree-note-detape-du-comite. [71]

France Travail (2025), *Data Emploi*, https://dataemploi.francetravail.fr/emploi/metier/REG/11. [17]

France Travail (2025), *Les demandeurs d'emploi pour le territoire Paris (75)*, https://dataemploi.francetravail.fr/emploi/offre-et-demande/demandeurs/DEP/75. [23]

France Travail (2024), *Data Emploi - Paris*, https://dataemploi.francetravail.fr/emploi/metier/DEP/75. [30]

France Travail (2024), *ntrées en formation des demandeurs d'emploi*, https://statistiques.pole-emploi.org/formation/form?pp=202301-202312&ss=1. [22]

France Travail (s.d.), *Sociétés coopératives : les différents types de structures*, https://www.francetravail.fr/actualites/le-dossier/pratique/creation-ou-reprise-dentreprise/creer-son-entreprise/le-reseau--cooperer-pour-entrepr.html. [63]

Grand Paris express (2024), *L'essentiel du Grand Paris Express*, https://www.grandparisexpress.fr/gpe-essentiel. [13]

Humphrey, T. et al. (2019), *Reverse Commute Areas Analysis, Boston Region Metropolitan Planning Organization*, https://www.bostonmpo.org/data/pdf/studies/transit/Reverse-Commute-Areas-Analysis.pdf. [11]

IFOP (2024), *La précarité étudiante en France : quelle réalité en 2024 ?*, https://www.ifop.com/publication/la-precarite-etudiante-en-france-quelle-realite-en-2024/. [6]

IGAS et IGESR (2024), *La qualité de la formation professionnelle*, https://www.igas.gouv.fr/La-qualite-de-la-formation-professionnelle. [43]

INSEE (2024), *L'économie sociale*, https://www.insee.fr/fr/statistiques/8259652?sommaire=7636553. [60]

INSEE (2024), *Taux de chômage localisés au 2e trimestre 2024 Comparaisons régionales et départementales*, https://www.insee.fr/fr/statistiques/2012804. [3]

INSEE (2020), *Les nouvelles zones d'emploi franciliennes : principalement métropolitaines ou résidentielles*, https://www.insee.fr/fr/statistiques/4650678. [10]

INSEE (2012), *L'échelle des salaires est plus resserrée dans le secteur de l'économie sociale*, https://www.insee.fr/fr/statistiques/1281124. [59]

Khair, C. (2024), *Les failles du contrôle de la qualité des formations professionnelles auscultées dans un rapport d'inspections*, https://www.banquedesterritoires.fr/les-failles-du-controle-de-la-qualite-des-formations-professionnelles-auscultees-dans-un-rapport. [46]

Legifrance (2014), *LOI n° 2014-856 du 31 juillet 2014 relative à l'économie sociale et solidaire (1)*, https://www.legifrance.gouv.fr/loda/id/JORFTEXT000029313296. [47]

Légifrance (2023), *Décret n° 2023-1396 du 28 décembre 2023 relatif à l'activité des organismes certificateurs et au contrôle exercé par les organismes financeurs en matière de formation professionnelle*, https://www.legifrance.gouv.fr/jorf/id/JORFTEXT000048736042. [45]

Les Canaux (2025), *L'association*, https://lescanaux.com/lassociation/. [55]

Ministère du Travail (2023), *Les opérateurs de compétences (OPCO)*, https://travail-emploi.gouv.fr/les-operateurs-de-competences-opco#anchor-navigation-205. [21]

Ministère du Travail et de l'Emploi (2024), *La loi pour le plein emploi*, https://travail-emploi.gouv.fr/la-reforme-plein-emploi#anchor-navigation-164. [7]

Ministère du travail, de la santé, des solidarités et des familles (2024), *Le compte personnel de formation (CPF)*, https://www.francetravail.fr/candidat/en-formation/mes-aides-financieres/le-compte-personnel-de-formation.html. [20]

OCDE (2024), *Boston's landmark programme for disadvantaged youth: futureBOS*, https://www.oecd.org/en/publications/providing-local-actors-with-case-studies-evidence-and-solutions-places_eb108047-en/boston-s-landmark-programme-for-disadvantaged-youth-futurebos_1dda53da-en.html. [42]

OCDE (2023), *"Platform cooperatives and employment: An alternative for platform work", OECD Local Economic and Employment Development (LEED) Papers, No. 2023/16, OECD Publishing, Paris*, https://doi.org/10.1787/3eab339f-en. [64]

OCDE (2023), *France country factsheet*, https://www.oecd.org/en/topics/social-economy-and-social-innovation.html. [49]

OCDE (2023), *Promouvoir les talents à Bruxelles, Belgique, Revues de l'OCDE sur la création locale d'emplois, Éditions OCDE, Paris*, https://doi.org/10.1787/c1f728f8-fr. [12]

OCDE (2023), « What is the social and solidarity economy? A review of concepts », *OECD Local Economic and Employment Development (LEED) Papers*, n° 2023/13, OECD Publishing, Paris, https://doi.org/10.1787/dbc7878d-en. [58]

OCDE (2022), *"Legal frameworks for the social and solidarity economy: OECD Global Action "Promoting Social and Solidarity Economy Ecosystems"", OECD Local Economic and Employment Development (LEED) Papers, No. 2022/04, OECD Publishing, Paris*, https://doi.org/10.1787/480a47fd-en. [48]

OCDE (2022), *Policy brief on making the most of the social economy's contribution to the circular economy (LEED Papers No. 2022/01). OECD Publishing*, https://doi.org/10.1787/e9eea313-en. [54]

OCDE (2022), *Recommandation du Conseil sur l'économie sociale et solidaire et l'innovation (OECD/LEGAL/0472)*. [57]

OCDE (2021), *Définition de l'OCDE des villes et des zones urbaines fonctionnelles*, https://www.oecd.org/fr/data/datasets/oecd-definition-of-cities-and-functional-urban-areas.html. [9]

OCDE (2019), *Getting Skills Right: Engaging low-skilled*, https://www.oecd.org/content/dam/oecd/en/topics/policy-sub-issues/adult-learning/engaging-low-skilled-adults-2019.pdf. [24]

OCDE (2017), *Études économiques de l'OCDE : France 2017, Éditions OCDE, Paris*, https://doi.org/10.1787/eco_surveys-fra-2017-fr. [27]

OCDE/Commission européenne (2023), *The Missing Entrepreneurs 2023: Policies for Inclusive Entrepreneurship and Self-Employment, OECD Publishing, Paris*, https://doi.org/10.1787/230efc78-en. [39]

Sari, F. et Y. L'Horty (2015), « Why are there so many long-term unemployed in Paris? », *TEPP Working Paper*, vol. N° 2015/1, https://shs.hal.science/halshs-01102753/document. [2]

Schutter, O. (2023), *The employment guarantee as a tool in the fight against poverty, Report of the Special Rapporteur on extreme poverty and human*, https://digitallibrary.un.org/record/4011274?ln=fr. [70]

Service STES de la Ville de Paris (2023), *Bilan 2023 du Service de la transition écologique et solidaire (STES), Direction de l'attractivité et de l'emploi (DAE)*. [74]

TZCLD (s.d.), *Qu'est-ce qu'une entreprise à but d'emploi (EBE) ?*, https://www.tzcld.fr/faq/question/entreprise-a-but-demploi-ebe/. [75]

Université d'Utrecht (2020), *Final report What works (Weten wat werkt)*, https://www.uu.nl/en/publication/final-report-what-works-weten-wat-werkt. [41]

Urssaf (2024), *En 2023, la croissance des effectifs de travailleurs indépendants*, https://www.urssaf.org/files/Statistiques/Nos%20%C3%A9tudes%20et%20analyses/Travailleurs%20ind%C3%A9pendants/Nationale/2024/Stat_Ur_392.pdf. [65]

Ville de Barcelone (2022), *Medida de gobierno "Barcelona, ciudad de talento"*, https://ajuntament.barcelona.cat/digital/es/impulsamos-emprendimiento-y-talento-digital/medida-gobierno-barcelona-ciudad-de-talento. [31]

Ville de Paris (2025), *Formez-vous aux métiers de la transition écologique avec « ParisFabrik »*, https://www.paris.fr/pages/parisfabrik-se-former-aux-metiers-de-la-fabrication-de-l-economie-22350. [32]

Ville de Paris (2025), *La plateforme pousses.paris aide les entrepreneurs solidaires*, https://www.paris.fr/pages/la-plateforme-pousse-paris-aide-les-entrepreneurs-solidaires-6998. [56]

Ville de Paris (2025), *Paris s'engage pour les habitants des quartiers populaires*, https://www.paris.fr/pages/les-quartiers-populaires-2505#les-quartiers-populaires-parisiens. [78]

Ville de Paris (2025), *Se former aux métiers du numérique avec ParisCode*, https://www.paris.fr/pages/se-former-aux-metiers-du-numerique-avec-pariscode-5831. [28]

Ville de Paris (2025), *Se former aux métiers du numérique avec ParisCode*, https://www.paris.fr/pages/se-former-aux-metiers-du-numerique-avec-pariscode-5831. [29]

Ville de Paris (2024), *Dispositif Premières Heures : de la rue à l'emploi*, https://www.paris.fr/pages/dispositif-premieres-heures-de-la-rue-a-l-emploi-5556. [53]

Ville de Paris (2024), *Dynamiques Emploi 2025 : 13 structures proposent plus de 1000 parcours d'accompagnement gratuits*, https://www.paris.fr/pages/dynamiques-emploi-19-structures-accompagnent-les-publics-eloignes-de-l-emploi-26136. [18]

Ville de Paris (2024), *Les offres de formation « Paris Emplois à Domicile »*, https://www.paris.fr/pages/paris-emplois-a-domicile-des-offres-de-formations-dans-le-domaine-des-services-a-la-personne-20094. [37]

Ville de Paris (2024), *Les Points Paris Emploi (PPE)*, https://www.paris.fr/pages/les-points-paris-emploi-ppe-25787. [15]

Ville de Paris (2024), *Paris Fertile : se former à l'agriculture et l'alimentation durables*, https://www.paris.fr/pages/paris-fertile-connaitre-se-former-se-faire-accompagner-vers-les-metiers-de-l-agriculture-durable-19772. [36]

Ville de Paris (2024), *Paris Hospitalités : des offres de formation dans des métiers mobilisés par les évènements parisiens*, https://www.paris.fr/pages/paris-hospitalites-se-former-aux-metiers-dynamises-par-les-evenements-sportifs-et-culturels-28355. [35]

Ville de Paris (2024), *Paris Hospitalités : des offres de formation dans des métiers mobilisés par les évènements parisiens*, https://www.paris.fr/pages/paris-hospitalites-se-former-aux-metiers-dynamises-par-les-evenements-sportifs-et-culturels-28355. [34]

Ville de Paris (2024), *Paris Tous en Jeux : se former aux métiers des Jeux olympiques et paralympiques*, https://www.paris.fr/pages/paris-tous-en-jeux-se-former-aux-metiers-des-jeux-olympiques-et-paralympiques-6750. [33]

Ville de Paris (2023), *Accéder à une formation linguistique à visée professionnelle*, https://www.paris.fr/pages/acceder-a-une-formation-professionnelle-2723. [38]

Ville de Paris (2021), *Paris renouvelle sa stratégie d'insertion par l'emploi pour 2021-2025*, https://www.paris.fr/pages/paris-refonde-sa-strategie-d-insertion-par-l-emploi-4548. [50]

## Notes

[1] La mobilisation des dispositifs existants, tels que les soutiens à l'économie sociale et solidaire (ESS) et à l'insertion par l'activité économique (IAE), mis en œuvre par la Ville de Paris, apparaît ainsi comme un levier pertinent pour favoriser la création d'emplois durablement ancrés dans les territoires.

[2] Zone urbaine fonctionnelle (ZUF).

[3] Les gains d'efficacité générés par le Grand Paris Express seront importants, mais risquent d'être inégalement répartis. En effet, une autre étude montre que les effets d'agglomération induits par le Grand Paris génèreront des gains de productivité significatifs en faveur des secteurs de l'industrie manufacturière et des services, mais aussi en faveur des cadres et les professions intellectuelles supérieures (Combes, Gobillon et Lafourcade, 2016[77]).

[4] La Mission Locale de Paris, qui est responsable de l'orientation des jeunes, gère les PPE dans le 1er, le 20e et dans 13e arrondissement. Le Quartier Jeune (QJ) dans le 1er arrondissement est un centre dédié à l'accompagnement des jeunes sur toutes les problématiques qui les concernent (emploi, logement, santé, accès aux droits) au-delà de l'accompagnement l'information vers l'emploi. Le QJ intègre également des services dédiés au logement, à la culture ou encore à l'aide juridique. Le QJ s'adresse à la fois un public de moins de 30 ans en situation de vulnérabilité sociale, ainsi qu'aux jeunes plus généralement. Le PPE du 19e est géré par l'École de la Deuxième Chance (E2C), tandis que les PPE du 3e et du 6e sont pilotés par La Maison Étudiante. L'association Ensemble Paris Emploi Compétences (EPEC) gère les PPE du 10e et du 18e arrondissement. L'Association pour la formation professionnelle des adultes (AFPA) gère le PPE du 11e et l'Espace parisien pour l'insertion (EPI) Moisant, le PPE du 15e.

[5] Bien qu'ils soutiennent également la formation des demandeurs d'emploi, les OPCO ont principalement vocation à former la main d'œuvre des entreprises représentées au sein des branches professionnelles.

[6] Ce chiffre constitue une estimation visant à donner un ordre de grandeur de la portée des programmes de formation mis en œuvre par la Ville de Paris. Il ne s'agit pas d'un indicateur précis de la proportion de personnes formées par la Ville sur le territoire de la Ville de Paris. Cette estimation repose sur une moyenne annuelle de 3 000 personnes formées dans le cadre des dispositifs qualifiants et pré-qualifiants de la Ville, principalement à destination des publics éloignés de l'emploi. Ce nombre est rapporté au total des demandeurs d'emploi en formation dans le département de Paris (75), tel qu'enregistré par France Travail en 2023 (36 000). À noter que certains dispositifs de la Ville de Paris peuvent également bénéficier à des personnes n'étant pas inscrites auprès de France Travail. À noter également que ce chiffre ne prend pas en compte les adultes inscrits aux cours municipaux proposés par la Ville.

[7] Ce chiffre inclut également les organismes dont le siège est situé en Île-de-France ou à Paris, mais dont les activités se déploient dans d'autres régions françaises.

[8] Les programmes de formation complètent l'offre existante de la Ville de cours pour adultes qui cible un public plus large.

[9] Les formations de ParisCode combinent souvent des enseignements en présentiel et à distance, et intègrent des stages ou immersions professionnelles d'une durée d'un à trois mois, favorisant ainsi l'insertion des apprenants et leur mise en relation avec les recruteurs.

[10] Pour les directeurs des services informatiques, on compte 12 170 offres pour 1 230 demandeurs, et pour les experts systèmes et réseaux informatiques, 10 400 offres pour 550 candidats.

[11] Ces besoins pourraient prendre encore plus d'ampleur à la suite des annonces du Président de la République d'un investissement de 109 milliards d'euros dans l'Intelligence Artificielle (IA), notamment pour la création de centres de données (Élysée, 2025[76]).

[12] Ce programme relève des *Industry Partnerships* newyorkais décrits ci-dessous.

[13] Paris Emplois à Domicile forment pour de prises en charge diverses : celle du quotidien des foyers parisiens, celle inhérente à l'accompagnement des enfants et des adolescents pour un grand nombre de familles, et, enfin, celle des séniors et des personnes handicapées.

[14] La Ville vérifie la légalité et l'exécution des contrats et organise des jurys d'une année sur l'autre.

[15] Informations du (Service STES de la Ville de Paris, 2023[74]), Bilan 2023 du Service de la transition écologique et solidaire (STES), Direction de l'attractivité et de l'emploi (DAE).

[16] Les Sociétés coopératives de production ou sociétés coopératives et participative (SCOP) sont des entreprises coopératives où les salariés constituent la majorité des associés. Ces sociétés coopératives, qui peuvent prendre la forme d'une SARL, d'une SAS ou d'une SA, reposent sur un modèle de gouvernance démocratique où chaque associé dispose d'une voix égale dans les prises mais doivent rester minoritaires (Bpifrance, s.d.[72]) (France Travail, s.d.[63]). Les Sociétés coopératives d'intérêt collectif (SCIC) sont une forme d'entreprise coopérative créée sous la forme juridique d'une SARL, SAS ou SA (France Travail, s.d.[63]). La SCIC a pour objet « la production ou la fourniture de biens et de services d'intérêt collectif qui présentent un caractère d'utilité sociale » (Bpifrance, s.d.[73])..

[17] « Une entreprise à but d'emploi (EBE) est une entreprise de l'économie sociale et solidaire, conventionnée par le territoire sur lequel elle est implantée et le Fonds d'expérimentation. Cette entreprise a pour fonction première de produire des emplois supplémentaires manquants sur le territoire et adaptés aux personnes privées durablement d'emploi habitantes du territoire, qu'elle embauche sur proposition du comité local pour l'emploi (CLE) » (TZCLD, s.d.[75]).

[18] Chiffres fournis par l'Association La Pile.

www.ingramcontent.com/pod-product-compliance
Lightning Source LLC
LaVergne TN
LVHW082037051026
849532LV00011B/3390
* 9 7 8 9 2 6 4 6 5 8 1 2 7 *